한 권으로 읽는
어린이
세계사

한 권으로 읽는
어린이 세계사

개정판 1쇄 발행 · 2016년 3월 15일
개정판 4쇄 발행 · 2025년 9월 30일

글쓴이 · 장개충
그린이 · 이상미
디자인 · 커뮤니케이션 울력
펴낸이 · 김표연
펴낸곳 · (주)상서각
등　록 · 2015년 6월 10일 (제25100-2015-000051호)
주　소 · 경기도 고양시 일산동구 성현로 513번길 34
전　화 · (02) 387-1330
F A X · (02) 356-8828
이메일 · sang53535@naver.com
ISBN 978-89-7431-534-4(73900)

• 잘못된 책은 바꾸어 드립니다.

사진제공 |위키피디아

한 권으로 읽는
어린이 세계사

장개충 글 | 이상미 그림

상서각

작가의 말

세계사를 배우는
우리 어린이들에게

이 지구상에 살고 있는 인류는 아주 오랜 옛날부터 주어진 환경과 여건 속에서 자신들의 삶을 꾸리며 여러 가지 문명을 꽃피우고 다양한 문화를 발전시켜 왔습니다.

이와 같이 이 세상에 인간이 탄생된 이후 오늘에 이르기까지 인간이 걸어온 길, 즉 먹고 입고 어려움을 해결하고 문화를 쌓는 등 인류의 일상생활의 모든 일들을 시대의 흐름에 따라 적어 놓은 것이 바로 '세계사'입니다.

그런데 현대를 살아가고 있는 우리가 우리 주변의 일들뿐 아니라 세계에서 벌어지는 일들을 올바로 이해하기 위해서는 세계사를 아는 것이 꼭 필요하답니다. 왜냐하면 이 모든 일들은 '역사'라는 커다란 흐름 안에서 서로 밀접하게 연결되어 있기 때문입니다.

그래서 세계사를 알아갈수록 나와 우리 주변, 그리고 이 세상에 대한

눈이 더욱더 열리게 되는 것이랍니다.

　이 책은 인류의 등장에서부터 현대에 이르기까지 우리 인류가 살아온 역사인 '세계사'를 한번에 훑어볼 수 있도록 각 시대별로 엮었습니다.

　오랜 옛날 인류의 처음 문명은 어떤 모습이었는지, 오늘날 올림픽에서 가장 관심을 많이 받는 마라톤 경기는 어떻게 생겨났으며, 콜럼버스가 신대륙을 발견하기까지 어떤 일들이 일어났는지, 그리고 인류에게 큰 고통과 상처를 남겼던 세계 대전들은 어떻게 해서 일어났는지 등등 우리 어린이들이 궁금해하고, 또 꼭 알아야 할 중요한 세계적인 사건들을 시대의 흐름에 따라 엮었습니다.

　'세상은 아는 만큼 보이고, 보이는 만큼 이해하게 되고, 이해하는 만큼 사랑하게 된다.'라는 말이 있습니다.

　아무쪼록 이 책을 통해 우리 어린이들이 딱딱하고 지루하게 느낄 수 있는 세계사를 더욱 쉽고 재미있게 알아 가면서, 자신이 살아가고 있는 이 세상에 대한 깊은 이해와 사랑, 그리고 책임감을 더욱더 키워 갈 수 있기를 바랍니다.

차 례

고대

인류의 탄생 ... 16
메소포타미아 문명 ... 19
수메르 문명의 발달 ... 21
지구라트 ... 24
바빌로니아 ... 24
함무라비 법전 ... 25
함무라비왕 ... 27
이집트 문명 ... 27
이집트의 문자 ... 29
이집트의 역사 ... 29
이집트의 신화와 신분 제도 ... 31
이집트 문명의 몰락 ... 35
고대 그리스 ... 36
도시 국가 (폴리스) ... 36
스파르타와 아테네 ... 39
마라톤 전투 ... 40

그리스 신 ... 42
소피스트 ... 43
그리스 신화 ... 47
알렉산드로스 대왕 ... 48
알렉산드로스와 알렉산드리아 ... 52
움직이는 로마 ... 54
로마의 시조 ... 55
로마의 공병대와 도로 ... 57
로마와 카르타고 ... 59
한니발 장군 ... 60
알프스 산맥을 넘은 한니발 군대 ... 63
카르타고의 대패 ... 66
노예 반란 ... 69
카이사르의 등장 ... 72
루비콘 강을 건넌 카이사르 군대 ... 75
클레오파트라에게 반한 카이사르 ... 78
배반자 브루투스 ... 80

안토니우스와 클레오파트라 ... 82
아우구스투스 칭호를 받은
옥타비아누스 ... 83
예수와 크리스트교 ... 85
박해받는 크리스트교 ... 89
국교로 인정받다 ... 90
예루살렘을 빼앗긴 유대 인 ... 91
서로마 제국의 멸망 ... 92
서로마 제국에 새롭게 들어선 국가들 ... 94

중세 도시의 주인공인 상인과
수공업자 ... 112
중세 도시의 모습 ... 116
이슬람과 마호메트 ... 117
코란이냐, 칼이냐 ... 120
아라비아 숫자와 모자이크로 장식된
아름다운 건물 ... 121
십자군 전쟁 ... 123
살라딘 장군과 리처드왕 ... 126
소년 십자군 ... 130
십자군 운동의 종말 ... 132
세계 왕국을 꿈꾸는 칭기즈 칸 ... 134
전 몽골 부족을 통일하고
아시아로 ... 136
쿠빌라이 황제와 마르코 폴로 ... 140
공포의 흑사병 ... 144
백 년 전쟁과 잔 다르크 ... 147
근대 국가의 기틀 ... 153

게르만족의 이동 ... 96
동로마 제국의 유스티니아누스 황제 ... 99
프랑크 왕국 ... 101
이민족의 침입 ... 103
중세의 생활 ... 105
중세의 농민 ... 106
중세의 성직자 ... 109
중세의 기사 ... 110

근대

르네상스 ... 158
르네상스 시대의 예술인들 ... 159
유럽으로 퍼져 나간 르네상스 ... 162
르네상스의 3대 발명품 ... 164
콜럼버스의 모험 ... 167
성스러운 주님의 땅 ... 170
변화하는 유럽 ... 173
마르틴 루터 ... 176
농민 전쟁 ... 180
또다른 종교 개혁을 단행한
　　영국 왕 헨리 8세 ... 181
메리 여왕 ... 182

무적 함대를 격파한 엘리자베스 ... 183
극장의 심부름꾼에서 위대한
　　극작가로 ... 185
30년 전쟁과 유럽의 혼란 ... 187
혼란에 빠진 프랑스 왕실 ... 190
독재 정치가 루이 14세 ... 192
러시아의 등장 ... 195
문학을 사랑했던 여왕,
　　예카테리나 2세 ... 198
메이플라워호 ... 201
추수 감사절 ... 204
영국과 식민지 사이의 불화 ... 208
총사령관 조지 워싱턴 ... 210
프랑스 혁명 ... 213
처형된 국왕 루이 16세 ... 215
영웅 나폴레옹의 등장 ... 220
정권을 잡은 나폴레옹 ... 222
나폴레옹이 남긴 업적 ... 224
나폴레옹 제국의 멸망 ... 226
산업 혁명 ... 229
나날이 발전하는 기술과
　　기계화의 바람 ... 233
석탄 이야기 ... 234

증기 기선과 증기 기관차 … 235
'세계의 공장' 영국 … 237
산업 혁명 100년 후의 유럽 … 238
미국 (개척민과 인디언) … 238
개척민들이 만든 흑인 노예 제도 … 239
서구 제국주의 … 242
세포이 반란 … 244
아편 전쟁 … 246
러·일 전쟁과 일본의 민족주의 … 247
사라예보에 울린 두 번의 총소리 … 250
제1차 세계 대전 … 251
늘어나는 병사들의 시체 … 253
연합군에 무릎을 꿇은 독일 … 255
독재자 히틀러 … 256
주목받는 지도자 … 257
아무 힘도 발휘하지 못하는
　　국제 연맹 … 259
제2차 세계 대전 … 261
시베리아 바람 앞에
　　맥을 못 추는 독일군 … 263
연합국의 최후 승리 … 263
일본에 떨어뜨린 원자 폭탄 … 265

현대

국제 연합 (UN) … 268
미국과 소련의 냉전 … 270
변화하는 국제 연합 … 273
냉전에서 화해의 분위기로 … 274
유럽과 미국의 새로운 변화 … 275
아시아와 아프리카 국가들 … 277

세계를 뒤흔든 민족 해방 운동 ... 281

눈부신 현대 문화의 물결 ... 283

무너지는 베를린 장벽 ... 285

대공황과 제2차 세계 대전 ... 287

러시아 혁명 ... 290

베트남 전쟁 ... 291

중동 전쟁 - 아랍·이스라엘 분쟁 ... 293

걸프 전쟁 (페르시아만 전쟁) ... 294

유럽 연합 (EU) ... 296

소련과 동유럽 공산주의의 몰락 ... 297

... 300

고대

인류의 탄생

가장 오랜 인류는 아프리카에서 발견된 오스트랄로피테쿠스로서, 300만 년 전쯤에 지구상에 나타났습니다.

이들은 돌을 깨서 그 조각으로 고기, 짐승 등 먹을 것과 생활에 필요한 것들을 만든 최초의 인류로, 두 발로 걷는다는 것과 도구(돌조각)를 이용해서 짐승을 잡아먹는다는 것 외에는 다른 동물과 비슷했습니다. 걷긴 했으나 키도 1미터 2, 30센티미터 정도에 불과했고, 두뇌도 원숭이 머리 크기만큼밖에 하지 않았습니다.

그리고 100만~50만 년 전에 이르러서 오늘의 인간과 거의 비슷한 인류인 호모 에렉투스가 나타났습니다.

이 직립(두 발로 서서 걸음) 인간의 화석은 북경에서 처음 발견되었는데, 이들은 불을 이용해 음식을 굽거나 몸을 따뜻하게 보호했습니다. 돌을 이용한 손도끼도 사용하였습니다. 그리고 나뭇가지를 깎아서 창을 만들기도 하고, 단단한 돌로 무른 돌을 깎아 날카롭게 만들었습니다. 그렇지만 생김새는 아직도 유인원과 비슷하였습니다. 그러나 오스트랄로피테쿠스보다 뇌의 크기가 2배나 되었으며 말을 할 수 있었습니다.

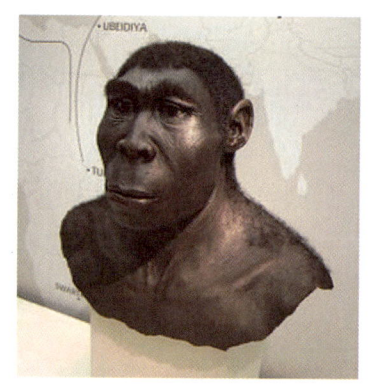

호모 에렉투스 화석

북경인의 후예로는 네안데르탈인이 나타났습니다.

이들의 화석은 19세기 독일에서 발견되었는데, 두뇌의 크기는 우리와 비슷하지만 두개골의 모양이 아직도 원숭이를 많이 닮아 있었습니다.

이때부터 죽은 사람을 매장하는 관습을 갖게 되었습니다.

그러다가 마침내 진정한 인간인 호모 사피엔스 사피엔스가 나타났는데, 이들의 화석은 프랑스의 크로마뇽 동굴에서 발견되었습니다. 이들은 오늘날의 우리와 거의 똑같은 머리와 얼굴 모양을 하고 있었으며, 뇌의 크기, 이빨, 척추 등도 조금도 다르지 않았습니다.

네안데르탈인 복원 스케치
(독일 헤르만 샤프하우젠 작)

2만 년 전에 인간은 겨우 사냥이나 식물 채집 정도의 기술밖에는 알지 못했습니다. 그러나 약 1만 년 전에 이르자 인간은 한곳에 정착해서 집을 짓고 살았습니다. 뿐만 아니라 동물을 가축으로 사육하고 식물을 재배하게 되었습니다.

크로마뇽인 두개골

이것은 이른바 '신석기 혁명(농업 혁명)'으로 근대의 산업 혁명과 비길 만한 큰 변혁이었습니다.

농사를 짓고 가축을 기르게 됨으로써 인간은 이전과 같은 유랑 생활을 끝내고, 한곳에 정착하여 움집을 짓고 촌락을 이루게 되었습니다. 그러자 생산력이 발달되어 식량이 풍부해지고 인구도 증가함에 따라 생활도 여러모로 향상되었습니다.

곡식을 저장하거나 음식을 끓이기 위한 토기가 만들어졌으며 북과 베

밭갈이 하는 모습 (이집트 벽화)

틀이 발명되고, 옷감을 염색할 정도로 일상 생활에 큰 변화를 가져왔습니다. 이때의 인간은 음식을 익혀서 먹고 따뜻한 옷을 입고 지내는 등 오늘날과 별 차이가 없었습니다.

그러나 밭을 가꾸며 지내는 생활도 언제나 잘 되는 것은 아니었습니다. 자연적인 기후 현상에만 의존하다 보니, 비가 오지 않으면 곡식이 말라 죽었고, 비바람이 심하게 몰아친 뒤에는 곡식은 물론 밭까지 엉망진창이 되었습니다. 그러면 새로운 땅을 찾아 촌락을 옮겨야만 했습니다. 그러다 이런 재해들을 피하기 위해서 힘을 모아 튼튼한 제방을 쌓게 되었고, 곡식이 많이 걷히도록 마을에 신관을 지어 하느님께 기원하는 풍습이 생겼습니다.

일정한 장소에 정착하여 농업을 시작한 사람들은 힘을 합쳐 강물을 이용하는 법을 터득하게 되었고, 토지를 개간하여 보리나 쌀 등을 재배하

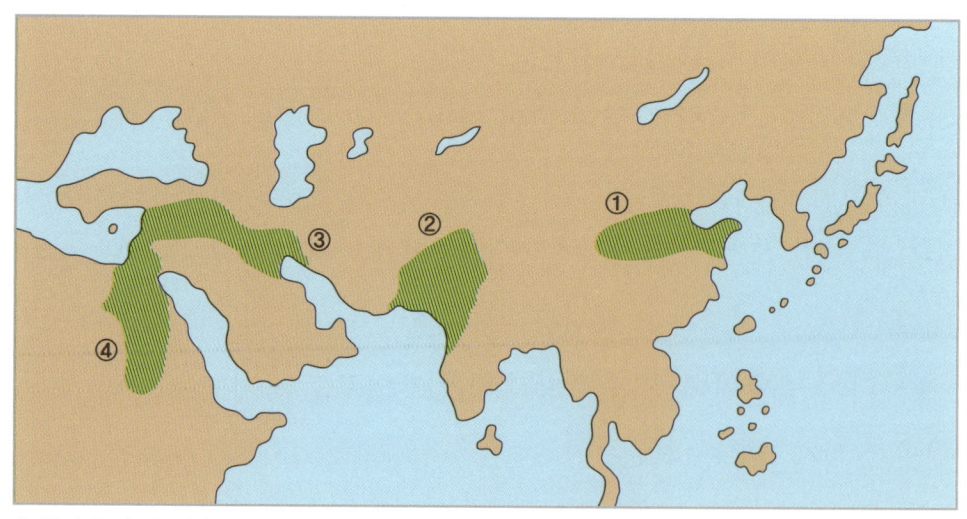

① 황하 문명 ② 인더스 문명 ③ 메소포타미아 문명 ④ 이집트 문명

게 되었습니다. 그리하여 지금으로부터 5000~3500년 전, 강을 중심으로 문명이 일어났습니다.

메소포타미아 문명

인류 최초의 문명은 지중해 연안 지역, 특히 티그리스·유프라테스 강 사이의 땅인 메소포타미아에서 시작되었습니다.

가장 빨리 농경(보리·밀)과 목축을 시작했고, 그 생산력을 바탕으로 원시 촌락을 발전시켜, 드디어 농경신(대지신)을 모시는 신전을 중심으로 한 여러 개의 도시 국가를 탄생시켰습니다.

티그리스와 유프라테스 강은 상류로부터 흘러온 비옥한 퇴적층을 강 유역에 쌓아 놓았는데, 일 년마다 꼭 한 차례씩 홍수를 일으켜 토양을 항상 비옥하게 만들었습니다. 강물이 불어나 말랐던 땅 위로 흘러가고, 시간이 지나면서 물이 빠지면 땅이 이내 기름진 평야로 변하는 것이었습니다. 그러나 메소포타미아 지역에서 농사를 짓기에는 몇 가지 어려운 점들이 있었습니다.

두 강의 범람 시기가 불규칙하여 예측할 수 없었으며, 범람의 규모도 다양했습니다.

또한 범람 후에는 토양이 늪지대로 변했는데, 그 땅을 적절히 이용하려면 배수를 잘 해야만 했습니다. 게다가 여름에는 가뭄으로 몹시 메말

랐기 때문에 농사를 제대로 짓기 위해서는 충분한 관개 시설이 있어야만 했습니다.

　기원전 3500년경, 메소포타미아의 최남단에 이주해 들어온 수메르 인들은 이런 어려움을 잘 극복해 냈습니다. 오랜 세월에 걸쳐서 제방을 쌓아 넘치는 강의 물을 끌어들일 수 있도록 인공 저수지를 만들었던 것입니다.

　한편, 문자는 처음에 상형 문자를 쓰다가 후에 쐐기 모양의 표식으로 글자를 나타낸 설형 문자를 만들어 내었습니다. 그리고 많은 전설과 영웅들의 일화 등을 영원히 기록하기 위해 갈대 줄기를 펜으로 삼아 점토판 위에 설형 문자를 적고 불에 구워 보존하였습니다.

　후에 페니키아 인들이 이 설형 문자를 간단하게 하여 알파벳을 만들었는데 이 페니키아 문자가 바로 오늘날 알파벳의 시초가 되었습니다. 그리고 이 지역에는 집을 지을 수 있는 돌이 매우 귀했기 때문에 점토를 빚어 구워서 햇볕에 말린 벽돌로 집을 지어 살았습니다.

기원전 26세기 수메르 인들의 쐐기 문자

　주민들은 주로 농사를 지었지만, 목수, 도자기공, 대장장이 등과 같은 장인들도 있었습니다.

　나라(도시 국가)를 다스리는 사람들은 승려인 사제 계급이었습니다. 농경, 교역, 그리고 전쟁에 관한 중요한 결정을 내리는 데 대부분 종교 지도자들이 참여하였습니다.

한편, 화폐는 아직 없었기 때문에 농민과 장인 간에는 서로 물물 교환 체제가 이루어져 갔습니다.

수메르 문명의 발달

인구가 증가함에 따라 수메르 인의 도시들은 그 규모가 커지고 주민의 숫자도 늘어났습니다.

수메르 인들은 이 도시를 중심으로 하여 자신들의 문화를 가꾸어 나갔으며 여러 가지 기술도 발전시켰습니다. 바퀴를 만들어 운송 수단으로 이용했으며, 기원전 3천 년대 중반에는 야생 당나귀가 끄는 바퀴 달린 전차를 전쟁에 이용하였습니다.

또한 기원전 3천 년대 초반에는 구리와 주석을 합금하여 청동을 만들어 사용하면서 일상생활에서나 무기를 만드는 데 큰 변화를 가져왔습니다. 그리고 전쟁에 이긴 국가들은 사로잡은 포로들을 죽이지 않고 노예로 삼아 힘들게 일을 시켰습니다.

청동검

메소포타미아의 예측할 수 없는 기후는 수메르 인을 자연에 대한 큰 두려움과 공포 속으로 몰아넣곤 했습니다. 이러한 공포심 때문에 자연에 대한 숭배 사상이 유행되고 종교를 중요시하게 되었습니다.

따라서 각 도시 국가들은 자신들이 신에 의해 창조되었다고 믿었으며 시민 집회는 시민들의 모임을 모방하였습니다.

그런데 이러한 종교관은 도시 국가의 규모가 커지고 그 정부 형태가 복잡해짐에 따라 평등하던 시민 공동체를 무너뜨렸으며, 특정한 지배 계급으로 등장한 사제들의 지배권을 합리화시켜 주었습니다.

도시 국가의 모든 토지는 신의 소유이고 사제는 신과 인간 사이의 중계자이므로, 사제들이 모든 토지를 관리할 책임을 지는 것은 대부분의 수메르 인에게 지극히 당연한 것으로 받아들여졌던 것입니다.

그리고 당시 홍수로 인해 범람이 자주 일어나고 가뭄도 심한 지역이었던 까닭에 물을 다스리는 사업이 중대한 문제였습니다. 그래서 이를 다스릴 강력한 통치자가 필요했습니다.

또한 도시 국가들의 규모가 점차 커지면서 전쟁이 자주 일어나자, 비상시마다 집회를 열어 최고 통수권을 갖는 왕을 선출했습니다.

기원전 2700년경에 이르러는 세습적인 왕권이 나타나게 되었습니다. 그렇지만 종교적인 일이나 국내 정치에 있어서는 사제의 발언권이 더 강하였고, 왕은 주로 전쟁과 같은 세속적인 문제를 다루는 역할을 맡았기 때문에 왕과 사제 간의 관계는 순탄하게 이루어졌습니다.

수메르 인의 도시 국가들에서는 상인들의 활동이 활발했습니다. 그들은 동부의 산맥 지대나 이집트로부터 석재, 금속 및 기타 광물들을 사들이고 곡식이나 완제품을 팔았습니다.

또 이 시대에는 세공술이 고도로 발달하였습니다. 우르의 왕묘에서 나온 갖가지 예술품들을 보면 오늘날의 것과 비교해도 큰 차이가 나지 않습니다. 그들은 세공품에 종교적, 역사적 사건들을 매우 정교하게 양각하였습니다. 특히 눈을 크게 뜨고 자연의 위대한 힘을 경외하는 듯한 표정으로 기도하는 사람들의 입상(서 있는 조각상)이 많습니다.

이렇게 200년 동안 화려한 번영을 누리던 수메르의 도시 국가들에도 위기가 닥쳤습니다. 북동 산맥 지역에 사는 구티족의 침입을 받은 것입니다. 100년 동안 구티족의 지배를 받던 수메르 인들은 또다른 도시 국가 우르에 의해 해방되었습니다.

구티족을 완전히 몰아낸 우르의 남무왕은 대규모의 지구라트(도시 국가의 중심에 여러 층으로 쌓아 올린 탑 모양의 신전을 말하는 것으로, 성서에 나오는 바벨탑 이야기도 바로 이 지구라트에 관한 것임.)를 건설하여 위엄을 보이는 한편, 법전을 편찬하여 통치의 기초로 삼았습니다.

그러나 우르도 오래 버티지 못했습니다. 기원전 2천 년경에 이르러, 동쪽으로부터는 엘람 인이 침입해 들어오고 서쪽으로부터는 셈족 계통의 아모리 인이 침입해 들어와 우르 왕조를 멸망시키고 말았습니다.

그러나 수메르의 문화는 후세에까지 전해져 내려왔습니다. 그 중에서도 설형 문자는 지금까지도 일부 지역에 남아 있으며, 수메르 어는 중세의 라틴 어처럼 문학어와 종교어로서, 그 후로도 2천 년이나 계속해서 사용되었습니다.

우르의 군기에 그려진 초기 전차 (기원전 2600년)

지구라트

지구라트는 인공적으로 세워진 산과 같은 것으로, 위쪽으로 갈수록 점점 뾰족해지는 계단식으로 되어 있습니다. 하늘에 있는 신과 지상을 연결시키기 위한 신전으로, 원래는 각 도시에 있었으나 거의가 무너져 버려, 원형을 알아볼 수 없습니다. 오늘날까지 가장 잘 보존되어 있는 것은 우르의 지구라트입니다. 중심부는 햇볕에 말린 벽돌로, 표면은 불에 구운 벽돌로 지어졌으며, 그 벽돌들은 여러 가지 그림과 모자이크로 장식되어 있습니다.

우르의 지구라트

바빌로니아

메소포타미아 남부의 정치 질서는 아모리 인과 엘람 인의 침입으로 인해 완전히 파괴되었습니다. 그 후 메소포타미아 세력의 중심은 북쪽으로 옮아갔습니다. 그리고 셈족 계통의 아모리 인이 바빌론에 정착했는데, 이들은 수메르 문명을 흡수하여 바빌로니아 왕국을 건설하였습니다.

이 통일 왕국은 기원전 18세기 함무라비왕 시대에 전성기를 맞이했습니다. 함무라비왕은 중앙집권적 체제를 정비하고 함무라비 법전을 만들었습니다.

수도 바빌론은 메소포타미아 지역의 남북 간에 이루어지는 교역의 중심이었습니다. 그러나 바빌로니아 왕국의 운명도 오래 가지 않았습니다. 북쪽으로부터 인도·유럽어 계통의 새로운 침략자들이 내려왔던 것입니다.

그러나 그 새로운 침략자들은 바빌로니아의 문명만큼은 파괴하지 못했습니다. 오히려 침입자들 스스로가 메소포타미아 문명 속으로 흡수되었습니다.

이들은 기원전 12세기까지 남아 있다가 동쪽에서 온 엘람 인에 의해 다시 정복되었습니다.

함무라비 법전

바빌로니아 인이 인류에게 남긴 가장 큰 유산은 함무라비 법전입니다. 이 법전은 기원전 1800년경 함무라비왕 때에 편찬되었는데, 약 2.5미터 높이의 딱딱한 돌기둥에 새겨져 공포되었습니다. 이 법전은 거의 4천 년이 지난 오늘날까지도 원형 그대로 남아 있습니다.

윗부분은 태양신으로부터 법전을 받는 함무라비왕의 모습입니다.

이보다 앞서 수메르 인들도 법률을 갖고 있었는데, 함무라비왕은 이 모든 것들을 종합 수정하여 세계 최초의 성문 법전을 편찬하였던 것입니다.

함무라비 법전 윗부분의 부조

함무라비 법전의 비문

이 법전은 282조로 되어 있는데, 토지 제도, 재산, 결혼, 상속, 범죄에 대한 형벌 등으로 구성되어 있습니다.

법조문을 보면 두 가지 원칙으로 요약할 수 있습니다. 즉, 중형주의와 보복주의입니다. 중형주의의 예로는 절도의 경우 10, 20, 30배를 물거나 사형시키고, 술을 마신 성직자는 화형을 시켰습니다.

보복주의의 예로는, 만약 누군가(귀족)가 다른 사람(귀족)의 눈을 상하게 하면 그의 눈도 멀게 했습니다. 또 다른 사람의 딸을 때려서 유산시키면 자기의 딸이 사형당했습니다. 그러나 이것은 귀족 계급 내에서 행해진 것이고, 귀족이 다른 계층(평민, 노예)에게 해를 입힌 경우에는 벌금을 물면 그만이었습니다.

또한 이 법전에는 여성도 재산을 소유할 수 있다고 했으며, 노예들도 자신의 자유를 돈으로 살 수 있다고 규정되어 있습니다. 이 돌기둥은 현재 루브르 박물관에 보존되어 있습니다.

함무라비왕

함무라비왕(제위 B.C. ?~ B.C. 1686)은 고바빌로니아 왕국의 전성기를 이룩한 왕으로 함무라비 법전의 제정자로도 유명합니다. 그는 메소포타미아 중부의 물을 남부로 끌어들여 남부의 땅을 관개하는 함무라비 운하와 우르크 운하를 건설하였으며 국력을 키우는 데 힘을 쏟았습니다.

함무라비 법전의 특색은 '눈에는 눈'이라는 보복주의 원칙과 중형주의, 그리고 신분에 따라 형벌이 경감되었던 신분법의 원칙에 있으며, 또 엄격한 신분제 사회인 당시의 모습을 반영하고 있습니다.

이집트 문명

메소포타미아에서 수메르 인의 문명이 나타날 즈음에 이집트에서도 문명이 발달하기 시작하였습니다. 나일 강의 물과 그 강변을 따라 널려 있는 비옥한 땅 덕분에 일찍부터 농경이 시작되었습니다. 그리고 메소포타미아와는 달리 사막과 바다로 둘러싸여 적의 침입을 받지 않아 오랫동안 풍요로운 생활을 했습니다.

나일 강은 매년 여름이 되면 물이 불어나 상류로부터 기름진 흙과 모래를 운반해 왔습니다. 그래서 사람들은 물이 빠지면 씨를 뿌려 풍성한 수확을 거두었습니다. 그러자 사막의 건조한 지대에 살던 사람들은 앞

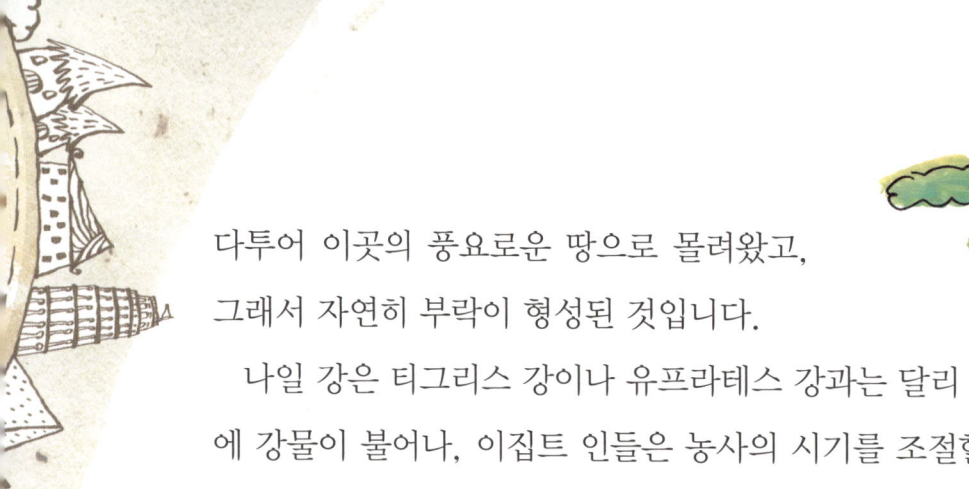

다투어 이곳의 풍요로운 땅으로 몰려왔고, 그래서 자연히 부락이 형성된 것입니다.

　나일 강은 티그리스 강이나 유프라테스 강과는 달리 매년 일정한 시기에 강물이 불어나, 이집트 인들은 농사의 시기를 조절할 수 있었습니다. 고대 그리스의 역사가 헤로도토스는 그의 책 《역사》에서 "이집트는 나일의 선물이다."라며 다음과 같이 썼습니다.

　　오늘날 그리스 인들이 바다 건너 다니고 있는 이집트 지역은 이른바 나일 강의 선물이라 해야 할 것으로, 이집트 인들에게는 새로 획득된 토지이다.…… 이 지역 주민들은 다른 모든 지역에 살고 있는 주민들에 비해 가장 적은 노력으로 풍작을 수확할 수 있다.…… 강물이 저절로 흘러들어와 그들의 땅에 물을 대어 주고 다시 빠져나가고 나면 남는 것은 수확을 기다리는 일일 뿐…….

이집트의 문자

　　　　　　　　　　　　당시의 고대 이집트는 '히에로글리프'라 불리운 상형 문자가 사용되고 있어서 고대 이집트의 역사를 파악하는 데 도움을 주고 있습니다.

　이 상형 문자는 기념비나 묘비 등의 공식적인 기록에 주로 사용되었습니다. 그리고 일상생활에 있어서는 상형 문자를 약간 개량한 '히에라틱'이라는 신성 문자가 사용되었습니다.

　이 신성 문자의 형태는 메소포타미아의 설형 문자보다 한결 부드러웠습니다. 그 까닭은 이집트에서는 메소포타미아와는 달리 그 표면의 질이 종이와 거의 비슷한 파피루스라는 식물이 풍부하여 그 잎사귀에 글씨 쓰기가 훨씬 더 편했던 것입니다.

　파피루스는 나일 강 기슭에서 무성하게 자라고 있었던 식물로, 영어로 종이를 '페이퍼'라고 하는데, 이것은 파피루스라는 이름에서 비롯된 말입니다.

이집트의 역사

　　　　　　　　　　　이집트는 일찍이 상하 두 왕국으로 나누어져 있었습니다. 그러나 상왕(고왕국, 중왕국, 신왕국) 국에서 메네스라는 위대한 왕이 나와 하왕국을 점령하고, 나일 강 하류의

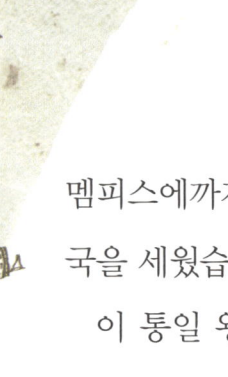

멤피스에까지 약 1,000킬로미터에 이르는 긴 지역을 지배하는 단일 왕국을 세웠습니다.

이 통일 왕국은 이후 2천 년 동안 지속되어, 이집트는 한 지배자, 한 종교 그리고 한 가지 정부 형태 아래에서, 외부로부터의 세력에 대항했습니다.

고대 이집트의 유적

고대 이집트의 역사는 보통 3개의 큰 시대로 나누어질 수 있습니다. 기원전 3100~2180년에 걸친 고왕국, 기원전 2040년부터 시작되어 기원전 1785년경 힉소스의 침입으로 멸망한 중왕국, 그리고 기원전 1560년에 다시 이집트에서 힉소스를 물리치고 일어섰다가 기원전 11세기에 다시 외침으로 쇠퇴해진 신왕국이 그것입니다. 신왕국은 마케도니아의 알렉산드로스 대왕에 의해 멸망하였습니다.

고왕국 시대에는 대규모 건축 양식인 피라미드가 많은 노동력과 오랜 세월 끝에 탄생하였습니다.

피라미드는 왕을 위한 거대한 무덤으로, 기제 지방에 있는 가장 큰 피라미드는 높이가 거의 170미터에 이르고, 그것을 짓는 데 사용된 돌의 무게가 6백만 톤이나 되었습니다.

이집트인들은 피라미드야말로 자신들이 신이라고 믿고 존경하는 왕이 죽은 후에 편안히 지낼 곳이라고 생각했습니다. 신같은 위대한 왕이 눈을 감은 뒤에는 피라미드에 편안하게 누워 있기를 바랐던 것입니다.

피라미드 근처에는 대개 스핑크스라는 이름의 돌로 만든 조각품이 하나씩 서 있습니다. 얼굴은 사람이고 몸은 사자의 모양을 한 아주 큰 돌 조각으로, 사람들은 이 스핑크스를 '아침의 신'이라고 불렀습니다. 스핑크스는 파라오의 무덤인 피라미드를 지켜 주는 신이었습니다.

피라미드를 지키는 스핑크스

1~2 왕조	고왕국 시대	B.C. 3100~2685
3~6 왕조		B.C. 2685~2180
7~10 왕조	제1중간기	B.C. 2180~2040
11~12 왕조	중왕국 시대	B.C. 2040~1785
13~17 왕조	제2중간기	B.C. 1785~1560
18~20 왕조	신왕국 시대	B.C. 1560~1085
21~31 왕조		B.C. 1085~331

이집트의 신화와 신분 제도

다른 민족들과 마찬가지로 이집트 인들도 모든 자연 현상을 신화를 통해 설명하였습니다.

그들에게 '파라오'라 불리운 왕은 태양신 '라(Ra)'의 아들이었습니다. 파라오는 궁전 또는 큰 집이라는 뜻으로, 죽은 뒤 저승 및 나일 강의 신인 오시리스와 결합되어 한 몸이 된다고 생각하였습니다. 그리하여 파라

오는 저승에서 신으로 부활하여 나일 강의 범람을 조정한다고 생각했고, 그로 인해 풍성한 수확을 거둘 수 있다고 믿은 것입니다.

파라오는 굉장한 권력을 한 몸에 지니고, 사람이 누릴 수 있는 최고의 영화를 누렸습니다. 파라오는 대를 물려주는 영원한 파라오였습니다. 그리고 그 밖에 다른 모든 사람들은 각자의 신분에 따라 여러 가지 계급으로 나뉘었는데, 이것은 그들의 자식들에게까지 그대로 물려졌습니다. 우리나라도 조선 시대에 양반의 자식으로 태어나면 편안히 생활했고 상놈(천민)으로 태어나면 죽도록 일만 했는데, 이곳에서도 우리와 똑같이 생활하고 있었던 것입니다.

이집트 사회에서 왕 다음으로 높은 계급은 승려였습니다. 그러나 이집트의 승려는 우리가 대하는 절의 스님이나 교회의 신부님, 목사님들과는 아주 달랐습니다.

이 무렵의 이집트에는 교회나 절 같은 것은 없었고, 이집트의 승려들은 오늘날의 국회의원들과 같았습니다. 그들은 왕의 명령에 따라 나라의 법을 만들었고, 나라 안팎의 중요한 일들을 의논하여 결정하는 역할도 했습니다. 이집트에서는 이들만이 높은 교육을 받을 수 있었습니다. 그래서 글을 쓰고 읽을 줄 아는 사람도 승려들밖에 없었습니다.

승려 다음으로 높은 계급은 군인이었습니다. 그 다음은 농민이나 상인, 직공 같은 평민들이 있었고, 가장 천대를 받은 계급은 돼지를 기르는 사람들이었습니다.

이집트에는 많은 신들이 있었습니다. 개, 고양이, 소, 양, 뱀, 독수리 같은 동물들이 신으로 떠받들어지는 수도 있었고, 하늘, 땅, 태양, 공기,

별 같은 것들이 신으로 모셔지는 수도 있었는데, 사람들은 이 많은 신들을 다 믿었습니다. 그리고 이 중에서 가장 위대한 신으로 대접받은 신은 태양의 신인 '라'였습니다.

이집트에서는 피라미드 외에도 많은 건축물이 세워졌는데, 무덤 아니면 죽은 자를 위한 기념비가 대부분이었습니다. 왕과 부자들은 스스로 자신의 무덤을 건설했으며, 그들의 가족은 이집트 인의 일상생활을 알려 주는 그림으로 무덤을 예쁘게 장식했습니다.

이집트에서도 돌은 왕이나 귀족들이 차지했고, 보통 사람들은 오래 못 가 없어지고 마는 흙벽돌이나 갈대로 지은 오두막에서 지냈습니다.

피라미드 다음으로 우리에게 잘 알려진 것은 미라입니다. 고대 이집트 인들은 죽은 후에도 영혼은 살아남는다고 믿어서 이를 위해 미라를 만들거나 무덤을 정성스럽게 꾸몄습니다.

미라를 만드는 세 가지 방법 중 가장 많이 쓰여진 방법은 다음과 같습니다. 먼저 시체를 해부하여 내장을 모두 꺼내고 그 속을 야자기름으로 씻어 낸 다음 그 속에 짚과 약초 등을 넣어 꿰맵니다. 그리고 이것을 소금으로 절여서 굳힌 다음, 속에 담긴 짚과 약초를 빼내고 소독한 후 헝겊으로 둘둘 감아 두었습니다.

이들 미라 중에는 얼굴을 그대로 간직하고 있는 것도 있어 수천 년 전의 사람들의 모습을 생생하게 볼 수 있습니다. 이러한 미라가 남아 있을 수 있었던 것은 방부 처리 기술도 우수하였지만, 건조한 사막 기후가 부패를 막아 주었

이집트의 미라

던 탓도 있을 것입니다.

  이집트인들은 이처럼 무덤과 죽음에 대해 집착이 강하였는데, 이들은 사람이 죽으면 그의 영혼은 영원히 살아서 시체 가까이에 머무른다고 믿었습니다. 그래서 시체를 묻을 때, 살아 있는 동안 늘 사용했던 물건과 좋아했던 음식들을 골라 함께 무덤 속에 넣어 주었습니다.

  이러한 생각은 '오시리스 신화'에도 남아 있습니다.

  땅 위의 모든 사람을 훌륭하게 다스리는 자비로운 왕 오시리스가 있었습니다. 그런데 이를 질투한 동생이 그를 죽여 상자에 담아 나일 강에 떠내려 보내자, 오시리스의 아내 이시스는 겨우 남편의 시체를 찾아 관에 정성스럽게 모셨습니다. 하지만 동생은 다시 관을 찾아내어 오시리스의 시체를 조각조각 내어 이집트 전역에 뿌렸습니다. 그러자 이시스도 또다시 남편의 시체를 모아 본래의 모습으로 만들었습니다. 이를 갸륵하게 여긴 태양의 신은, 죽은 자의 신인 아누비스에게 오시리스의 시체를 미라로 만들게 했습니다. 이후 살아난 오시리스는 저승 세계의 왕이 되었습니다.

오시리스 상

  이처럼 왕은 죽은 뒤 부활할 것이기 때문에 왕의 장례 때, 생활에 필요한 모두 도구들이 시체와 함께 무덤 속에 넣어졌습니다.

  고왕국 시대에는 파라오만이 죽어서 오시리스와 결합한다고 생각하였지만, 중왕국 시대에는 귀족들뿐만 아니라 종교 계율을 열심히 지키다가 죽은 일반 사람들도 내세에서 부활하여 행복한 생활을 누릴 수 있다고 믿었습니다.

이집트 문명의 몰락

신왕국 시대에 이르러 주위의 여러 나라들을 침입하여 땅을 넓히고 막강한 힘을 가지게 된 이집트는, 한때 이집트 사상 최대의 영토와 번영을 누리게 되었지만, 철기를 사용하는 민족들의 침입을 받고 쇠퇴하기 시작하였습니다.

그러다가 기원전 1090년경 이집트는 또다시 상·하 이집트의 두 왕국으로 분열되어 신왕국 시대가 막을 내리게 되었습니다. 그리고 상·하의 두 왕국으로 분열되어 있던 이집트는 기원전 7세기에 앗시리아의 대침입을 받았습니다.

앗시리아 왕 에사르하돈은 삼각주 지역을 정복하고, 자기의 아들인 네코에게 이 지역을 지배하도록 하였습니다. 그 후 네코의 아들 프사메티쿠스 1세는 앗시리아의 지배로부터 벗어나 이집트 왕국을 재건하고 수도를 사이스에 정하였습니다. 이 왕국은 아마시스 2세(재위 B.C. 569~526) 때 전성기를 맞았으며, 특히 그리스식의 무역 도시인 나우크라티스가 번영했습니다.

그 후 이집트는 기원전 526년에 페르시아 왕 캄비세스 2세의 지배를 받게 됨으로써, 독립국이 아닌 페르시아 제국에 속하는 하나의 주로 전락하고 말았습니다.

이집트 박물관
고대 이집트 미술의 대표작을 한자리에 모은 세계적인 보고(카이로)

이리하여 결국 파라오의 제국 이집트는 사라졌지만, 그 수천 년에 걸친 문화는 사

라질 수가 없었습니다. 이집트 문명은 그리스 문화와 어우러져 세계 문명의 발전에 큰 영향을 주었습니다.

고대 그리스

최초의 서양 문화는 그리스에서 생겨났습니다. 그리스 문화는 독창적인 문화를 창조하고 발전시킴으로써 오늘날의 유럽 문화의 뿌리가 되었습니다. 자유로운 시민들의 공동체인 폴리스(도시 국가)를 터전으로 민주 정치를 꽃피움으로써, 왕이 신과 같은 힘을 가지고 백성을 다스렸던 오리엔트나 동양의 전제 국가와는 전혀 다른 생활을 했습니다.

또 그리스는 지리적 조건과 왕성한 활동력에 따라 바다를 통해 해외로 진출하여 여기저기에 식민지를 건설하여 지중해 일대가 하나의 역사적 무대가 될 수 있도록 준비해 놓았습니다.

도시 국가(폴리스)

고대 그리스는 면적이 아주 작은 나라이며, 게다가 이 작은 나라는 통일 국가가 아니었습니다. 약 200개나 되는 도시 국가(폴리스)로 구성되어 있었습니다. 그리고 폴리스는 도시와 그 주변의 농촌 지역으로 이루어진 자유로운 시민의 공동체였습니다.

폴리스의 구성원은 아크로폴리스 언덕 옆의 '아고라'라고 불리운 광장에 모여 나랏일을 의논하였는데, 누구나가 공동 생활의 모든 분야에 참여할 수 있었습니다.

기원전 8세기 후반부터 다시 그리스 인의 해외 진출이 활발해지자, 지중해, 흑해 연안 일대에 식민 활동을 펼쳐서 곳곳에 폴리스를 세웠습니다. 그러나 그것은 어디까지나 폴리스라는 작은 공동체가 불어났을 뿐, 정치적으로 통일을 이룬 대제국이 건설된 것은 아니었습니다.

그리스 인들은 수많은 폴리스로 나뉘어 살았지만, 같은 언어를 사용하고 같은 종교를 믿고 있었기 때문에 언제나 자기들은 같은 민족이라는 생각을 갖고 있었습니다.

그리스의 남쪽 지방인 올림피아에서 열렸던 큰 제전에서 그런 정신을 찾아볼 수 있습니다. 제우스신을 모신 사원이 곳곳에 있어서 운동과 예술을 좋아한 그리스 인은 제전 때마다 제각기 운동 경기와 문화 행사를 벌였습니다.

그중에서 이곳 올림피아의 제우스 신전에서 4년마다 열리는 대회가 전 그리스를 통틀어 가장 큰 행사였습니다.

이 올림피아의 제전이 어느 때부터 시작되었는지는 명확하지 않으나, 그것이 성황을 이루게 된 때는 기원전 776년경이어서 보통 이때를 올림피아 제전의 기원으로 하고 있습니다.

이 제전에 참가할 수 있는 사람은 그리스 민족뿐이었고, 그리스 인은 어

디에 살고 있든지 누구나 참가했습니다. 이 제전은 5일간 계속되었는데, 경기의 종류는 크게 나누어 달리기, 투창, 경주, 씨름, 원반던지기의 다섯 종목이었습니다. 이 다섯 종목은 또다시 여러 종류로 나누어졌는데, 예를 들면 달리기에는 장거리와 단거리가 있었고 씨름에도 내던지는 것, 잡아 누르는 것, 권투 등으로 나누어져 있었습니다. 경주에도 경마 경주 및 이륜 전차 경주와 사륜 전차 경주가 있었습니다.

올림피아 제우스 신전

그리고 경기에서 이긴 선수에게는 월계수로 만든 관을 씌워 주었습니다. 월계수로 만든 관은 제우스 신전에 잘 보관되어 있다가 우승자가 나오면 그를 신전으로 데려와서 머리에 얹어 주었으므로, 그리스 인들에게 있어서 이것은 대단한 명예였습니다. 월계관을 쓴 사람은 신전에 마련된 특별 잔치에 참가한 뒤 각기 자기의 나라(폴리스)로 돌아갔는데, 고국에 돌아가서도 큰 환영을 받았습니다.

올림피아 제전에서는 운동 경기뿐만 아니라 시 낭송과 연설 등도 함께 행해졌습니다. 여기에서 우승한 사람에게는 상패가 수여되었습니다. 이 제전은 그야말로 그리스 인 전체의 단합을 상징하는 체육 및 문화 행사였던 것입니다.

이 행사는 그리스가 로마 제국에 멸망당한 이후에도 계속 열려 1170년 동안이나 지속되었습니다. 그러나 로마 황제 테오도시우스 2세가 기독

올림피아 제전의 경기인 판크라티온 선수의 모습

교를 국교로 선포하면서, 이 행사를 이교도들의 종교 행사라 하여 금지시킴에 따라 정식으로 폐지되었습니다.

이 올림피아 제전의 정신을 이어받아 세계의 평화를 바라는 생각으로 근대에 와서 부활된 것이 바로 지금의 올림픽 경기입니다.

스파르타와 아테네

그리스의 여러 폴리스 가운데 가장 세력이 강한 폴리스는 스파르타와 아테네였습니다.

스파르타는 펠로폰네소스 반도에 침입하여 원주민을 정복하고 세운 국가로, 스파르타 교육이 유명합니다.

스파르타 시민은 누구나 국가가 정한 법률에 따라 엄격한 생활을 했습니다. 건강한 어린이들은 일곱 살이 되면 부모 곁을 떠나 공동 교육소에서 엄격한 육체적 훈련과 애국 교육을 받았습니다. 글과 음악 외에 어떠한 추위나 더위에도 잘 견디는 힘을 기르고, 오랫동안 먹지 않고 마시지 않아도 참을 수 있는 체력을 길렀으며, 나라를 위해서는 언제라도 목숨을 버릴 수 있는 정신력을 길렀습니다.

아테네에서는 시민권을 가진 18세 이상의 모든 남자에게 정치에 참여할 수 있는 권리를 주어 훌륭한 민주 정치를 시작하였습니다. 그러나 노예와 여자, 외국인은 시민으로 인정받지 못해 정치에 참여할 수가 없었습니다.

아테네의 시민은 밭일이나 토목 공사 등 힘들고 어려운 모든 일은 노예에게 맡기고, 자신들은 지도자를 뽑거나 축제를 열며 바쁜 나날을 보냈습니다.

마라톤 전투

페르시아 제국은 동쪽으로 인더스 강, 서쪽으로 이집트와 소아시아 반도에 이르는 오리엔트를 통일한 대제국이었습니다. 이렇게 강력한 힘을 가진 페르시아는 가까이에 있는 그리스를 침략해 조금씩 도시 국가들을 빼앗더니, 어느새 아테네에 있는 마라톤 지방에까지 쳐들어왔습니다.

적군을 맞이한 아테네인들은 의견을 하나로 모으지 못해 결정을 내리지 못하고 있었습니다.

"전쟁이 터지면 아테네는 틀림없이 전멸한다. 빨리 항복하지 않으면 안 된다."

"페르시아 같은 야만인에게 항복할 수 없다. 아무리 전멸을 당한다 해도 죽을 때까지 싸우자."

이때 싸움을 주장하는 데미스토클레스가 열띤 웅변을 시작했습니다.

"우리들의 사랑하는 아테네를 자유의 도시로 지켜내든지, 항복하여 시민들을 모두 노예로 전락시켜 버릴 건지는 모두 여러분의 생각에 달려 있습니다. 여러분은 항복하여 노예가 되기를 원합니까?"

그의 웅변은 항복을 주장하던 장군들의 용기를 북돋우어, 드디어 장군들은 목숨을 걸고 페르시아와 싸우기로 결정하였습니다.

아테네의 전 시민들은 전선에 나갈 준비를 하였고, 총지휘관으로는 밀티아데스가 선출되었습니다. 밀티아데스는 1만 명의 군사를 이끌고 마라톤에 나아가 2만 명의 페르시아군과 맞서게 되었습니다.

밀티아데스는 군사의 수가 훨씬 많은 페르시아와 평야에서 싸우면 아테네군이 반드시 적에게 당할 것임을 잘 알고 있었습니다. 그래서 밀티아데스는 마라톤에서 아테네로 통하는 골짜기에 진을 치고 며칠 동안 기회를 살폈습니다.

페르시아군은 아테네의 병력이 대단치 않다고 얕잡아 보고는 그대로 진격해 들어왔습니다. 적의 공격이 시작되자 골짜기에 있던 아테네군은 재빠르게 적군을 포위했습니다. 갑자기 혼란에 빠진 페르시아군은 6,400명의 전사자를 내고는 후퇴했으며, 반면 아테네군은 전사자가 192명에 불과하는 승리를 거두었습니다.

그날 전투 결과를 걱정하며 광장에 모여 있던 아테네 시민들 앞에 한 명의 병사가 나타났습니다. 그는 승전의 소식을 알려 주기 위해 단숨에 42킬로미터의 거리를 쉬지 않고 달려왔던 것입니다. 그는 결과를 묻는 시민들을 향해 거친 숨소리로,

"우리 군대가 이겼다."

하고 단 한마디를 전하고는 쓰러지더니 숨이 끊어졌습니다. 이것이 바로 오늘날 마라톤의 기원으로서, 마라톤은 이때 죽은 아테네 병사의 명예를 후세에 전하기 위하여 생겨났습니다.

그리스 신

고대 그리스 인들은 신을 사람과 똑같은 생활을 하는 것으로 보았습니다. 신은 죽지 않고 사람보다 뛰어난 능력을 가지기는 하나 역시 사람과 비슷한 생각과 행동을 한다는 것입니다. 그래서 그리스 신화를 읽어 보면 신들도 사람과 마찬가지로 서로 다투고, 사랑과 미움의 감정에 싸여 고민을 하고 아주 잔혹한 행동을 하는 경우도 있습니다.

이같이 사람과 별다른 차이가 없는 신들을 기쁘게 해 주는 것은 신들을 위해 거창한 제사를 지내 주거나 혹은 올림피아 제전과 같은 각종 경기 대회를 열어 주는 것입니다.

그리스 신은 전지 전능한 신이 아니고 제우스를 중심으로 각각 다른 직분과 권능을 가진 여러 신들로 되어 있었습니다. 예를 들면 제우스는 최대의 권력을 지닌 신 중의 왕이었고, 포세이돈은 바다의 신, 아테네는 전쟁과 지혜의 여신이었습니다. 이렇게 많은 신들이 자연을 지배하고 있다고 그리스 인들은 믿었기 때문에 모든 크고 작은 사회적·윤리적인 문제에 대해 신들의 뜻을 묻는 신탁을 통해 결정하였습니다.

제우스 흉상

신탁이란, 신이 사람에게 내린다는 명령, 분부, 대답 따위로, 대개 제사장이 맡아 했습니다. 그리스 인들은 이 신탁을 믿었으며 아주 중요한 일로 여겼습니다.

소피스트

민주주의가 잘 발달된 아테네에서는 일반 시민들도 여러 사람이 모여 있는 자리에 나와 자신의 의견을 발표하고, 자신의 신념을 주장할 수 있는 기회가 많이 있었습니다.

이 시대에는 말을 잘하는 것이 자신을 지키는 수단이었습니다. 그들은 말의 내용보다 말하는 방법에 더 신경을 썼습니다. 똑같은 이야기를 억지로 말의 앞뒤를 바꾸어 멋있게 꾸미려고 했습니다.

그러다 보니 자연히 말하는 법, 즉 변론술을 가르치는 사람들이 늘어났습니다. 이들은 '소피스트('지혜를 주는 사람'이란 뜻)'라고 불렸으며, 이들 가운데에는 외국을 여기저기 여행하여 견문을 넓힌 사람들이 많았습니다. 그러나 진리에 대한 뚜렷한 신념도 없으면서 단지 '말을 위한 말'만을 즐기고 돌아다니는 가짜 소피스트들도 있었습니다. 즉, 온갖 말재주를 부려 청년들을 타락의 구렁텅이로 몰아넣고 엄청난 돈을 요구하였던 것입니다.

이때 소크라테스가 나타나 그들을 향해 외쳤습니다.

"너 자신을 알라."

이 말은 지금도 대화를 할 때 많이 주고받는 명언입니다.

소크라테스는 기원전 469년에 태어났습니다. 아버지는 조각가였고 어머니는 산파였습니다.

그는 생활에 전혀 관심을 두지 않고 항상 '사람은 어떻게 하여야 올바른 사람으로 살 수 있겠는가.' 하는 생각에만 몰두해 있었습니다. 그러다가 사람들이 많이 모이는 곳에 자주 나타나서 사람들에게 이야기를 하곤 했습니다.

소크라테스

"자, 우리들은 좀 더 진지하게 생각하면서 이 세상을 바르게 살아가도록 노력합시다."

소크라테스는 아주 못생긴 사람이었습니다. 코는 납작코였고 눈은 움푹 꺼져 있었습니다. 그러나 사람들은 그를 가장 훌륭한 사람이라고 믿었습니다. 그리고 싸구려 소피스트들과 구별해서 그를 '철학자'라고 불렀습니다.

소피스트들은 남을 가르치고 돈을 받았지만, 소크라테스는 그렇지 않았던 것입니다.

점차 소크라테스의 주위에는 진실된 시민과 청년들이 모여들게 되었습니다. 그 가운데에는 나중에 유명한 철학자가 된 플라톤과 같은 훌륭한 청년도 있었습니다. 소크라테스의 가르침은 청년들의 순수한 마음에 용기를 북돋워 주었던 것입니다.

그는 남을 가르칠 때, 일방적으로 자신의 주장만을 강요하지 않고, 대화를 통하여 남을 깨닫게 했습니다. 그래서 사람들은 소크라테스를 더욱더 존경했습니다.

그런데 그의 아내 크산티페만은 그를 향해 비난을 퍼부었습니다. 돈도 못 벌면서 쓸데없이 시간만 낭비한다고 생각했던 것입니다.

어느 날 크산티페는 큰 소리로 바가지를 긁다가, 남편에게 물을 끼얹었습니다. 침묵을 지키고 있던 소크라테스는 그제서야 한 마디 했습니다.

"흐음, 천둥 소리가 크더니 결국 비가 오는군!"

소크라테스는 그리스의 신들을 믿지 않았습니다. 그러나 신들을 모욕하는 말은 한 마디도 하지 않았고, 또한 신들을 찬양하는 말도 하지 않았습니다. 나날이 소크라테스를 따르는 사람들이 늘어가자 이를 시기한 정치가와 귀족들은 소크라테스를 붙잡아 옥에 가두었습니다.

"소크라테스는 우리가 숭배하는 신들을 믿지 않고, 또 남들에게도 믿지 말라고 가르쳐 왔습니다. 소크라테스의 말을 듣고 아테네의 청년들이 점점 불량해지고 있습니다."

이것이 소크라테스의 죄목이었습니다.

　소크라테스의 친구들은 소크라테스에게 아무런 죄가 없다는 것을 알고 있었습니다. 그들은 소크라테스와 같은 훌륭한 인물이 억울하게 죽는다는 것은 옳지 않은 일이라고 생각하여 소크라테스가 갇혀 있는 감옥으로 찾아가서 권하였습니다.

　"감옥의 간수들을 모두 돈으로 매수하였으니 빨리 도망치게."

　그러나 소크라테스는 자신은 아테네 시민이라며 법이 내린 판결을 따르는 것이 가장 옳은 행동이라고 했습니다.

　마침내 죽음의 독배를 마시는 날이 다가왔습니다. 그날 밤 간수가 약사발을 가지고 와서 소크라테스에게 건네주었습니다. 약사발을 받아든 소크라테스는 태연하게 간수에게 물었습니다.

　"여보게, 어떻게 하면 되는지를 내게 가르쳐 주게."

　그러자 그 간수는 침울하게 말했습니다.

　"그 약을 다 마시고 다리가 무거워질 때까지 걷다가 그 다음에 누우시면 됩니다."

　소크라테스는 조금도 떨거나 얼굴빛이 변하는 기색도 없이 아주 조용하게 독이 든 약을 다 마셔 버렸습니다. 그리고 천천히 일어나 감옥 안을 거닐기 시작했습니다. 이윽고 다리가 무거워져 옴을 느끼게 되자, 천장을 보고 누웠습니다. 그리고는 다음과 같은 마지막 말을 남기고 숨을 거두었습니다.

독배를 마시는 소크라테스

"크리톤, 나는 아스클레피우스한테 닭을 한 마리 빚졌다네. 잊지 말고 내 대신 갚아 주게."

소크라테스가 죽자, 그의 제자 플라톤은 스승 소크라테스의 말과 생각을 정리하여 책으로 펴냈고, 아테네에 아카데미아(지금의 대학)를 세워 젊은 사람들을 가르쳤습니다.

그리스 신화

신화는 신들을 등장시켜 꾸며 낸 이야기입니다. 아득히 먼 고대의 그리스 인들이 남긴 신들의 이야기가 '그리스 신화'입니다.

그리스 인들은 지구가 편평하고 둥근 원반 모습을 하고 있다고 믿었으며, 그 한가운데에 자기 나라가 있다고 생각했습니다. 또 자기 나라 중심에는 신들이 살고 있는 올림푸스 산과 델포이 거리가 있다고 생각했습니다. 그리고 이 세상 모든 것을 다 신으로 생각했습니다. 반짝이는 별, 한 송이 꽃 등을 신비스런 생명을 지닌 신과 같은 것으로 생각했습니다.

그리스 인들은 해가 뜨는 것을 보고, 아폴론 신이 황금 마차를 타고 하늘을 달리는 것으로 보았고, 폭풍이 일어나는 것은 바다의 신 포세이돈이 화를 내는 것이라 생각했습니다.

이처럼 신비로운 생명체나 자연 현상을 모

그리스 신화에 등장하는 신들이 산다는 올림푸스 산

두 신으로 연결시켜 생각한 데서 그리스 신화가 생겨난 것입니다.

고대 그리스의 여러 나라가 망한 뒤에는 그 세력이 로마로 옮겨져서, 신화도 로마로 번져 갔습니다. 고대 로마의 신화는 보잘것없었는데, 우수한 그리스 신화가 들어오자 로마인들은 자기네의 전설을 무시하고 모든 이야기를 그리스 이야기로 바꾸어 버렸습니다.

그리하여 로마의 신들은 그리스 신들과 똑같이 여겨지게 되었고, 그리스 신들의 이름을 로마의 신 이름으로 바꾸게 되었습니다.

그리스 신화를 일컬을 때 '그리스·로마 신화'라고 하는 까닭이 바로 여기에 있습니다. 로마 신화는 대부분이 그리스 신화를 이어받아 자기 나름대로 이야기를 덧붙이고 신들의 이름을 로마식으로 바꾼 것일 뿐입니다.

오늘날 그 신들을 믿는 사람은 없지만, 그리스 신화는 문학과 예술로서 현대인의 가슴속에 깊이 자리잡고 있고, 고대인의 역사와 생활을 공부할 수 있는 귀중한 자료입니다.

알렉산드로스 대왕

소크라테스의 수많은 제자들 가운데에서 가장 뛰어난 제자는 플라톤이며, 플라톤의 제자 중에는 아리스토텔레스가 유명합니다.

아리스토텔레스는 지혜로운 제자 대신, 세계를 정복하고 인류를 지배하는 한 사람의 욕심 많은 왕을 키워 냈습니다. 바로 알렉산드로스 대왕입니다.

 알렉산드로스는 이미 어렸을 때부터 영웅다운 기질을 보이기 시작하였습니다.

 어느 때인가 알렉산드로스의 아버지인 필립포스왕에게 말을 팔러 온 사람이 있었습니다. 곧 들판으로 말을 데리고 나가서 타 보니까, 이 말은 아직 훈련을 받아 본 적이 없는 거친 말이었습니다.

 이것을 본 왕은 아주 기분이 상하여,

 "그런 말은 소용없다. 빨리 데리고 가라."

하고 소리쳤습니다. 이때 곁에 있던 알렉산드로스는, 말 주위를 걸어다니면서 혼잣말로 중얼거렸습니다.

 "저런 명마를 돌려보내다니 참 아깝구나."

 이 말을 들은 필립포스왕은 깜짝 놀라며 알렉산드로스에게 슬쩍 물어 보았습니다.

 "그럼 너는 어른들도 타지 못하는 저 사나운 말을 탈 수 있다는 말이냐?"

 그러자 알렉산드로스가 대답했습니다.

 "저는 이 말을 탈 수가 있습니다."

 "그럼 좋다. 어디 타 보거라."

 주위에 있던 장군들이 위험하다며 말렸지만, 왕은 마침내 허락했습니다. 가까스로 왕의 허락을 얻은 알렉산드로스는 말에게 다가가 고삐를 잡더니, 말의 머리를 해가 떠 있는 쪽으로 돌렸습니다. 그리고 부드럽게 말잔등을 토닥거려 말을 안심시키고는, 천천히 말에 올라앉아 해를 향해

천천히 전진해 갔습니다. 알렉산드로스는, 사람들이 말 위에 올라탈 때 말이 자신의 그림자를 보고 놀라 껑충껑충 뛰는 것을 알아차렸던 것입니다.

왕은 너무나 대견하여 아들을 껴안았습니다.

"장하다, 내 아들아! 마케도니아는 너한테 너무나 좁구나."

이것은 알렉산드로스가 12살 때의 일이었습니다.

이렇게 해서 필립포스왕은 알렉산드로스를 훌륭한 왕으로 만들기 위해 당대 최고의 학자인 아리스토텔레스를 초빙하여 왕자의 선생으로 삼았던 것입니다.

아리스토텔레스는 알렉산드로스에게 정치는 물론 문학, 예술, 과학,

의학 등 거의 모든 학문을 가르쳤습니다.

그래서 알렉산드로스는 지혜와 덕을 쌓으면서 더욱 현명하게 성장할 수 있었습니다. 마케도니아는 옛날 그리스 인들이 발칸 반도로 남하했을 때, 그 중 일부가 마케도니아 지방에 그대로 머물러 세운 나라로, 그리스 인들과 같은 민족이었습니다.

그러나 필립포스왕은 그리스가 차츰 쇠퇴의 길을 걷기 시작하자 기습 공격을 하여 그리스의 전 영토를 차지해 버렸습니다.

아리스토텔레스
(라파엘로 작)

그리고 그것에 만족하지 않고 아시아로 눈을 돌려 페르시아 원정에 나설 준비를 했습니다. 그러나 뜻을 실천에 옮겨 보지도 못하고 갑자기 죽고 말았습니다.

필립포스왕이 죽자 스무 살의 용감한 알렉산드로스가 왕위에 올랐습니다. 알렉산드로스는 마케도니아와 그리스 전체의 왕이 되었지만, 자신이 다스려야 할 나라가 아주 좁고 답답하게만 여겨졌습니다. 알렉산드로스는 페르시아를 정복하려던 아버지 필립포스왕의 계획을 이룩하기 위하여 준비를 서둘렀습니다.

기원전 334년, 알렉산드로스는 마케도니아·그리스 연합군을 이끌고 아시아를 향해 나아갔습니다. 그는 먼저 소아시아를 정복했습니다. 여기서 페르시아군을 몰아낸 알렉산드로스는 소아시아의 중앙에 있는 고르디우스에 들어섰습니다.

그런데 그 도시에 있는 제우스 신전의 기둥에는 한 대의 짐수레가 단단히 묶여 있었는데, 이 매듭을 푸는 사람이 아시아를 지배한다는 전설이 내려오고 있었습니다. 그러나 이 매듭은 너무 복잡하게 묶여 있었기 때문에 아무도 풀지 못하고 있었습니다. 그런데 이 이야기를 들은 알렉산드로스는 신전으로 가서, 허리에 찬 칼을 뽑아들고 단칼에 그 매듭을 베어 버렸습니다. 그는 이렇게 모든 일에 거침이 없었습니다.

아시아 원정에 나선 지 2년째 되는 해에 알렉산드로스는 '잇소스 전투'에서 페르시아의 왕 다리우스와 마주 싸우게 되었습니다.

알렉산드로스는 이번에도 선두에 서서 맹렬한 공격을 퍼부었습니다. 페르시아군은 허둥대기 시작했고 다리우스는 가족까지 팽개치고 도망치는 신세가 되었습니다.

결국 다리우스의 왕비, 공주 등 왕의 일가족은 모두 포로가 되고 말았습니다. 그러나 알렉산드로스는 이들을 친절하게 대해 주면서, 그들이 누리던 왕족으로서의 화려한 생활을 계속 누리게 해 주었습니다.

알렉산드로스와 알렉산드리아

승리를 거둔 알렉산드로스는 별다른 저항 없이 곧바로 이집트에 들어갈 수 있었습니다. 그 당시 페르시아의 가혹한 지배하에 놓여 있었던 이집트는 알렉산드로스를 해방자로 환영하면서, 그에게 이집트의 왕임을 나타내는 파라오 칭호를 바쳤습니다. 이 때 알렉산드로스는 토양이 좋은 나일 강의 델타 지역에 그리스식의 새로운 도시를 건설하게 하고 자신의 이름을 따서 '알렉산드리아'라 불렀습니다.

알렉산드로스는 제일 먼저 이곳에 큰 도서관을 세웠습니다. 책이 50만 권이나 되는 세계에서 가장 오래 되고 가장 큰 도서관이었습니다. 알렉산드로스는 또 알렉산드리아 항구 앞 페어로스 섬에 30층 높이의 큰 등대도 세웠습니다. 알렉산드리아는 한때 이렇게 거대하고 화려한 도시였지만 지금은 이름만 전하고 있을 뿐입니다. 도서관도 페어로스의 등대도 지금은 남아 있지 않습니다.

알렉산드로스는 또다시 이란 인들과 싸워 가면서 차츰차츰 동으로 진군하여 마침내 기원전 327년에는 인더스 강가에 도달했습니다.

고국을 떠난 지 어느새 10년이 넘었고, 병사들 가운데엔 고향에 두고 온 가족들이 그리워 병까지 난 사람들도 있었습니다. 그들이 행군해 온 길은 18,000킬로미터나 되었습니다.

병사들은 고향에 돌아가지 못하게 될까 봐 걱정이 태산이었습니다.

동쪽으로 더 진군하려던 알렉산드로스는 병사들이 완강하게 버티는 바람에 페르시아

알렉산드로스 대왕

의 수사로 돌아갈 수밖에 없었습니다. 이때 귀환길에 원주민의 저항과 질병, 식량 부족으로 많은 병사들이 희생되었습니다.

알렉산드로스는 대제국의 수도를 바빌론으로 정하고, 그곳에서 나라를 다스렸습니다. 그리고 아라비아와 이탈리아 반도를 손에 넣기 위해 잔치를 벌였습니다. 병사들을 위로하고 사기를 높여 주기 위해서였습니

다. 그러나 그는 갑자기 열병에 걸려 죽는 바람에 세계 정복의 꿈을 이루지 못했습니다. 그때 그의 나이 서른두 살이었습니다.

욕심 많은 정복자, 알렉산드로스. 그는 인류의 역사상 가장 젊은 나이로, 가장 넓은 세계를 다스렸던 가장 위대한 왕이었습니다.

알렉산드로스는 죽기 전에 아무 유언도 남기지 않아 그가 죽자 곧바로 후계자 문제를 놓고 분쟁이 일어나기 시작했습니다.

여러 장군들은 서로 왕위를 차지하려고, 왕비를 비롯한 알렉산드로스의 친족들을 모두 죽이고 세력 다툼을 벌였습니다. 이런 혼란 속에서 약 40년 동안 전쟁이 끊이지 않더니, 결국 3개의 왕국으로 분열되었습니다. 이 분열된 세 왕국은 뒷날 로마에게 모두 멸망하였습니다.

움직이는 로마

알렉산드로스 대왕이 죽고 여러 장군들이 세력 다툼을 벌이는 동안, 이탈리아 반도의 한 구석에서 '로마'라는 조그만 나라가 서서히 그 모습을 드러내기 시작했습니다.

로마는 알렉산드로스 대왕 이전의 그리스 시대에도 있었던 작은 도시 국가였습니다.

로마의 역사는 그리스와 마찬가지로 신화에서 비롯합니다.

트로이의 장군 아이네아스는, 스파르타의 침략을 받아 트로이 성이 함락되자 바다 건너 이탈리아로 몸을 피했습니다. 그는 그곳에서 라비니어라고 하는 왕녀를 만나 결혼을 하고 행복하게 살았습니다. 그리고 그들의 자손은 대대로 왕위를 물려 가며 나라를 다스렸습니다.

아이네아스로부터 13대 후에, 프로카스왕은 누미토르와 아물리우스라는 아들을 남기고 죽었습니다. 그러자 장자인 누미토르가 왕위를 계승했으나, 흑심을 품은 아우 아물리우스가 반란을 일으켜 형의 왕위를 빼앗은 다음, 누미토르를 국외로 추방해 버렸습니다. 그리고 남은 가족들 가운데서 아들은 죽이고 딸인 레아실비아는 베스타 여신의 무녀로 만들어, 일생 동안을 처녀로 살게 하였습니다.

그는 이렇게 함으로써 누미토르의 자손을 없애려 한 것이었습니다. 그러나 레아실비아가 베스타의 신전에 바칠 물을 길러 마르스 신의 숲에 갔을 때, 그녀의 아름다움에 반한 마르스 신이 그녀를 겁탈했습니다. 이렇게 해서 레아실비아는 처녀의 몸으로 쌍둥이 형제를 낳고 말았습니다.

이 사실을 알게 된 아물리우스는 몹시 진노하여,

"사내아이를 살려둘 수 없다. 그 쌍둥이를 죽여 버려라."

하고 명령했습니다. 그러나 명령을 받은 신하는 차마 어린 생명들을 죽일 수 없어 광주리에 두 아기를 담아 티베르 강에 띄워 보냈습니다.

로마의 시조

다행히도 티베르 강의 범람 덕분에 두 아기를 담은 광주리는 어느 언덕에 닿게 되었습니다. 이때

물을 찾아 내려오던 한 마리의 늑대가 배가 고파 울고 있는 두 아기를 발견했습니다. 늑대는 광주리 곁에 다가와, 두 아이에게 자신의 젖을 물린 뒤, 굴로 데리고 갔습니다. 그 날부터 쌍둥이 아기들은 늑대의 품에서 커 갔습니다.

로마의 건국 신화에 나오는 로물루스와 레무스, 그리고 늑대

그러던 어느 날 한 양치기가 강가를 거닐다가 늑대가 키우는 두 아이를 발견하였습니다. 이 양치기는 늑대가 없는 틈을 타 쌍둥이를 늑대굴에서 훔쳐 내어 자기의 아들로 키웠습니다.

그리고 이 쌍둥이에게 사람의 말을 가르치고 이름을 지어 주었습니다.

하나는 로물루스, 또 하나는 레무스였습니다. 그런데 이 로물루스와 레무스는 사이가 좋지 않았습니다. 늘 다투고, 무슨 일에서든 조금도 양보하려 들지 않았습니다.

마침내 로물루스는 레무스를 죽이고 일곱 개의 언덕이 있는 황폐한 땅에 도시를 건설한 후, 이 도시의 왕이 되었습니다.

이 도시가 바로 로마입니다. 기원전 750여 년의 일입니다.

로물루스는 자기가 세운 도시에 더 많은 백성을 끌어모으기 위해, 이웃 도시의 가난한 사람들과 감옥을 탈출한 죄수들까지도 가리지 않고 받아들였습니다.

당시 로마에는 여자가 아주 귀했습니다. 로물루스는 로마의 청년들에게 아내를 구해 줄 꾀를 생각했습니다. 그래서 이웃 사비니라는 도시에 사람을 보내 그곳의 시민들을 모두 초대한 후, 크게 잔치를 벌였습니다.

이튿날, 사비니의 남자들이 술이 깨어 일어나 보니, 여자들이 한 명도 보이지 않았습니다. 로마의 청년들이 모두 납치해 간 것이었습니다. 아내를 빼앗긴 사비니의 남자들은 곧 로마 사람들과 싸울 준비를 하고 쳐들어갔습니다.

　그러나 잡혀 온 사비니 처녀들이 중간에 나서 서로 화해를 시켰습니다. 이후로 사비니의 왕 타티우스와 로마의 왕 로물루스는 로마를 같이 통치하게 되었는데, 얼마 안 가서 타티우스가 죽자 로물루스 혼자 로마를 오랫동안 다스렸습니다.

로마의 공병대와 도로

　로마는 귀족과 평민, 두 계급으로 나뉘어 있었는데, 평민들은 가난하게 살았고 교육을 받을 자격도 주어지지 않았습니다. 그리고 투표권도 없었습니다.

　투표권을 달라고 호소하는 시민들에게 왕은, 무식한 사람들은 투표할 자격이 없다며, 시민들의 간절한 요구를 모른 척했습니다. 마침내 시민들은 왕을 몰아내자며 모두가 힘을 모았습니다.

　왕을 몰아낸 시민들은 로마를 왕국에서 공화국으로 바꾸어 버렸습니다. 그리고 당당하게 선거를 통하여 두 명의 지도자를 뽑았습니다. 그 중에 한 명은 반드시 평민 가운데에서 뽑았는데, 평민 중에도 부자가 아니고서는 그 일을 할 수가 없었습니다.

왜냐하면 그 당시에는 지도자를 비롯한 관리들이 돈을 받고 일한 것이 아니었기 때문에 돈이 없는 사람들은 엄두도 못 낼 일이었습니다.

로마가 착실히 국내의 기반을 다져갈 즈음에 세계 대제국을 건설하려던 마케도니아의 알렉산더가 열병에 걸려 죽었습니다. 이탈리아 반도 통일을 꿈꾸던 로마에게는 아주 좋은 여건을 가져다 준 셈이었습니다.

이에 로마는 먼저 라틴 인을 무찌르고 라티움 지방을 정복했으며, 이어 에트루리아와 삼니움을 차례로 점령하여 티베르 강을 중심으로 한 중부 이탈리아를 장악하게 되었습니다(기원전 290년).

이처럼 로마가 순식간에 대제국으로 발전할 수 있었던 가장 큰 원인은 강력한 무기로 무장한 군사력이었습니다. 처음에 로마 군인들은 직업적인 군대가 아니라, 평상시에는 농업에 종사하다가 전쟁이 일어나면 전쟁터로 나가는 평민으로 되어 있었습니다. 그러다가 차츰 아주 잘 훈련된 정식 군대가 탄생하였습니다.

로마의 중심 부대는 긴 창과 양쪽에 날이 있는 단검, 갑옷과 투구, 그리고 큰 방패로 몸을 에워싼 보병들로 구성되었습니다.

그리고 로마군은 항상 도로를 건설하는 공병대를 이끌고 다녔습니다. 이 공병대는 점령할 곳과 로마를 잇는 도로를 세우는 임무를 맡았는데, 싸움이 없을 때는 앞질러 가서 도로를 만들었습니다.

로마 공병대가 만들어 놓은 도로는 놀랄 만큼 잘 닦여 있는데, 대형 전차도 통과할 수 있을 정도로 튼튼하였습니다.

로마의 길은 로마의 발전과 함께 사방팔방으로 뻗어 나가 전체 길이가 지구 둘레의 10배나 될 정도였습니다. 중국의 만리장성도 이 규모에는 미치지 못합니다.

로마의 도로는 군사적으로만 쓰인 것이 아니었습니다. 빼앗은 나라에서 거둬들인 세금을 운반하기도 했으며, 아주 먼 곳에서 상인들이 상품을 운반하기도 했습니다. 그리고 일반 여행자들도 이 길을 통하여 편리한 여행을 할 수 있었습니다.

아피아 가도
수도 로마에서 이탈리아 남부까지 연결된 도로

로마에 수입된 주요한 상품은 철, 가죽, 말, 노예를 비롯해 아프리카의 상아와 거북, 아라비아 유향, 인도의 후추, 보석, 진주, 중국의 생사, 비단 등이 있었습니다. 수출품으로는 이탈리아의 포도주, 에스파냐의 납, 주석, 구리, 지중해의 산호, 이집트의 유리 그릇 등이 있었습니다.

로마와 카르타고

이처럼 순탄하게 이탈리아를 비롯한 여러 나라에 세력을 뻗치던 로마를 주춤하게 하는 상대가 나타났습니다. 바로 지중해를 가운데 두고 맞서 있는 북아프리카 해안의 강대국 카르타고였습니다.

카르타고는 기원전 800년경에 페니키아 사람들이 건설한 도시 국가 중의 하나였는데, 일찍부터 활발한 해상 무역 활동을 통하여 돈을 많이 벌어들였고, 또 막강한 해군력으로 지중해 서쪽의 작은 도시 국가들을 지배해 '지중해의 여왕'으로 군림하고 있었습니다. 시칠리아 섬의 그리

스 식민지들도 대부분 카르타고에 복종하고 있었습니다.

로마는 이런 카르타고가 못마땅해 늘 싸울 핑계를 궁리하고 있었습니다.

기원전 264년, 마침내 로마와 카르타고의 싸움이 시작되었습니다. 이 싸움을 '포에니 전쟁'이라고 하는데, '포에니'란 페니키아를 가리키는 말이고 카르타고는 바로 이 페니키아 사람들이 세운 나라입니다.

로마와 카르타고의 전쟁은 바다에서의 싸움이었습니다.

로마는 해상전에 유리한 카르타고를 물리치기 위해 연구한 끝에, 카르타고의 군함과 비슷한 군함을 만들고는 다시 뱃머리 부분에 쇠갈고리를 매달아 놓았습니다.

로마군은 카르타고 군함에 가까이 다가가 쇠갈고리를 던져 적의 군함을 끌어당긴 다음, 일제히 적의 배에 뛰어들어 마치 육지에서 싸우는 것처럼 익숙하게 카르타고군을 공격했습니다. 아무리 강력한 해군력을 갖고 있는 카르타고도 이 로마의 전법 앞에는 속수무책일 수밖에 없었습니다. 이렇게 해서 제1차 포에니 전쟁은 23년 만에 로마군의 승리로 끝났습니다.

한니발 장군

한편, 전쟁에 진 카르타고는 보물의 창고라고 할 수 있는 시칠리아 섬을 빼앗기고 게다가 막대한 배상금을 물게 되자, 그 번성하던 국력이 많이 약해졌습니다.

그러나 카르타고 인들은 이에 굴하지 않고 복수의 이를 갈면서 재기의 기회를 노렸습니다. 그래도 한번 쓰러진 국력을 다시 일으키기란 쉬운 일이 아니었습니다.

설상가상으로, 로마가 지중해의 큰 섬들인 사르디니아와 코르시카마저 차지해 버리자 더욱더 큰 위기와 분노를 느꼈지만, 속만 탈 뿐 별 뾰족한 대응책을 마련하지 못하고 있었습니다.

이때 카르타고를 위기에서 구할 훌륭한 장군이 나타났습니다. 바로 한니발 장군이었습니다.

한니발의 아버지인 하밀카르 장군은 한니발이 9살 되던 해 아들을 향해 말했습니다.

"아버지는 이제부터 에스파냐로 간다. 혹시 뜻을 이루지 못하고 죽을지도 모른다. 너는 아직 어리지만, 하밀카르의 아들이다. 너는 로마가 카르타고의 원수라는 것을 잠시도 잊어서는 안 된다. 그리고 어른이 되면 꼭 이 아버지의 뜻을 이어 카르타고의 원수를 갚을 것을 신에게 맹세하여라."

어린 한니발은 아버지의 엄중한 얼굴을 쳐다보며 말했습니다.

"아버님의 말씀을 결코 잊지 않고 뼈에 새겨 두겠습니다. 그리고 제가 어른이 되면 어떠한 어려움이 있더라도 로마에 대한 우리의 원한을 풀고 말 것을 신께 맹세합니다."

한니발의 눈에는 아무도 꺾지 못할 굳은 결심의 빛이 서려 있었습니다.

"과연 내 아들이다. 네 결심이 그렇다면 이 애비는 아무런 걱정이 없다."

아버지 하밀카르는 흐뭇해하며 에스파냐로 떠났습

한니발 장군

니다.

　에스파냐에 도착한 하밀카르는, 우선 남쪽 지방을 정복하고 차츰 북상하여 원주민들을 쳐서 항복을 받은 뒤, 그들을 훈련시켜 군대를 키워갔습니다. 그러는 한편, 은광을 개발하여 기원전 231년에는 로마에 대한 배상금을 마련하고, 국력을 키워 갔습니다. 그러나 하밀카르는 얼마 후 기원전 228년 야만족과의 전투에서 애석하게도 전사하고 말았습니다.

　이때 한니발은 19세의 훌륭한 청년이 되어 있었습니다. 그리하여 모두가 한니발에게,

　"아버지의 대를 이어 부디 에스파냐의 총독이 되어 주십시오."

하고 부탁했으나 슬기로운 한니발은,

　"아니오, 나는 아직 어려서 총독이 될 수 없소."

하고 매형 하스드루발을 추천하여 총독이 되게 하였습니다.

　후계자가 된 하스드루발은 전쟁 준비와 군대에 대한 모든 것은 한니발에게 맡기고, 자신은 오직 국력을 키우는 일에만 몰두했습니다.

　하스드루발과 한니발의 노력으로 에스파냐에서의 카르타고의 세력은 점점 더 확대되었습니다.

　그러나 하스드루발은 얼마 후에 암살되고 말았습니다. 이때가 되어서야 26살의 청년 한니발은 많은 사람들의 간청을 받아들여 에스파냐의 총독에 올랐습니다.

　총독에 오른 한니발은 아버지의 뜻을 받들어 로마에 대한 복수의 계획을 착착 진행하여 나갔습니다. 그는 총독이 된 뒤에도 군사들과 같이 먹고 자며 훈련했기 때문에 그에 대한 군사들의 신망은 대단했습니다.

알프스 산맥을 넘은 한니발 군대

드디어 로마 원정 준비가 완료되었습니다. 제2차 포에니 전쟁이 시작된 것입니다.

한니발 장군이 이끄는 원정군의 규모는 보병 7만 명, 기병 1만 2천 명, 코끼리 37마리, 군선 30척이었습니다. 그 밖에도 본국을 지키기 위해서 보병 2만 명, 기병 4천 명, 코끼리 20마리를 카르타고에 보냈습니다. 또한 에스파냐에도 약간의 군대와 군선을 남기고 동생을 총독으로 임명하여 보급을 담당하게 했습니다.

이렇게 모든 준비를 마친 한니발은 기원전 218년 봄, 이탈리아 반도를 향해 위세 당당하게 출발했습니다.

그의 병력은 총 10만을 헤아리는 대군이었기 때문에 피레네 산맥 기슭에 도달하는 데만도 4개월이나 걸렸습니다. 군사들은 하늘을 찌를 뜻한 산맥을 바라보면서,

"저 험한 산을 어떻게 넘는다지……."

하고 금세 질린 표정이 되었습니다.

아니나 다를까, 3천 명이나 되는 겁먹은 병사들이 그날 밤에 몰래 본국으로 도망치고 말았습니다. 날이 밝자 한니발은 모든 군사를 모아 놓고 이렇게 말했습니다.

"고국으로 돌아가고 싶은 사람은 돌아가라. 오직 나와 생사를 같이할 결심이 확고한 자들만 여기 남아라."

그러자 또 많은 군사들이 도망쳐 갔습니다. 남은 병력을 세어 보니 보병 5만 명과 기병 900명뿐이었습니다.

병사들은 서로 격려하면서 힘겹게 피레네 산맥을 넘은 뒤, 지중해의 바닷가를 따라 론느 강가에 도착했습니다.

이때 로마에서는 한니발의 대군이 몰려온다는 소식을 듣고 곧 군사를 풀어 론느 강 건너편 마실리아란 곳에 진을 쳤습니다. 그러나 한니발 군은 물살이 세기로 유명한 론느 강을 단숨에 건너 로마군을 물리쳤습니다.

하지만 아직도 이탈리아로 진격하기 위해서는 알프스 산맥이라는 커다란 장애물이 기다리고 있었습니다. 로마군은 한니발이 이 산맥을 넘어오리라고는 꿈에도 생각지 않았기 때문에 알프스 산맥 쪽의 방비는 허술했습니다.

한니발은 이런 로마 인의 예상을 뒤엎고 알프스 산맥을 넘기로 작정했습니다. 그러나 알프스 산맥은 온통 하얗게 눈이 뒤덮여 있었으며, 살을 에는 듯한 강한 추위가 온대 기후에서만 지내왔던 한니발의 군대를 괴롭혔습니다.

이것을 본 한니발은 말을 타고 높은 언덕에 올라가 군사들을 향해 큰 소리로 외쳤습니다.

"제군들! 우리들은 피레네의 험한 산을 넘고 론느의 강한 물살을 건너서 바야흐로 원수의 나라 로마에 승리의 발을 들여놓으려는 순간에 있다. 생각해 보라! 알프스의 산이 아무리 높다 한들 하늘에 붙은 것은 아닐 것이다. 용맹한 제군들이여, 지금이야말로 우리들의 힘을 시험해 볼 때이다!"

한니발의 우렁찬 연설을 듣고 군사들은 의기충천하였습니다.

"자아, 진격!"

군사들은 앞을 다투어 산을 오르기 시작했습니다.

온갖 고초를 겪은 끝에 산을 오르기 시작한 지 9일째 되는 날, 한니발 군은 간신히 정상에 올랐습니다.

정상에 올라 대열을 다시 정비한 한니발은 추위와 피곤에 지쳐 있는 부하들에게 멀리 눈 아래 펼쳐져 있는 광야를 가리키면서 외쳤습니다.

"이제부터 저 평야로 내려가 곧장 로마를 향해서 진격하는 것입니다. 승리는 이미 우리의 것입니다."

전군은 일어서서 끝없이 펼쳐진 롬바르디아 평야를 내려다보았습니다. 알프스를 내려가면 바로 이탈리아였습니다. 그들은 다시 용기가 솟아났습니다.

그렇지만 하산길은 올라올 때보다 더욱 힘들고 미끄러웠습니다. 코끼리와 기병들을 위해서는 길을 새로 만들어야만 했습니다. 군사들이 모두 달려들어 굶주림과 추위를 참고 길을 만들어 가면서, 꼭 보름 만에 전군은 간신히 알프스를 횡단할 수가 있었습니다.

드디어 산기슭의 평야에 다다랐을 때, 한니발 군대의 수는 에스파냐를 출발할 당시의 절반밖에는 남지 않았습니다. 더구나 군사들은 피곤에 지쳐 그 사기가 말이 아니었습니다.

한편, 한니발이 끝끝내 알프스를 넘었다는 소식이 로마에 알려지자 로마 인들은 깜짝 놀랐습니다.

"과연 그럴 수가 있을까?"

　로마 인은 아무도 믿으려 하지 않았지만, 어느새 한니발이 이끈 군대는 이탈리아 반도에 침입해 로마군을 여러 차례 물리치고 있었습니다.

　한니발은 자신이 거느린 군사의 수가 훨씬 적다는 것을 알고 정면 공격은 피하고, 유인 작전을 펴서 로마군을 번번이 물리쳤습니다.

　거듭되는 패전의 소식이 로마에 전해지자 시민들은 공포에 떨기 시작했습니다. 그렇지만 원로원은 시민들을 격려해 가며 로마 시의 수비를 강화했습니다. 그들은 로마 시를 둘러싸고 있는 성벽 주위의 모든 다리를 철거하고, 성벽에는 투석기를 설치한 뒤 돌을 산더미처럼 모았습니다. 그리고 여러 신들에게 간곡한 기도를 올렸습니다.

　"부디 로마를 지켜 주십시오."

　로마군은 이처럼 다급한 상황에 처해 있으면서도 침착함을 잃지 않았습니다. 그리고 한 가지 묘책을 생각해 냈습니다. 한니발이 로마를 공격하는 사이에 방비가 허술한 본국 카르타고를 직접 공격하는 것이었습니다.

카르타고의 대패

　스키피오라는 젊은 장군이 이끄는 로마의 대병력은 카르타고를 향해 무섭게 나아갔습니다.

　다급해진 카르타고 정부는 급히 한니발을 불렀습니다. 그러나 한니발이 카르타고에 돌아왔을 때엔 이미 대세가 기울어져 있었습니다. 카르타고 시는 함락 직전이었고, 스키피오와 로마군의 사기는 하늘을 찌를 듯

높았습니다.

 카르타고 정부는 화해하자는 쪽으로 의견이 기울어져, 로마에 항복하려 하고 있었습니다. 그러던 차에 한니발이 돌아왔다는 말을 듣고는 다시 싸워야 한다는 의견이 우세해지며 내부의 혼란은 그칠 줄 몰랐습니다.

 이 혼란을 수습하기 위해 한니발은 자진해서 로마군의 총사령관 스키피오와 회견을 요청했습니다.

 양군의 총지휘관인 두 사람의 회견은 온화한 분위기 속에서 시작되었습니다.

 "이렇게 언제까지나 전쟁을 계속하는 것은 두 나라를 위해 불행한 일이오. 서로가 노력해서 평화의 방법을 찾도록 합시다."

 한니발의 말에 스키피오도 수긍하면서 물었습니다.

 "로마도 무턱대고 전쟁을 원하는 것은 아니오. 그러니 이렇게 회견에 나온 것이 아니겠소? 당신네 나라에서는 어떤 조건으로 전쟁을 끝내고 싶소?"

 그러자 한니발이 말했습니다.

 "시칠리아 섬과 사르디니아 섬, 그리고 에스파냐 전체를 로마에 넘겨주겠소. 그 정도라면 로마도 불만이 없겠지요?"

 "그 정도로는 안 되겠소. 카르타고의 군선까지 모두 로마에 넘겨주어야 하오."

 스키피오가 냉정하게 한니발의 제안을 거절하자 회담 분위기는 금세 차가워지고 말았습니다.

 결국 두 사람은 극단적인 태도로 돌변해 버렸습니다.

"그런 조건으로 평화를 구할 수 없으니 당신들 마음대로 해 보시오."
한니발이 이처럼 최종 결정을 내리자 스키피오도 외쳤습니다.
"그럼 어쩔 수 없소. 우리에게는 전쟁뿐이오!"
이제 평화의 방법은 사라졌습니다. 오직 전쟁을 통해 결단을 내리는 길밖에 남지 않았습니다. 로마와 카르타고의 결정 장소는 자마라는 곳이었습니다.

때는 기원전 202년의 가을이었습니다.

한니발은 자신의 기병 수가 로마의 반에도 못 미친다는 사실을 알면서도 운명을 하늘에 맡기고, 지난 칸네의 전투 때와 같은 작전을 구사했습니다. 즉, 전군을 초승달형으로 퍼지게 하여 양쪽 끝에 배치된 정예 부대로 하여금 적을 둘러싸고 공격하도록 하는 공격법이었습니다.

그렇지만 이번에는 그 작전이 먹혀들지 않았습니다. 이미 스키피오는 한니발의 작전을 알고 있었고, 양끝에서 공격을 가할 한니발 군의

기병수가 부족했기 때문에 로마군은 지난번처럼 쉽사리 포위되지 않았습니다. 오히려 로마 기병대에 의해 주로 신병으로 구성된 카르타고의 보병대가 몰살당하고 말았던 것입니다.

싸움은 카르타고의 대패였습니다. 카르타고 측의 전사자는 만여 명에 달했고 나머지는 거의 포로가 되었습니다. 그토록 심혈을 바쳤던 알프스 산맥의 횡단이 모두 물거품으로 돌아가는 순간이었습니다.

노예 반란

로마 사회는 노예제를 기반으로 하는 사회였습니다. 로마의 노예는 로마 인과의 싸움에서 패하거나 항복한 이민족의 포로 출신이 대부분이었습니다. 로마가 포에니 전쟁 이후로 연전 연승하면서 확대되어 감에 따라 노예의 수도 대량으로 늘어갔습니다.

노예들은 대부분 농업과 목축, 광산 등 주요 생산 부문에 종사했습니다. 특히 라티푼디움이라고 하는 대농장에서는 포도, 올리

브, 곡물 생산을 위해 많은 노예가 일하고 있었습니다. 이들은 빈틈없는 감시의 눈길 아래 쉴 새 없이 고된 일을 해야 했으며, 도망치지 못하도록 쇠사슬에 묶여 일하는 경우도 있었습니다. 사람이 아니고 부서지면 갈아 치울 수 있는 물건에 불과했던 것입니다.

생산 활동에 쓰이는 노예 이외에도 로마 시민의 오락을 위한 노예도 있었습니다. 바로 검투사 노예였는데, 노예끼리 칼을 들고 한쪽이 죽을 때까지 싸우는 검투사 경기는 로마 시민들이 가장 즐기는 오락이었습니다.

이들 노예는 '생명이 있는 도구' 정도로 취급되어 가혹한 착취에 시달렸습니다. 기록에 의하면 세르지니아 반도에서는 8만 명이 노예가 되었는데, 그들 대부분이 한꺼번에 노예 시장으로 끌려 나와 노예 가격이 그야말로 헐값으로 떨어졌습니다.

이들은 노예제가 더욱 강화되면서 인간으로서 더 이상 참을 수 없는 한계에 다다르자 반란을 일으키기 시작했습니다.

로마 정부는 노예들의 반란을 대수롭지 않게 생각했으나, 첫 번째 진압에서 실패를 맛보고 나서는 대군을 동원해 이들의 반란을 진압하기 시작했습니다.

이러한 노예의 반란 중 규모가 가장 큰 것으로는 스파르타쿠스 반란을 들 수 있습니다. 스파르타쿠스는 트라키아(지금의 불가리아) 사람이었는데, 포로로 끌려와 처음에는 광산에서 일하다 카푸아에 있는 검투사 양성소로 팔려 왔습니다.

자유에 대한 갈망과 울분을 참으며 지내던 스파르타쿠스는 기원전 73년 봄, 70여 명의 동료 검투사들과 함께 탈주를 시작했습니다.

이들이 탈주하여 베수비우스 산으로 도망칠 때 인근 농장이나 목장에서 일하던 노예들이 탈주해 와 그 숫자가 7천 명에 이르렀습니다.

더구나 이들이 진압하러 온 로마군을 여러 번 물리치자, 다음 해에는 로마의 빈민들까지 이들에게 가세하여 그 숫자가 6만 명에 이르렀습니다. 이들은 로마의 2개 군단을 격파하였고, 남부 이탈리아는 일시에 그들의 지배하에 들어가게 되었습니다.

스파르타쿠스는 노예들에게 약탈을 금하고, 사치를 부리지 못하도록 했으며, 전리품은 평등하게 분배하였습니다.

스파르타쿠스를 지도자로 내세운 노예 군대는 겨울을 보내면서 앞으로의 계획에 골몰했습니다. 처음에는 로마와 직접 대적하려 했지만 그것은 너무나 힘든 일이었습니다. 이들은 알프스를 넘어 고향으로 돌아가자고 결론을 내렸습니다.

봄이 되자 노예 군대는 공격해 오는 로마군을 물리치면서 알프스로 향했습니다.

6개월 간의 긴 행군 끝에 마침내 알프스에 도착했지만, 어느새 추운 겨울로 접어들어 노예들은 추위와 배고픔에 기력이 다 떨어져 있었습니다. 그러자 노예군에 합류했던 농민들은 이탈리아에 남아 있기를 원했습니다.

이제 내부에 불화가 생기기 시작한 것입니다. 스파르타쿠스는 어쩔 수 없이 다시 남하하게 되었고, 이들의 남하 소식을 들은 로마 정부는 크람누스로 하여금 서둘러서 반란 진압군을 편성하게 하였습니다.

최후의 격전장은 이탈리아 남부의 아플리아였습니다.

지휘를 맡은 크람누스는, 도망가는 병사는 사형에 처한다며 엄포를 놓

았습니다. 로마 군사들은 죽기 아니면 살기로 노예 군대와 맞섰습니다. 노예들도 비장한 각오로 이에 맞섰으나 거의가 전멸당했으며, 스파르타쿠스도 포위되고 말았습니다. 스파르타쿠스는 창에 찔린 채 숨을 거둘 때까지 방패를 휘두르며 로마군에 대항했습니다.

이때 포로로 잡힌 6천여 명은 십자가에 매달려 죽었는데 십자가에 매달린 노예의 시체가 수십 리에 이르렀다고 합니다. 그리고 죽음을 면해 북방으로 도망치던 5천여 명도 세르토리우스를 토벌하고 귀국하던 폼페이우스에 의해 전멸되고 말았습니다.

스파르타쿠스의 죽음

비록 노예들의 반란이 이처럼 비참한 최후를 맞았지만, 스파르타쿠스의 영웅적인 모습은 전설화되어 오랜 세월 동안 사람들에게 전해져 내려오고 있습니다.

카이사르의 등장

나라마다 시대마다 위대한 영웅이 나타나듯이 로마에서도 기원전 100년, 뒤에 로마를 다스릴 중요한 인물이 태어났습니다. 바로 율리우스 카이사르(영어로는 '줄리어스 시저'라고 부름.)였습니다. 카이사르는 알렉산드로스 대왕과 견주어지는 로마 최고의 명장이었고, 또 빼어난 정치가였으며 훌륭한 작가이기도 했습니다. 그가 쓴 《갈리아 전기》는 라틴 어로 쓰여진 최고의 고전 작품으로, 오늘날까지 널리 읽혀지고 있습니다.

그는 젊었을 때 로마 명문의 자제들과 마찬가지로 수사학과 변론술을 배우기 위해 로도스 섬으로 유학을 떠났습니다.

카이사르의 조각상

그런데 에게 해를 향해 가던 중 해적을 만나 포로가 되어 버렸습니다. 해적은 카이사르를 보고,

"네 몸값을 내라. 그러면 풀어 주마."

하며 금액을 제시했습니다. 그러자 카이사르는 껄껄 웃으며 말했습니다.

"내 몸값이 겨우 그것밖에 안 된다는 말이냐. 너희들이 요구한 금액의 두 배를 내놓겠다."

그는 자기의 부하를 보내 돈을 구해 오라고 명한 뒤, 몸값이 올 때까지 해적들과 지내면서 태연하게 시와 연설문을 쓰고 독서를 했습니다.

이윽고 부하가 돌아오고 카이사르는 석방되었습니다. 로마로 돌아간 카이사르는, 서둘러 군대를 모아 해적들을 깨끗이 소탕해 버렸습니다.

한편, 로마에 속해 있는 많은 식민지들은 하루빨리 로마의 지배에서 벗어나려고 번번이 반란을 일으켰습니다.

로마에서는 이들 반란군을 진압하기 위해 용감한 장군들을 반란지로 보냈습니다. 카이사르는 지중해의 해적을 소탕한 공로를 인정받아 원정군의 대장이 되었습니다. 카이사르가 맡은 곳은 울창한 삼림 지대인 갈리아(지금의 북부 이탈리아, 프랑스, 벨기에) 지방이었습니다.

그런데 갈리아 사람들은 숲속에 숨어 있다가 갑자기 로마군을 기습하는 게릴라전을 폈기 때문에 그들을 정복하기란 쉬운 일이 아니었습니다.

그러나 카이사르는 부하들을 잘 위로했을 뿐 아니라 쇠약해진 군사와 병에 걸린 군사는 몸소 간호해 주는 등 그야말로 군사들의 사기를 위해 몸을 아끼지 않았습니다.

한번은 수많은 갈리아 인이 불시에 로마군 진지를 공격해 왔습니다.

"적의 내습이다!"

"무기를 들어라!"

로마군은 소리치면서 바로 대항했으나 자다가 당한 일이라 로마군 진영은 대혼란에 빠졌습니다. 이때 카이사르는 재빨리 무기를 갖춰 들고는 부하들을 격려하면서 자신이 제일 먼저 적의 대열 속으로 뛰어들었습니다.

이것을 본 부하들은 정신이 번쩍 들었습니다.

"대장이 위험하다!"

"대장을 구하라!"

그들은 일제히 용감하게 맞서 적을 무찔렀습니다.

그 후 카이사르는 부하들로부터 점점 더 큰 존경을 받게 되었습니다.

카이사르의 활약과 인품은 로마에도 전해져, 로마 시민은 둘만 모여도 카이사르에 대한 이야기로 꽃을 피웠습니다.

"카이사르는 참으로 훌륭한 장군이야."

"누가 뭐라 해도 카이사르가 최고야."

뒤이어 카이사르는 갈리아의 북쪽 해안을 통해 두 차례나 브리타니아(지금의 잉글랜드 지방)에 침입해 들어갔습니다.

그는 아직 미개한 섬나라였던 브리타니아를 정복하여 브리타니아의 왕으로부터 로마의 지배를 받겠다는 약속을 얻어 냈습니다.

이렇게 카이사르는 5년간에 걸쳐 알프스 이북의 전 갈리아 지방을 평정한 뒤, 그들로부터 로마에 복종하겠다는 약속을 받고 로마로 귀환했습니다.

9년에 걸친 카이사르의 갈리아 정복은 완전히 목적을 달성했습니다. 이 기간 동안에 갈리아 인의 3분의 1이 전투에서 희생되었고, 3분의 1은 포로가 되거나 노예로 팔렸습니다. 반면, 카이사르는 엄청난 전리품을 획득했을 뿐 아니라, 정복지에 대한 과세를 통해 많은 돈을 긁어모을 수 있었습니다. 그러나 그는 이 돈을 혼자 차지하지 않고 자기 부하들에게 아낌없이 풀어서 그들을 자신의 사병이나 다름없는 존재로 만들었습니다.

또한 카이사르는 갈리아 정복을 통해 유럽의 발전에 큰 공헌을 했습니다. 그 정복에 의해 로마의 문화는 지중해 주변으로부터 유럽의 내륙으로까지 뻗어 나가게 되었으며, 이후로 그리스·로마 문화에 기반을 둔 유럽의 문화가 형성될 수 있었던 것입니다.

루비콘 강을 건넌 카이사르 군대

로마에 있던 폼페이우스 장군은 카이사르가 자기보다 더 많은 존경을 받기 시작하자, 원로원의

　대신들을 충동질하여 카이사르를 로마로 급히 불러들이기로 했습니다. 갈리아 총독의 지위를 빼앗으려는 속셈이었습니다.

　카이사르파의 원로원 의원들은 노예로 변장한 뒤 로마를 빠져 나와 카이사르가 있는 갈리아로 달려갔습니다. 그들을 맞아 자초지종을 들은 카이사르는 로마 내에서 벌어지고 있는 폼페이우스의 독재 행위와 자신에게 내려진 원로원의 결정을 사실대로 부하들에게 알린 뒤, 그들의 지지를 얻어 폼페이우스와 실력을 겨루기로 마음먹었습니다.

　"여러분도 알다시피 로마 정부는 지금 폼페이우스의 손에 놀아나고 있습니다. 그리고 폼페이우스는 이제 나마저 제거하려 하고 있습니다. 여러분들이 나를 믿고 따라 준다면 나는 로마로 가서 이 음모를 쳐부술 것입니다."

　카이사르의 비장한 연설이 끝나자,

　"카이사르 만세!"

하는 소리가 사방에서 터져 나왔습니다.

　카이사르가 거느리는 4개 군단의 대군은 로마를 향해 진격해 나가 드디어 루비콘 강가에까지 왔습니다. 이 강은 식민지와 이탈리아의 경계로서, 누구든지 군대를 거느리고 이 강을 건널 수가 없었습니다. 카이사르가 군대를 거느리고 이 강을 건너면 그들 모두는 국법을 어긴 죄인이 되는 것입니다.

　카이사르는 잠시 주춤거렸습니다. 그러나,

　"주사위는 던져졌다!"

하고 말에 올라 큰 소리로 외치며 강물 속으로 말을 몰았습니다.

　"자, 장군의 뒤를 따르자."

망설이던 군사들도 서로 앞을 다투어 강을 건너 그날 밤으로 아드리아 해 연안의 요충지인 아리미눔을 점령했습니다.

기원전 49년 1월 10일 밤이었습니다.

로마는 일대 혼란에 빠졌습니다. 시민들은 세간을 챙겨 싣고 시골로 피난하기에 바빴습니다. 그 가운데서도 가장 놀라고 당황한 것은 폼페이우스였습니다. 이렇게도 빨리 카이사르가 달려올 줄은 꿈에도 생각하지 못한 일이었습니다. 게다가 폼페이우스가 아무리 명령해도 병사들이 따라 주지 않았습니다. 그는 완전히 자신을 잃고 말았습니다.

"도무지 막아낼 수가 없다. 몸을 피하는 것이 최선이다."

폼페이우스는 몇몇 부하들과 함께 로마를 빠져 나와 그리스로 도망쳐 버렸습니다.

카이사르가 로마에 입성했을 때 로마는 이미 텅 비어 있었습니다.

그의 병사들은 기쁨의 환호를 올렸습니다.

"카이사르 만세!"

이제 로마에는 카이사르에게 대항할 자가 없었습니다. 그는 모든 실권을 순조롭게 장악한 뒤, 시민들을 안심시키고 포고를 내렸습니다.

"걱정 말고 자기의 생업에 종사하라."

카이사르가 민심을 수습하기 위해 온갖 노력을 다하자, 시민들도 하나 둘씩 거리로 나서 로마는 차츰 정상을 되찾았습니다.

로마가 안정되자 카이사르는 군대를 정비하여 폼페이우스를 뒤쫓았습니다.

클레오파트라에게 반한 카이사르

그리스 북부 파르살로스 평원에서 대격전이 벌어졌습니다. 카이사르는 긴 창으로 상대방의 얼굴을 공격하는 전술로 폼페이우스를 가볍게 물리쳤습니다. 위기를 맞은 폼페이우스는 이집트 왕을 찾아가 자신을 숨겨 달라고 부탁했습니다.

그러나 이집트 왕은 얼마 뒤 달려온 카이사르에게 폼페이우스의 머리를 바쳤습니다. 그런데 이상한 광경이 벌어졌습니다. 기뻐 날뛸 줄 알았는데, 카이사르의 두 눈에서 눈물이 흘러내렸던 것입니다.

"믿고 찾아온 사람한테 칼을 대다니!"

카이사르는 이집트 왕의 비열함에 치를 떨었습니다.

당시의 이집트는 오랫동안 계속된 분쟁과 원주민의 반항으로 인해 국력이 약화되어 로마의 속국이나 다를 바 없는 처지에 놓여 있었습니다. 그런데다가 클레오파트라라는 여왕이 왕과 권력 다툼을 벌이다 알렉산드리아 시민의 지지를 잃고 궁지에 몰려 있었습니다.

클레오파트라는,

"이 사람을 이용해서 왕권을 독차지해 보자."

하고 생각하고는 알렉산드리아 왕국에 있는 카이사르를 찾아가 도움을 청했습니다.

클레오파트라는 아름답고 매력적이며 총명한 여자였습니다. 카이사르는 그녀의 눈부신 아름다

클레오파트라

움에 반해 버리고 말았습니다.

 그는 클레오파트라를 반대하는 알렉산드리아 시민을 상대로 '알렉산드리아 전쟁'을 일으키면서까지 클레오파트라의 왕위를 회복시켜 주었습니다. 그런 다음 두 사람은 1년여의 세월을 꿈처럼 행복하게 지냈습니다.

 그러던 어느 날, 시리아 지방에서 파트나케스가 반란을 일으켰습니다. 그제서야 정신을 차린 카이사르는 이별을 아쉬워하는 클레오파트라를 달래고서 곧바로 시리아로 달려갔습니다. 그리고 불과 닷새 만에 반란을 진압하였습니다.

 카이사르는 이 승리를 편지로 로마에 알렸는데, 그 편지에는 단 세 마디만 적혀 있었습니다.

 "왔노라! 보았노라! 이겼노라!"

 이어 아프리카의 반란마저 진압하고 로마로 돌아온 카이사르는 성대한 개선식을 거행했습니다.

 온갖 금은보화로 장식한 수십 대의 꽃마차가 앞장서고, 그 뒤로 그 동안 옥에 갇혀 있던 갈리아 반란의 두목 베르킨케토릭스를 비롯하여 이집트 왕국, 폰토스 왕국, 누미디아 왕국의 왕족, 대신, 장군들이 쇠사슬에 묶여 끌려갔습니다.

 그들 뒤에는 진귀한 전리품을 가득 실은 수레들이 따르고, 거창한 행렬의 맨 뒤에서는 카이사르가 위세 당당한 부하들에게 둘러싸여 미소 짓고 있었습니다.

 로마에서 일찍이 이처럼 성대한 개선식이 행해졌던 적이 없었습니다. 길가에 구름처럼 모여든 시민들은 "카이사르 만세! 카이사르 만세!"를

소리 높여 외쳐 댔습니다.

카이사르는 왕이나 다를 바 없는 로마 제국의 최고 실력자가 되었습니다.

배반자 브루투스

브루투스

그러나 한편으로는 카이사르를 두려워하는 사람들이 음모를 꾸미고 있었습니다. 이 일에 앞장을 선 사람은 평소 카이사르로부터 친아들처럼 사랑을 받던 젊은 법무관 브루투스였습니다.

그는 원로원의 대신들과 짜고 카이사르를 원로원으로 초대했습니다.

음모를 눈치 챈 카이사르의 부하 한 사람이 말렸지만 카이사르는,

"브루투스만은 믿어도 괜찮아. 그는 내 아들이나 다름없는 사람이야."

하고 원로원으로 나아갔습니다.

그러나 카이사르는 눈 깜짝할 사이에 단도를 빼든 음모자들에 의해 포위되었습니다.

"이게 무슨 짓이냐?"

카이사르는 재빨리 몸을 피하며 호령했습니다. 그러나 그들은 곧 그를 공격하기 시작했습니다. 아무런 무기가 없었던 카이사르는 옆에 있던 철필을 들고 암살자들에게 대항했으나 도저히 당해 낼 도리가 없었습니다.

마침내 카이사르는 여러 곳에 상처를 입고 비틀거리기 시작했습니다. 그때 카이사르의 눈에 브루투스의 모습이 보였습니다. 그리고 자신의 피가 묻어 흐르는 그의 단검도 보았습니다.

카이사르의 암살

"브루투스, 너마저도……."

카이사르는 이렇게 외치고 최후를 마쳤습니다.

장례식날인 3월 20일, 일찍부터 시민들은 장례식을 지켜보기 위해 광장으로 몰려들었습니다.

이윽고 안토니우스의 장엄하고도 애절한 추도 연설이 끝나고, 죽은 카이사르의 유언이 발표되었습니다.

"……내 재산의 일부는 내 누이의 손자인 가이우스 옥타비아누스를 양자로 삼아 상속하게 한다. 그리고 나머지는 로마 시민 모두에게 나눠 주기 바란다……."

이런 유언과 함께 안토니우스가 카이사르의 피 묻은 망토를 시민들 앞에 내보이며 브루투스 일파를 규탄하자 시민들의 태도는 급변했습니다.

"암살자들을 처단하라!"

흥분한 시민들은 카이사르의 시체를 화장하기 위해 피워 놓은 횃불들을 들고 암살자들의 집으로 몰려갔습니다.

브루투스 일파는 황급히 로마 밖으로 도망쳐, 후에 다시 군대를 일으켰지만 로마 원정군에 의해 완전히 소탕되었습니다.

이제 로마 제국의 실권은 카이사르의 양아들인 옥타비아누스와 카이

사르의 심복인 안토니우스에게 돌아갔습니다.

안토니우스와 클레오파트라

안토니우스는 브루투스 일파의 소탕 작전에 큰 활약을 해 로마 시민들의 인기를 독차지하기 시작했습니다. 그러나 그것도 잠시였습니다. 카이사르와 사랑을 나누었던 이집트의 여왕 클레오파트라에게 한눈에 반해 아내와 이혼하고 결혼까지 한 것이었습니다. 그리고 제멋대로 로마 제국의 영토를 잘라서 클레오파트라에게 넘겨주었습니다. 로마의 시민들은 흥분했습니다.

"클레오파트라는 나일 강의 마녀이다. 그런 여자에게 놀아나는 안토니우스를 로마로 불러들여 처벌을 하자!"

로마 시민들은 안토니우스를 규탄하기 시작했고, 반면에 옥타비아누스는 점점 더 인기가 높아져 갔습니다.

하지만 안토니우스의 클레오파트라에 대한 사랑은 식을 줄 몰랐습니다. 로마 시민들이 그를 욕하건 말건 그에게는 오직 클레오파트라와 함께 있다는 것만이 큰 기쁨이었던 것입니다. 결국, 옥타비아누스가 직접 원정군을 지휘해 안토니우스와 클레오파트라를 토벌하기로 했습니다.

전쟁은 그리스 서북쪽 악티움에서 기원전 31년 9월 1일에 벌어졌습니다.

전투가 시작되고 처음 얼마간은 승부가 나지 않았습니다. 그런데 결판도 나기 전에 클레오파트라가 이끄는 이집트 함대가 싸움터에서 빠져 나가자, 안토니우스도 허겁지겁 뒤를 쫓아 달아나 버렸습니다. 그의 부하들은 그런 사실도 모르는 채 계속 싸우다가 거의 전사하고 말았습니다.

알렉산드리아로 도망친 안토니우스는 며칠 후 스스로 목숨을 끊었습니다. 안토니우스가 죽자, 알렉산드리아는 쉽게 함락되었습니다. 포로가 된 클레오파트라는 옥타비아누스 앞에 끌려 나가서도 아주 당당하게 굴었습니다.

그러나 옥타비아누스는 카이사르나 안토니우스처럼 그녀를 보고 반하지 않았습니다. 아주 냉정히 클레오파트라를 무시했습니다. 클레오파트라는 절망감에 빠져 시녀에게 독사를 구해 오게 했습니다. 그리고 그 독사에 물려 목숨을 끊었습니다. 그녀의 나이 39세였습니다.

아우구스투스 칭호를 받은 옥타비아누스

클레오파트라와 안토니우스를 토벌하고 돌아온 옥타비아누스에게 로마 시민들은 '가장 존귀한 사람'이라는 뜻의 '아우구스투스'란 칭호를 바쳤습니다. 이때 아우구스투스는 서른여섯 살이었습니다.

또한 그는 아우구스투스라는 칭호 외에도 개선 장군만 일시적으로 부여받던 임페라토르라는 지위도 영속적으로 누릴 수 있는 영예를 얻음으로써, 로마의 제1인자가 되었습니다. 이 두 개의 지위는 그의 후계자들

아우구스투스

에게도 계속 전해져, 이후의 황제들을 부르는 칭호가 되었습니다.

로마의 1인자가 된 아우구스투스는 로마 제국의 새로운 시대를 열었습니다. 그는 로마 시대의 낡은 집들을 허물고, 대리석으로 된 웅장한 건물들을 그 자리에 세웠습니다.

아우구스투스 시대에 지어진 건물 가운데 가장 아름다운 것은 판테온이라는 신전이었습니다. 판테온은 '신들이 사는 집'이란 뜻입니다.

시멘트로 다져 만든 이 건물의 둥근 지붕은 마치 사발을 엎어 놓은 것 같은 모양인데, 꼭대기에는 구멍이 하나 뚫려 있습니다. 그런데 지붕과 건물 안쪽의 바닥 사이가 까마득하게 멀어서, 빗물이 떨어져 내리다가도 중간에서 어느새 증발해 버려, 그 바닥이 항상 보송보송했다고 합니다.

전쟁에서의 승리를 기념하고 경축하기 위해서 개선문도 세웠습니다.

콜로세움이라는 원형 극장도 건축을 시작했는데, 아우구스투스가 죽은 뒤에 완성되었습니다. 이 건물은 서울 잠실에 있는 올림픽 메인 스타디움과 비슷합니다.

로마에는 지금도 그 건물의 유적이 그대로 서 있고, 짐승들을 가두어 놓았던 석굴들이 그대로 남아 있습니다. 아우구스투스는 40년 동안 로마 제국을 지배하면서 많은 업적들을 남겼고, 죽은 뒤에는 시민들로부터 더 큰 존경을 받았습니다.

사람들은 그를 신으로 떠받들었고 그를 위한 신전을 짓기까지 했습니다.

예수와 크리스트교

로마는 이처럼 번영을 하고 있었지만, 그 뒤에는 로마에게 주권과 영토를 빼앗기고 로마의 지배 밑에서 억눌려 지내야만 했던 수많은 식민지 민족들이 함께 세상을 이어가고 있었습니다.

에스파냐, 갈리아, 게르마니아, 갈릴리, 북아프리카, 소아시아, 시칠리아 그리고 동방 세계에까지 로마의 손길이 뻗치고 있었던 것입니다. 이들은 로마의 군인에 의해 짓밟히면서 굴욕과 절망감으로 치를 떨었습니다. 그런데 로마 제국의 식민지인 이스라엘 국민들(유대 민족)은 예외였습니다.

이들은 고통받는 생활 속에서도 단 하나의 커다란 희망을 품고 살아갔습니다.

"메시아가 어서 오셔야 할 텐데……."
"그래서 불쌍한 우리를 구원해 주셔야지."

하느님이 구세주(메시아)를 보내어 자기들을 고통 속에서 구원해 줄 것이라는 희망이었습니다.

아우구스투스가 로마 제국을 다스리던 기원전 4년, 이스라엘의 베들레헴에서 한 아이가 태어났습니다. 이 아기가 바로 예수였습니다.

천사 가브리엘이 동정 마리아에게 예수를 낳을 것임을 알리는 장면

그 당시 이스라엘을 통치하고 있던 헤롯 안티파스왕은 마구간에서 태어난 아기가 후일 메시아가 될 것이라는 예언을 듣고, 2살 이하의 아기는 모조리 죽이라는 명령을 내렸습니다. 다행히 예수는 이집트로 피난가 있었기 때문에 헤롯의 손아귀에서 벗어날 수가 있었습니다.

그 후 그는 성장하여 예루살렘으로 와서 박애와 평등을 부르짖는 설교를 시작하였습니다.

예수를 따르는 사람들은 대부분이 가난하고 무식한 사람들, 병으로 고통받는 사람들, 그리고 마음이 병든 사람들이었습니다. 이들에게 예수는 유일신 여호와의 복음을 들려주었습니다. 뿐만 아니라 병든 자를 고쳐 주고, 슬픔에 빠진 자에게는 희망을 주는 등 사람들의 아픔을 어루만져 주었습니다. 그의 소문이 점점 퍼져 나가 그의 이야기를 듣기 위해 많은 사람들이 몰려들었습니다.

예수는 유대교의 편협함과 우월감에서 벗어나 하느님에 대한 믿음, 이웃 사랑 등을 강조하며 복음을 믿고 죄를 회개하면 누구든 하느님의 나라에 들어갈 수 있다는 만민 평등의 구원 사상을 사람들에게 가르쳤습니다.

이렇게 되자, 유대 민족이 다른 어느 민족보다 뛰어나다고 생각하는 유대교 신자들은 예수를 모함하기 시작했습니다. 그들이 생각하는 구세주가 예수인 줄 알았는데 그게 아니라는 생각에서였습니다.

유대교 신자들은 로마의 총독인 빌라도를 찾아가, 예수가 장차 왕이 되어 로마 정부에 반기를 들려 한다고 모함했습니다.

빌라도는 예수를 심문해 보고 혐의가 없음을 확신하였지만, 유대교의 제사장을 비롯한 교도들이 완강히 버티는 바람에 예수를 로마의 이름으로, 또 유대인의 이름으로 처형시키자고 떠들어 댔습니다.

결국 예수는 십자가에 못 박혀 죽고 말았습니다. 예수가 최후를 마친 곳은 '비바람치는 해골의 언덕', 즉 골고다 언덕이었습니다. 그는 그 후 3일 만에 부활하여 승천하였다고 합니다.

예수가 십자가에 매달려 죽은 후에도 그를 따르고 믿었던 사람들은 예수를 구세주로 받드는 크리스트교를 만들어 냈습니다. 예수의 제자이던 베드로, 요한 등이 그 중심 세력이었습니다.

이들은 예수에게서 배운 진리를 열심히 사람

십자가를 지고 가다가 쓰러진 예수

예수의 승천

들에게 가르쳤고, 날마다 예수를 믿고 따르는 사람들이 늘어났습니다. 로마 사람들은 이 크리스트교 신자들이 새로운 세계 제국을 세우려 한다고 생각했습니다. 그래서 유대 인들을 앞세워 크리스트교 신자들에 대한 탄압을 시작했습니다. 그러나 탄압을 받으면 받을수록 크리스트교 신자들의 수는 늘어날 뿐이었습니다.

사도 바울은 크리스트교의 세력을 넓히는 데 큰 공헌을 한 인물입니다. 바울은 유대 인으로서, 처음에는 누구보다도 앞장 서 크리스트교 신자들을 박해했지만, 어느 날 하늘에서 들리는 예수의 음성을 듣고 마음을 고쳐 베드로를 만나 개종했습니다.

이후로 그는 팔레스타인 밖의 로마 제국 내를 돌아다니며 예수의 복음을 전하게 되었습니다.

그는 노예든, 자유인이든, 그리스 인이든, 유대 인이든 모두가 다 예수의 복음 안에서 동등한 구원을 받을 수 있다고 설교했습니다.

바울의 전도는 그리스 문화의 중심지인 아테네의 아크로폴리스 언덕에까지 이르렀습니다. 그는 스토아 및 에피쿠로스 학파의 철학자들을 비롯한 많은 시민들 앞에서 아직 '알려져 있지 않은 신'을 전파했습니다. 그 뒤 예루살렘으로 돌아간 바울은 유대 인과의 충돌 끝에 체포되었습니다.

그리고 로마에서 약 2년간의 연금 생활을 했습니다. 그러다 잠시 풀려나기도 했지만, 네로 황제의 크리스트교 신자 박해 때 베드로와 함께 순교했습니다.

이처럼 크리스트교는 온갖 오해와 박해를 견뎌 내며, 후에 콘스탄티누스 황제 때는 로마의 국교로 인정받았고, 점차 세계 종교로 성장해 갔습니다.

박해받는 크리스트교

그리스도 예수가 십자가에 매달려 죽은 후, 그의 제자들과 그를 믿는 신자들은 300년이란 긴 세월 동안 로마 제국의 황제와 관리들로부터 박해를 받았습니다. 그 중에서도 폭군으로 알려진 네로 황제가 가장 심하게 크리스트교를 탄압했습니다.

네로는 크리스트교 신자들의 몸에 콜타르를 칠한 다음, 그들을 불태워 죽였습니다. 수천 명의 사람들이 불에 타 죽었고, 도시 절반이 파괴되었습니다.

참다못한 시민들이 들고 일어나 네로를 몰아내기로 결의했고, 여러 곳에 흩어져 있던 장군들도 반란을 일으키자, 겁이 난 네로는 서른 살의 나이에 자살을 하고 말았습니다.

그러나 크리스트교에 대한 박해는 여기서 그치지 않았습니다. 교세가 크게 확장되어 가던 2세기 이후 박해는 점점 심해졌는데, 디오클레티아누스 황제는 칙령을 발표하여 신자들의 집회를 금지하고 교회를 부수고 성경을 불태울 것을 명했으며 신자로부터 모든 관직을 박탈했습니다.

예수를 위해 죽는 순교자들이 날로 늘어갔습니다. 그러나 순교자들의

수가 늘면 늘수록 크리스트교 신자들의 수는 자꾸만 늘어갔습니다. 순교자들은 예수를 위하여 죽는 것을 오히려 자랑스럽게 생각했습니다.

국교로 인정받다

디오클레티아누스의 뒤를 이은 콘스탄티누스는 크리스트교를 더 이상 탄압할 수가 없었습니다. 그 이유는 아무리 심한 탄압도 크리스트교를 사라지게 할 수는 없다는 것을 깨달았기 때문입니다. 군인이나 고위 관리, 황실의 사람들 중에서도 크리스트교를 믿기 시작했던 것입니다.

313년 콘스탄티누스 황제는 마침내 크리스트교를 정식으로 인정하고, 신자들의 전도 사업을 적극적으로 후원했습니다. 그리고 크리스트교를 박해하는 지방에는 직접 군대를 끌고 나가, 무력으로 이를 억제시키기도 했습니다.

콘스탄티누스 황제

콘스탄티누스 황제의 이같은 노력으로, 크리스트교 신자들은 이제 숨어서 기도할 필요 없이 당당하게 그들의 교회당에서 예배를 드릴 수 있게 되었습니다.

392년, 콘스탄티누스의 뒤를 이은 테오도시우스 황제는 드디어 크리스트교를 국교로 인정해, 로마는 어느덧 '한 분의 하느님'만을 믿는 나라가 되었고 크리스트교는 로마 제국보다 더 오랜 생명을 가지게 되었습니다.

예루살렘을 빼앗긴 유대 인

한편, 네로 황제의 뒤를 이은 사람은 베스파시아누스였습니다. 이때 예루살렘의 유대 인들이 로마의 지배로부터 벗어나기 위해 반란을 일으켰습니다.

황제는 아들 티투스를 보내 이들을 물리치게 했습니다. 유대 인들은 목숨을 바칠 각오로 티투스와 맞섰지만, 전쟁으로 단련된 로마 군대를 당할 수는 없었습니다. 결국 다섯 달 만에 예루살렘 성벽은 모두 허물어졌고, 교회당도 건물도 모두 불타 버렸습니다.

예루살렘은 뒷날, 살아남은 유대 인들에 의해서 재건되었지만, 옛날의 번성했던 모습이 아니었습니다. 그리고 주인도 로마로 바뀌었습니다.

통곡의 벽
예루살렘에서 추방된 유대 인들이 1년에 한 번씩 방문하여 기도를 드린다.

유대 인들은 예루살렘에서 모두 추방되어, 곳곳으로 흩어져 살아야 했습니다. 다만 1년에 한 번 예루살렘이 함락된 날만 로마 당국의 허락을 받고 고향을 방문할 수가 있었습니다. 지금도 예루살렘의 성벽 한쪽에는 '통곡의 벽'이라는 슬픈 이름의 유적이 남아 있습니다.

그 후 유대 인들은 팔레스타인 지방을 떠나 2000년 동안이나 세계를 떠도는 유랑 민족이 되고 말았습니다.

서로마 제국의 멸망

크리스트교를 국교로 인정한 테오도시우스 황제는 죽으면서 로마 제국을 동서 두 지역으로 나누어 자신의 두 아들에게 물려주었는데, 이러한 제국의 분할은 제국의 힘을 양분시켜 결국 로마 제국의 멸망을 초래하는 한 원인이 되고 말았습니다.

원래의 로마를 수도로 한 서로마 제국과 콘스탄티노플을 수도로 한 동로마 제국이 제각기 독립된 국가로 바뀌기 시작할 무렵, 북쪽으로부터 게르만족이 밀려 들어왔습니다.

이들은 노란 머리에 푸른 눈을 가진 아리안족 계통의 야만인들이었는데, 성질이 거칠고 사납기로 소문난 무법자들이었습니다.

이들은 이전에도 가끔씩 국경을 넘어 로마 제국의 영토를 침입해 왔지만, 서고트족, 프랑크족 등 게르만의 여러 부족이 한데 뭉쳐 본격적으로 쳐들어오기는 이번이 처음이었습니다.

이들이 이처럼 한꺼번에 이탈리아 반도로 내려오게 된 이유는 서북 아시아 지방에 살던 훈족 때문이었습니다. 동방에서는 훈족을 흉노족이라고 부르는데, 이들이 게르만족이 사는 곳으로 쳐들어와 맨 먼저 서고트족을 쫓아내기 시작한 것입니다.

410년, 서고트족이 다뉴브 강을 건너 로마를 약탈하기 시작하자, 그 뒤를 이어 다른 부족들이 물밀듯이 쳐들어오기 시작했습니다.

이탈리아에는 서고트족, 동고트족이 자리잡기 시작했고, 북부 갈리아 지방에는 프랑크족과 반달족이, 그리고 영국에는 앵글과 색슨의 두 부족이 자리를 잡았습니다.

앵글과 색슨 족에 의해서 정복된 땅은 뒷날 잉글랜드라는 이름으로 불리어졌고, 이것이 곧 오늘날의 영국입니다. 그리고 프랑크족이 정복한 갈리아는 오늘날 프랑스가 되었습니다.

뿐만 아니라 당시 유럽 대륙을 공포로 몰아넣었던 훈족의 아틸라가 본격적인 침공에 나서자 서로마 제국은 당황하지 않을 수 없었습니다. '신의 채찍'이라 불리는 훈족은 날랜 기동력과 용맹함으로 연전연승을 거두고 있었습니다.

이에 로마의 장군 아에티우스는 서고트족과 프랑크족을 중심으로 하는 게르만족의 혼성 부대를 이끌고 나가 지금의 상파뉴 지방에 해당하는 카탈라무눔에서 치열한 격전을 벌였습니다. 양측은 모두 막대한 사상자를 내었는데, 여기서 아에티우스는 간신히 아틸라 군을 격퇴할 수 있었습니다.

그러나 아틸라의 침공을 겨우 막아낸 후 서로마 제국은 또다시 아프리카의 반달족에게 침입을 당하였고, 제국 내에서는 내분이 들끓어 그 혼란이 극에 달하게 되었습니다. 그러자 이 틈을 타서 게르만 용병 대장 오도아케르란 자가 일어나 황제를 폐하고 스스로 '이탈리아 왕'이라 칭하였습니다.

이리하여 1200여 년의 장구한 역사를 자랑하던 서로마 제국은 476년에 멸망하고 말았습니다.

서로마 제국에 새롭게 들어선 국가들

서로마 제국이 망한 후, 그 영토 내에는 많은 게르만족의 국가들이 세워졌습니다.

5세기 말에 동고트 인은 훈족의 세력이 약해진 틈을 이용하여 그들의 근거지였던 헝가리 지방을 차지하고 우선 그곳에 정착한 뒤, 서진하여 오도아케르를 무찔렀습니다. 그리하여 로마 제국의 본토였던 이탈리아에 동고트 왕국을 세우고 라벤나를 수도로 삼았습니다.

그리고 북갈리아에는 프랑크, 라인 강과 다뉴브 강의 상류에는 알라만, 론 강 유역에는 부르군드, 남프랑스와 에스파냐에는 반달 등의 여러 왕국이 세워졌습니다.

한편, 콘스탄티노플에 자리 잡은 동로마는 비잔틴 제국으로서 15세기 중엽까지 그 명맥을 유지했지만 로마의 옛 영광을 찾기는 어려웠습니다.

결국 로마가 번성했던 본 고장인 이탈리아 반도를 중심으로 한 서로마 제국의 몰락은 로마라는 한 제국의 멸망이 아니라, 그리스, 로마로 이어지는 고대가 끝나고 중세가 시작되는 역사적인 전환점이 되었습니다.

이제 로마 인으로부터 야만인이라고 멸시당했던 알프스 북쪽의 민족들이 역사의 주인공으로 활약하게 된 것입니다. 또한 지리적으로도 지중해 연안이 아니라 현재의 유럽으로 역사의 중요한 무대가 옮겨 가게 된 것입니다.

게르만족의 이동

게르만족의 이동과 서로마 제국의 몰락으로 유럽의 역사는 그 무대가 지중해로부터 유럽 대륙으로 옮겨 갔으며, 게르만족이라는 새로운 역사의 주인공이 등장하게 되었습니다.

그리고 로마에 의하여 하나의 세계로 통합되었던 광대한 지역은 크게 3개의 문화권으로 나누어지게 되었습니다.

그 첫째가 유럽 세계입니다. 다른 하나는 서로마 제국의 멸망 후에도 천 년동안이나 국운을 보존한 동로마 제국, 즉 비잔틴 제국이며, 마지막 하나는 7세기에 아라비아 반도에서 일어나 급성장한 이슬람 세계입니다.

게르만족은 거칠고 사나운 야만인들이었습니다. 그런데 이들 게르만족의 고향인 스칸디나비아 반도와 발트 해의 동북쪽에 게르만족보다 훨씬 더 거칠고 사나운 종족이 살고 있었습니다.

그들은 흉노족이라 불리는 유목 민족으로, 이들이 게르만족이 사는 곳으로 쳐들어와 게르만족을 남쪽으로 쫓아냈습니다.

그들은 우리와 같은 황인종의 아시아 사람들이었습니다. 그들은 주로 숲속에서 살았으며, 그들이 싸우는 모습은 사람이라기보다 무슨 들짐승들 같았습니다.

싸움 잘하는 게르만족들도 흉노족 앞에서는 맥을 못 추었습니다.

흉노족의 왕 아틸라는, 남쪽으로 도망치는 게르만족을 추격하여 멀리

원시 게르만 인의 복장(위)과 원시 게르만 인의 가옥

갈리아 지방까지 쳐들어갔습니다.

그들은 루마니아, 헝가리, 유고슬라비아, 폴란드, 체코를 손쉽게 점령해 버렸습니다. 그러나 이렇게 위세를 떨치며 거침없이 진격하던 흉노족에게도 마침내 위험이 닥치고 말았습니다. 흉노족의 왕, 아틸라가 죽고만 것입니다.

아틸라가 죽자 흉노족은 아무 말 없이 자신들이 살던 중앙아시아로 돌아가 버렸습니다.

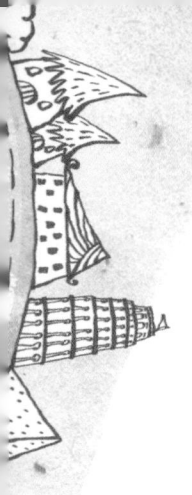

　흉노족이 물러가자, 이번에 그들에게 쫓겨 도망쳤던 게르만족이 다시 로마로 밀려 들어왔습니다.

　그들은 로마를 점령하고 서로마 제국의 황제와 귀족들을 쫓아냈습니다.

　쫓겨난 황제의 이름은, 로마의 첫 번째 왕이었던 로물루스와 똑같은 로물루스였습니다. 그리고 그 로물루스는, 서로마 제국의 마지막 황제가 되고 말았습니다.

　콘스탄티노플에 수도를 정하고 있던 동로마 제국이 비록 남아 있기는 했지만, 어쨌든 역사가들은 서로마 제국이 멸망한 해인 476년을 고대 역사의 마지막 해로 부르고, 또 476년 이후 약 1000년 동안(중세 유럽)을 '역사의 암흑 시대'라고 부릅니다.

　왜냐하면 무지한 야만인 게르만족이 제대로 교육을 받은 유럽의 문명인들을 지배한 시대였기 때문입니다.

　그들은 비록 야만인이었지만, 자기들이 정복한 로마 사람들로부터 여러 가지 많은 지식들을 쉽게 배우고 익혔습니다.

　그들은 로마 사람들이 사용하는 라틴 어와 자기네의 게르만 어를 섞어 썼습니다.

　이것이 뒷날 이탈리아 어로 발전을 했습니다. 스페인으로 간 게르만족도, 라틴 어와 게르만 어를 혼합하여 독특한 스페인 어를 만들어 냈습니다.

　프랑스 어도 마찬가지로 그렇게 만들어졌습니다. 그러나 영국에 들어간 앵글족과 색슨족은, 그냥 자기네들의 말을 썼습니다. 이것이 바로 오늘날의 영어입니다.

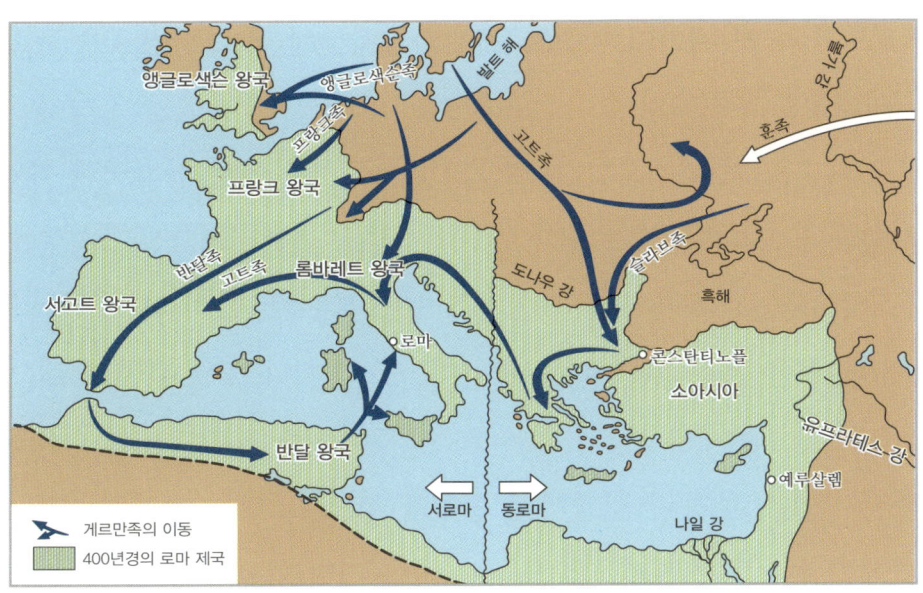

게르만족의 대이동 경로

동로마 제국의 유스티니아누스 황제

남으로 이동해 온 야만족 게르만에 의하여 점령된 서유럽의 로마 영토에는, 여러 개의 게르만 왕국이 세워졌습니다. 그러나 이들의 왕국은 수명이 그렇게 길지 못했습니다. 제 고장을 떠나 남의 땅에 밀려든 소수의 부족들이, 많은 수효의 선진 문화 민족들을 오래도록 지배한다는 것은 처음부터 무리한 일이 아닐 수 없었습니다.

더군다나 비잔티움 지방의 콘스탄티노플에는 게르만의 침략에 아랑곳없이, 동로마 제국이 꿋꿋이 버티고 있었습니다. 동로마 제국의 수도 콘

스탄티노플의 옛 이름이 비잔티움이었기 때문에 동로마 제국을 '비잔틴 제국'이라고도 부릅니다.

겁 없이 사납기로 소문난 게르만의 왕들도, 이 동로마 제국에 대해서만은 언제나 고분고분했습니다.

유스티니아누스 황제가 제국을 다스리던 시대에는 특히 더 그랬습니다.

유스티니아누스는 가난한 농부의 아들로 태어나 뒷날 황제가 된 사람이었습니다.

'잠자지 않는 황제'란 별명까지 붙었을 정도로, 그는 부지런하고 성실한 황제였습니다. 왕비인 테오도라는 죽을 때까지 남편을 정성껏 내조한 것으로 유명한데, 그녀의 용감함을 보여 주는 이야기가 있습니다.

유스티니아누스가 제위에 오른 지 얼마 되지 않아 '니케의 반란'이라는 대폭동이 일어났습니다. 황제는 절망에 빠져 도망갈 계획을 세우고 있었는데 왕비가 가로막았습니다.

"폭도한테 굴복하느니, 차라리 황제의 옷을 입은 채 죽는 것이 낫습니다."

결국 황제와 신하들은 폭도와 맞서 깨끗이 물리쳤습니다.

유스티니아누스 황제는 게르만족에 의해서 짓밟혀진 로마 제국의 명예를 되찾기 위해 군대를 일으켰습니다.

불과 20년 사이에 아프리카의 반달 왕국, 이탈리아 반도의 동고트 왕국이 떨어졌고, 스페인 지방에 있던 서고트 왕국은 지중해 연안의 영토를 잃어야 했습니다. 잠깐 사이에 서부 지중해 일대가 다시 동로마 제국의 손에 들어갔습니다.

이탈리아의 라벤나 시에는 동로마 제국의 총독부가 들어섰고, 지중해는 다시 '로마의 호수'가 되었습니다.

그러나 유스티니아누스 황제의 업적 중 가장 두드러진 것은 로마법을 모두 모아서 《로마 대법전》을 만든 것입니다. 그리고 그는 비잔틴 문화의 꽃이라고 할 성 소피아 성당을 수도인 콘스탄티노플에 세우기도 했습니다.

성 소피아 성당

프랑크 왕국

유스티니아누스 황제와 거의 같은 시대에, 지금의 프랑스 땅에 있던 프랑크 왕국에 클로비스라고 하는 게르만족 출신의 왕이 있었습니다.

클로비스왕은 여러 부족을 합쳐 통일 국가를 만들고, 로마 가톨릭(크리스트교)으로 개종하여 동로마 제국에 깍듯이 충성을 다했으며, 동로마 제국의 황제로부터도 두터운 신임을 받았던 왕이었습니다.

그래서 대부분의 게르만 왕국들이 오래 가지 못하고 멸망하였던 데 비해 프랑크 왕국만은 유럽의 중심부에 자리 잡고 발전을 계속하여 새로운 시대의 주도적인 세력이 될 수 있었습니다.

하지만 클로비스왕이 죽은 뒤 프랑크 왕국은 잠시 위태로운 처지에 빠졌습니다. 아라비아 사막에서 건너온 이슬람 군대가 말을 달려 사납게

쳐들어왔던 것입니다. 그러나 이 위기를 잘 극복한 프랑크 왕국은 이탈리아의 롬바르드 왕국을 물리치고 로마 가톨릭 교회와 손을 잡으며 세력을 굳혔습니다. 칼 대제 때는 동쪽으로 색슨족을 굴복시켜 가톨릭으로 개종하게 하였고, 계속해서 헝가리와 유고의 일부까지 정복하여, 서로마 제국 이래 가장 넓은 땅을 차지했습니다.

교황 레오 3세는 그 무렵 이탈리아 북쪽 지방의 군주들과 사이가 나빴습니다. 칼 대왕의 위세에 감탄한 교황은 칼 대왕에게 교황에게 반발하는 세력들을 없애 달라고 요청했습니다.

칼 대왕은 곧 군대를 일으켜 이탈리아로 떠났습니다. 그리고 순식간에 항복을 받아 내었습니다. 교황은 칼 대왕을 로마로 초청하여, 그에게 몸소 황제의 왕관을 씌워 주었습니다.

당시 교황은 왕이나 황제를 임명하는 권한을 가지고 있었습니다.

이제 이탈리아도 칼 황제의 영토가 되었고, 사람들은 그를 '칼 대제'라고 부르며 존경했습니다.

칼 대제는 영토 확장뿐만 아니라 암흑의 중세에 빛을 던져 줄 문예 부흥에도 노력하였습니다.

그는 궁정 학교를 세워 학문을 장려하였으며, 수도원에서도 고전에 대한 연구가 활발히 행해져, 중세 문화가 발전하고 꽃필 수 있는 밑거름이 되었습니다. 그러나 칼 대제가 죽은 뒤에는 프랑크 왕국이 동부, 중부, 서부 세 프랑크로 나뉘어 오늘날의 프랑스, 이탈리아, 독일과 비슷한 형태가 되었습니다.

이민족의 침입

9세기 후반부터 분열된 프랑크 왕국을 비롯한 유럽 전체는 또 한 번 이민족의 침입으로 격심한 시달림을 받았습니다.

북쪽으로부터 노르만족이, 동쪽에서는 마쟈르족이, 그리고 남쪽으로부터는 또다시 이슬람의 군대가 물밀듯이 밀어닥쳤던 것입니다.

앞서 게르만 민족이 로마 제국에 침입한 것은 파괴와 약탈을 위한 것이 아니라 단순히 새로운 정착지를 찾아 나선 것이었습니다. 그러나 노르만을 비롯한 이민족들은 그렇지 않았습니다. 그들은 종교도 다르고 문화에 대한 감각도 달랐기 때문에 침략당한 지방의 전 가옥을 불살라 버렸고, 무차별 학살과 폭행, 강간 등이 빈번했습니다. 그들이 한번 지나간 후에는 농작물과 가축이 살아남아 있지 못했습니다.

침입해 온 이민족 중에서 가장 큰 피해를 준 것은 '바이킹'이라 불리는 노르만족이었습니다. 그들은 항해술에 능숙하여 폭풍이 몰아치는 거친 바다에서도 자유롭게 항해하였습니다. 그들의 배는 길이가 약 20미터이며 높이 솟은 뱃머리가 있고, 노나 돛을 이용하여 40명 내지 60명을 태우고도 시속 20킬로미터의 속도로 항해하였습니다.

또한 배 밑이 편편하여 강의 상류 얕은 곳까지도 거슬러 올라가서 강변의 도시나 교회 수도원을 습격하였습니다.

바이킹이 사용하던 배의 모델

　이들의 고향은 스칸디나비아 근방으로, 동족이 죽으면 시체와 유물을 배에 넣어서 해변에 묻었는데, 지위가 높은 경우에는 시체를 훌륭한 배에 실어 바다에 띄워 보냈다고도 합니다.

　바이킹족은 8세기 말엽부터 프랑크 왕국을 습격하기 시작하여 루앙, 낭트와 같이 성벽으로 방비된 도시까지도 습격하였습니다.

　그들은 가을의 추수가 끝나면 습격하여 도시나 마을을 점령하고 그곳에서 추운 겨울을 보내고는 봄에 돌아가기도 했습니다. 그들의 습격으로 인하여 농민만이 아니라 상인들과 부자들도 북해 해안과 강변에서 거리가 먼 내륙 지방으로 쫓겨 갔습니다.

　9세기에 이르러서도 그들은 아무 때나 영국과 프랑스 지방을 약탈하였습니다. 그들의 침입과 약탈에 시달린 서프랑크 왕은 911년에 그들에게 센 강 하구 일대를 나누어 주고 그들을 봉신으로 삼았습니다. 이것이 후에 자라서 노르망디 왕국이 되었고, 이들은 다시 영국을 정복하여 노르만 왕조를 세우기도 하였습니다.

　서프랑크는 노르만의 습격을 받았지만 동프랑크 왕국은 마쟈르족의 침입에 시달렸습니다. 마쟈르 인은 오늘날의 헝가리 인의 조상이며 아시아 계통의 유목 민족이었습니다. 그들은 헝가리 평원을 근거지로 동프랑크 왕국을 약탈하였으며 한때는 알프스 산을 넘어 이탈리아까지 침입하였습니다.

　기마전에 능숙한 그들은 그 잔인성과 포악성에 있어서 바이킹족에 못지 않았습니다. 그러나 동프랑크 왕국은 서프랑크에 비하면 안정된 국력을 가지고 있었으므로 이에 끈질긴 저항을 계속하였습니다.

국왕 하인리히와 그의 아들 오토는 10세기 중엽 두 번의 처절한 격전 끝에 마쟈르군을 물리쳤습니다.

　또다른 침입자인 이슬람 교도는 9세기 중엽부터 아프리카 북쪽 해안의 튀니지를 근거로 하여 지중해의 여러 섬을 습격, 약탈하고 로마의 성 베드로 성당과 몬테카시노의 수도원 등 유서 깊은 대사원을 불태웠습니다.

　이들 침입자 중에서 바이킹과 마쟈르 족은 원래 자신들의 강력한 신앙이 없었으므로 쉽게 가톨릭으로 교화시킴으로써 어느 정도 그들의 공포에서 벗어날 수 있었습니다. 하지만 철저한 일신 교도인 이슬람 교도들의 위협은 계속되어 후에 유럽 전체를 뜨거운 열기로 몰아넣었던 십자군 전쟁의 불씨를 남기게 되었습니다.

중세의 생활

　중세는 두 개의 기둥으로 받쳐져 있었는데, 그것은 봉건 제도와 가톨릭교였습니다. 봉건 제도는 프랑크 왕국 시대에 가신 제도와 은대지 제도가 결합해서 생긴 것이었습니다.

　가신 제도는 원래 게르만족 사회에서 나온 것으로, 약자가 강자에게 자신의 몸을 맡기는 주군과 신하의 관계였습니다. 주군은 보호를 원하는 신하에게 보호와 부양의 의무를 지고, 신하는 이에 대한 보답으로 주인에게 복종과 봉사의 의무를 졌습니다.

　주인이 생계를 돌보아 주는 방식은 두 가지가 있었습니다. 하나는 주

중세의 세 계급 (성직자, 기사, 농민)

인의 집에 데리고 살면서 부양하는 것이고, 또 하나는 스스로 먹고 살 수 있도록 토지를 빌려 주는 것이었습니다. 이렇게 토지를 빌려 주는 방식은 로마 시대의 은대지 제도를 본딴 것인데, 이 빌려 주는 토지를 '봉토'라고 불렀습니다.

이 두 체제에는 여러 신분들이 각기 순서 있는 상하 관계를 이루면서 형성되어 있었습니다. 봉건제 하에서는 국왕, 제후, 기사, 농민의 신분이 있었고, 가톨릭에서도 역시 교황, 대주교, 수도원장, 주교, 일반 사제의 순으로 서열이 정해져 있었습니다.

그런데 이들 신분을 크게 구분해 보면 제후, 기사, 성직자는 지배층이고, 주민의 대부분에 해당하는 농민만이 지배를 받는 측이었습니다.

그러면 그 중 대표적인 신분인 농민, 성직자, 기사를 중심으로 당시 중세의 생활을 살펴보도록 하겠습니다.

중세의 농민

당시의 농민은 상층 계급의 안락한 생활을 위해 먹을 것을 대주고 그들이 호화롭게 살 수 있도록 모든 궂은 일을 도맡아 했습니다. 반면, 농민들의 생활은 비참하기 이를 데 없었습니다. 마구간 같은 오두막에서 배를 주리며 사는 것이 보통이었습니다. 또한 멸시도 많이 받았습니다.

그 한 가지 예로 프랑스의 어느 서사시에 묘사된 농민의 모습은 이런 경우를 잘 보여 줍니다.

> 거대한 손발, 넓은 어깨와 불룩한 가슴, 손바닥만 한 넓이의 양미간, 넓적한 코, 누렇고 기다란 이빨, 시커멓고 뻣뻣이 선 머리털, 석탄처럼 시커먼 얼굴……

그런데 사실 농민에게 있어서 이러한 멸시적인 대접보다도 더욱 고통스러운 것은 각종 무거운 세금과 부역(중세의 농민은 영주의 토지를 빌려 쓰는 대신 영주의 농사를 의무적으로 지어주어야 해서 일 주일에 3~4일 정도 영주를 위해 일을 해 주었는데, 이것을 '부역'이라고 함.)이었습니다. 노르망디 지방에 있는 한 수도원의 기록을 보면 그 부담이 어떠했는지 잘 알 수 있습니다.

> 5월에는 영주의 풀밭을 깎고 건초를 헛간에 나른다. 그 다음에는 도랑을 치운다. 8월에는 곡물을 거둬들이는 부역을 해야 하고 9월에는 돼지세를 바쳐야 한다. 돼지 중에서 가장 좋은 두 마리는 영주에게 바치고 나머지는 한 마리당 각각 세금을 내야 한다. 10월에는 고정적인 지대를 지불하여야 한다. 겨울이 다가오면 겨울 농사에 대비하는 대대적인 부역이 행해진다. 그리고 크리스마스가 다가오면 케이크와 암탉을 바쳐야 한다……

　이뿐만이 아니라 결혼을 하게 되면 결혼세를 내고, 농사에 필수적인 시설을 이용하는 사용료도 내야 했습니다.
　예를 들어 당시 방앗간은 거의가 영주의 소유였기 때문에 밀가루를 빻거나 빵을 굽는 솥 등을 빌릴 때에는 어김없이 세금을 지불해야만 되었던 것입니다.
　더군다나 어떤 지방에서는 영주가 초야권을 가지는 경우도 있었습니다. 농민들이 결혼하게 되면 신부가 첫날밤에 신랑에게 가지 않고 영주에게 가서 첫밤을 지내야 한다는 것이었습니다.
　그래서 이러한 무거운 부담 때문에 도시로 도망가는 농민이 많이 생겨났으며, 나중에 농촌에서 농민 반란이 일어나는 주요 원인이 되었습니다.

중세의 성직자

교황이나 수도원장 같은 높은 위치의 성직자들에 대한 기록은 많이 알려져 왔으나 마을을 담당하는 말단 성직자인 사제들의 생활에 대해서는 전해지는 기록이 거의 없습니다.

중세의 사제들은 고해 성사, 결혼, 장례 등 일체의 일상적인 일들을 담당했기 때문에 대단히 중요했습니다. 그러나 이러한 사제들 중에는 인간의 영혼 구제보다 재물에 눈이 어두워 어리숙한 농민들에게 사이비 진리들을 늘어놓는 경우도 많았습니다.

사제들의 타락 현상은 여기에 그치지 않고 의사, 변호사, 서기, 심지어는 상업이나 금융업까지 겸해서 돈벌이에 열중하는 사제도 있었습니다. 또한 술집에서 술을 마시고 노름을 하는 것은 보통이었고, 여자까지 얻어 살기도 하였습니다. 그래서 11세기 무렵부터는 이러한 타락을 고치려고 유럽 각지에서 수도원을 중심으로 정화 운동이 일어나기 시작했습니다.

수도원의 경우에도 원장과 평수도사 사이에 종종 분쟁이 일어났습니다. 물론 원장이 훌륭하면 그러한 일이 없겠지만, 원장이 재물을 밝히고 공명정대하지 못할 경우에는 수도원 내부에 내분이 일어나곤 하였습니다. 그리하여 프랑스에서는 수도원장이 살해된 경우가 6번이나 있었다고 합니다.

던브로디 수도원

여행자를 접대하거나 빈민을 구제하는 일은 원래 수도원이 사회에 베푸는 봉사 중 큰 몫을 차지하는 것이었습니다. 특히 교통 사정이 그리 좋지 못하던 9~10세기 무렵에는 여행자에게 잠자리와 음식을 제공하고, 매일 빈민 구제를 위하여 빵을 15,000개씩 구워야 했으며, 금요일을 제외하고는 매일 소 한 마리씩을 잡아서 야채와 함께 요리하여 가난한 사람들에게 나누어 주어야 했습니다. 이런 식으로 수도원의 지출이 엄청나게 많아지자 각처의 수도원은 재정의 어려움을 겪게 되었습니다.

중세의 기사

기사는 원래 말 탄 군인을 뜻하는 말이지만, 말을 타고 싸우는 군인이라고 해서 누구나 되는 것은 아니었습니다. 주로 귀족의 아들이 7, 8세가 되면 궁정에서 살면서 기사로서의 교육과 훈련, 그리고 예의범절을 배웠습니다. 이 기간 동안 그는 시동으로 불리며, 귀족 부인의 심부름꾼 노릇을 합니다. 그리고 귀부인은 선생님이 되어 예의범절, 악기 연주, 노래, 사랑, 명예 등에 관한 지식을 가르칩니다. 14, 5세가 되면 말의 사육으로부터 무술 연마에 이르기까지 기사로서 필요한 군사 훈련을 받고, 20세가 되면 기사 서임식을 통하여 완전히 독립된 기사가 되었습니다.

기사의 모습

기사를 임명하는 예식은 아주 엄숙하였습니다. 목욕을 한 후 새 옷으로 갈아입고, 곧장 교회로 나가 예배를 드립니다. 그리고 이튿날 아침, 성찬식을 끝내고 식장으로 나갑니다. 신부님이 기사로 임명될 사람의 칼을 받아 제단에 바친 후 그에게 축복을 내립니다.

이때 기사는 다음과 같이 맹세를 합니다.

'하느님의 교회를 지키고 악한 자를 벌하며, 여자와 가난한 사람을 돌보고 국가의 평화를 위하여 기꺼이 몸을 바치겠습니다.'

맹세가 끝나고 영주 앞에 나아가 무릎을 꿇고 앉으면, 영주는 자신의 칼을 뽑아 기사의 양어깨와 머리에 얹으며 기사의 맹세를 확인한 후, 정식으로 기사의 명예를 내려 주었습니다.

기사의 주된 임무는 전쟁이었습니다. 영주들 간에 전쟁이 일어나면 충성의 표시로 전쟁에 참여하여 용맹을 발휘합니다. 기사에 대한 가장 중요한 덕목은 용맹과 충성과 신의였습니다.

전쟁이 없는 평화로운 때에는 주로 토너먼트 경기와 사냥으로 소일하였습니다. 토너먼트 경기라는 것은 갑옷으로 무장한 기사들이 긴 창을 들고 말을 달려 서로를 찌르는 경기였습니다. 약간의 규칙은 있었지만 실전과 똑같이 행해져, 상처를 입고 죽는 사례도 있었습니다. 또 전쟁에서처럼 포로가 되면 말과 무기를 빼앗기고 몸값을 지불하고서야 자유의 몸이 되기도 하였습니다.

토너먼트 경기

　토너먼트 경기는 많은 위험을 안고 있었기 때문에 그렇게 자주 열리지는 않았습니다. 그래서 유력한 영주의 결혼식이나 그 아들의 기사 서임식 같은 때에 주로 행해졌습니다.

　나중에 경기가 위험하고 기사들이 이 경기에만 너무 열중해서 신앙을 소홀히 할까 우려한 교황은 이를 금지시켰지만, 기사들 사이에서는 여전히 큰 인기를 누렸습니다.

　현재 운동 경기에서 사용하는 토너먼트식 게임이란 바로 여기서 유래한 것인데, 모든 팀이 한 번씩 경기를 갖는 리그전과는 달리, 기사들의 토너먼트 경기처럼 한번 싸우면 죽거나 부상당하여 다시는 싸울 수 없었기 때문에 한 번의 경기로 탈락하는 경기 방식을 의미하게 되었던 것입니다.

　기사들이 토너먼트 다음으로 즐긴 것은 사냥이었습니다. 그들은 사냥에 너무 빠져 다른 영주의 땅에 침범하여 목숨을 잃기도 하고, 농민들이 농작물을 해친다고 짐승을 죽이면 살인죄로 농민을 처형하는 끔찍한 일도 있었습니다.

중세 도시의 주인공인 상인과 수공업자

농촌에는 영주를 중심으로 성이 만들어지고, 농민들이 영주를 위해 열심히 일하고 있을 때, 도시에는 무역을 하는 상인들이 바쁘게 오갔습니다. 그래서 북이탈리아의 베네치아 같은 상업 도시가 점차 발달하기 시작했습니다.

대체로 중세 초기의 교회 도시나 성곽 도시는 자연적으로 교통의 중심에 위치한 경우가 많았기 때문에 그곳에 각지의 상인들이 모여들기 시작하였습니다. 처음에는 겨울을 나기 위한 일시적인 주거지였으나 점차로 상인들의 생활 터전으로 변하였습니다. 이러한 상인들의 거주지는 대개 성곽 외부에 건설되었으나 점점 상업 인구가 증가하고 경제력이 커지자 상인들은 스스로를 지키기 위해 그들 거주지 주변에 새로운 성벽을 쌓기 시작하였습니다.

그리하여 독일어로 성벽이라는 뜻의 '부르크'는 상공업 중심의 중세 도시를 뜻하게 되었습니다. 오늘날의 마르부르크, 아우크스부르크 등이 이러한 중세적 유래를 가지고 있는 도시입니다.

상인들과 더불어 도시 주민의 핵심을 이룬 것은 수공업자들이었습니다. 그들 대부분은 영주나 성직자들을 위하여 일하던 사람이었거나 농촌 출신의 막노동꾼이었는데, 상업이 활발해지자 상품의 선적과 수송, 선박의 단장, 그리고 수레, 상자의 제조 등 필요한 모든 부속품을 만들어 내었습니다.

또한 도시 인구가 점차 증가하자 새로이 외부로부터 제빵업자, 양조업자, 대장간, 푸줏간 등을 경영하는 사람들도 모여들게 되었습니다.

이렇게 형성된 도시들은 아직도 귀족이나 주교들의 지배 밑에 있었기 때문에 자유로운 상업 활동을 위해서는 그들의 지배로부터 벗어나야 했습니다.

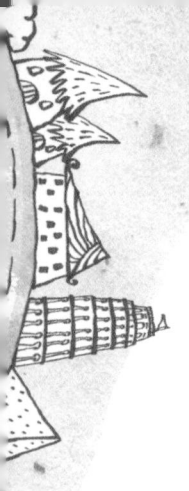

　즉, 자유와 자치권을 원하는 상인과 수공업자들은 돈을 주고 자치권을 사거나 힘으로 밀어붙여 얻어 내기도 했습니다. 그리하여 12세기 중엽까지는 대부분의 도시가 자유를 획득하여 누구든지 자유로운 신분을 가지게 됨으로써 도시의 시민은 자유민을 뜻하는 말이 되었습니다.

　그리고 중세 도시는 영주나 교회의 재판권에서 해방되는 자유를 얻은 후에 독자적인 행정 기관과 시민군 등을 조직하였으며, 도시 내의 질서 유지를 위하여 법을 만들어 지켰습니다. 시민들은 저마다 자유로운 도시의 혜택을 누리고 수입에 따라 평등하게 시 행정에 필요한 비용을 부담하였습니다. 당시 도시에 대한 그들의 애착심은 오늘날 국가에 느끼는 애국심에 비할 만한 것이었습니다.

　중세 도시의 상인들과 수공업자들은 점점 활동의 규모가 커지자 '길드'라는 조합을 조직하게 되었습니다.

　상인 조합은 공동의 이익과 안전을 도모하기 위한 조직이었는데, 상품의 수송 도중 난파를 당하거나 해적을 만나 피해를 입었을 때는 이를 보상해 주고, 조합원이 죽었을 때는 남은 가족의 생계를 보살펴 주기도 하였습니다. 이들의 세력은 상당히 강해서 영주와의 협상을 맡는 등 중세 도시의 자유와 자치권을 획득하는 데 가장 앞장섰으며, 도시의 행정권을 거의 독점하다시피 하였습니다.

　상인 조합보다는 뒤늦게 조직된 수공업자 조합은 다른 도시의 수공업자들과의 경쟁에서 이기기 위하여 생산과 판매를 엄격하게 통제하였습니다.

　당시 수공업에 종사하는 사람들은 장인, 직인, 도제라는 특이한 직분으로 구별되었습니다.

　장인은 그 직종에 있어서는 최고의 기술자를 뜻하며, 한두 명의 직인과 도제를 거느렸습니다. 또한 장인만이 길드에 가입할 수 있었으며 제품을 시장에 판매할 수 있는 권한을 가지고 있었습니다.

　직인은 아직 장인 밑에서 기술을 연마하는 기능공으로서 약간의 급료를 받고 일하였는데, 자기 손으로 만든 제품을 길드에 제출하여 심사에 합격하면 장인으로 인정을 받게 되었습니다. 그러면 그도 떳떳한 한 사람의 수공업자로서 독립할 수 있게 되는 것이었습니다.

　당시 장인과 직인의 관계는 우리가 생각하기 쉬운 고용자와 피고용자의 관계라기보다는 스승과 수제자의 관계였으므로 장인의 딸과 결혼하여 독립하는 직인이 많았습니다.

　도제는 장인의 집에서 숙식을 하며 처음에는 심부름을 하다가 조금씩 기술을 익힙니다. 이렇게 약 7년이 지나면 직인이 되어 본격적인 기술 연마를 합니다.

　결국 도제에서 장인이 되기까지는 10년 이상이 걸렸으니, 당시 수공업자 조합인 길드에서 생산되는 상품의 질은 대단히 우수했다고 할 수 있습니다.

　이 수공업자 길드는 규칙이 까다롭기로 유명한데, 작업 시간을 다른 장인보다 연장하는 것도 허용하지 않았습니다. 이것은 제품의 질을 높이고 부당한 경쟁을 막으려는 조치였습니다.

　이뿐만 아니라 제조 방법이나 작업장 지정, 제품 가격 등을 통제하여 오늘날의 자유 경쟁과는 거리가 멀었습니다.

　이렇게 상인과 수공업자들이 점차 부를 축적하게 되자 새로운 세력으로 등장하여, 귀족과 성직자 중심의 중세 신분 질서에 도전하게 되었습니다.

중세 도시의 모습

　　　　　　　　　그렇다면 중세 도시의 모습은 어떠하였을까? 중세 도시는 성벽으로 둘러싸여 있는 것이 대부분이었습니다. 왜냐하면 전쟁과 약탈이 자주 일어났으므로 도시민들의 안전을 위해서 성벽은 필수적이었던 것입니다. 그리고 성문은 해 뜰 무렵에 열리고 해질녘에 닫혔습니다. 그러므로 사람이나 가축, 다른 생활 물품들도 이 시간을 이용하여 왕래하여야만 했습니다.

　성문 앞에는 흔히 교수대나 교수대를 대신할 큰 나무가 있었습니다. 이 무렵에 유럽 대부분의 도시에서 살인, 방화, 도둑질, 유괴 등 도시의 평화와 질서를 어지럽히는 행위에 대해서 용서 없이 교수형에 처하거나 손발을 자르는 가혹한 처벌을 했던 것입니다.

　성문 안에는 도시 중앙의 큰 길을 제외하고는 구불구불한 골목길이 대부분이었고 포장이 전혀 되어 있지 않았습니다.

　그래서 비나 눈이 오면 진흙구덩이로 변해, 중세에는 세탁업자들이 호황을 누렸다고 합니다.

　거리도 지금처럼 사람이 왕래하는 것이 아니고 양 떼, 소, 말, 닭들이 뛰어나오기가 일쑤였습니다. 특히 악취를 풍기며 거리를 더럽힌 것은 돼지였습니다. 거리에 배설을 하고 썩은 고기들을 주워 먹고 다니는 돼지는 중세 최대의 도시인 파리에서도 흔히 볼 수 있는 광경이었다고 합니다.

또한 집들이 빽빽하게 들어서 있어 쓰레기의 처치도 큰 골치였습니다. 상하수도 문제에 있어서는 몇 개 안 되는 공동 우물로 물 사정을 해결하였고, 하수도는 얕고 좁은 도랑밖에는 없었습니다.

이러한 도시들에는 보통 약 5천 명의 시민이 살았다고 하는데, 2만 명에서 4만 명에 이르는 국제적인 도시도 있었습니다. 10만 명 이상의 대도시로는 파리, 베네치아, 콘스탄티노플 정도였습니다. 영국의 경우는 최대의 도시 런던이 4만 명 정도였고, 나머지 도시는 5천 명 이하의 소도시였습니다.

고대 도시인 로마나 알렉산드리아가 인구 100만 명이 넘는 대도시였다는 사실과 비교하면 중세의 도시는 그 규모가 별로 크지 않았음을 알 수 있습니다.

그러나 이들 도시는 상업이 발달하고 수공업의 규모가 커지면서 점차 그 크기가 확대되어 갔습니다.

이슬람과 마호메트

대부분이 사막인 광대한 아라비아 반도에는 셈어족에 속하는 아랍 인들이 살고 있었습니다. 이들

은 대개 가축을 거느리고 오아시스를 찾아다니는 유목 생활을 하고 있었습니다.

570년경, 아라비아의 메카 시에서 마호메트라 불리는 사내아이가 태어났습니다. 젊은 시절을 메카 시에서 보낸 마호메트는 25살 되던 해, 친구의 소개로 어떤 돈 많은 미망인을 만나 그녀와 결혼을 했습니다.

그는 마흔 살이 될 때까지, 별로 이렇다 하는 일 없이 평범하게 살았습니다. 그리고 돈이 많았지만 절대로 사치를 부리지 않았습니다.

그는 혼자서 조용히 생각하기를 좋아했습니다. 그가 즐겨서 찾아간 곳은 사막의 골짜기에 있는, 한 외딴 바위굴이었습니다.

어느 날 마호메트는 이 굴 속에서 혼자 명상에 잠겨 있었습니다. 그때

였습니다. 동굴 안이 대낮처럼 환하게 밝아지면서,

"오, 마호메트여! 그대는 신의 예언자여!"

하고 허공에서 목소리가 울려 퍼졌습니다. 하늘나라의 대천사 가브리엘이었습니다.

가브리엘 천사는 마호메트에게 하늘나라 '알라' 신의 계시를 전했습니다.

"아, 나는 알라의 예언자다!"

마호메트는 기쁨에 넘쳐 소리 질렀습니다.

마호메트는 메카로 돌아와, 곧 새로운 종교를 열었습니다. 이것이 바로 이슬람교입니다.

오늘날의 중동 지역 사람들이 믿는 회교란, 바로 이 이슬람교를 가리키는 것입니다.

마호메트는 이슬람교의 교주가 되어, 많은 사람들에게 알라신의 뜻을 가르쳤습니다.

그러나 그를 따르는 사람들도 많았지만, 반대하는 사람들도 많았습니다. 반대자들은 마호메트를 미친 사람이라고 모함하여, 그를 죽이려고 했습니다.

마호메트는 이런 낌새를 알아차리고 자기를 따르는 이슬람의 신도들과 함께 고향 메카를 떠나 메디나 시로 피신을 했습니다. 622년의 일이었습니다.

이슬람교는 이 사건을 '헤지라'라고 하여, 큰 기념일로 삼고 있습니다. 즉, 622년은 이슬람 세계의 기원 1년이 되는 것입니다.

마호메트는 알라신의 계시에 따라, 그의 신도들에게 '절대 복종'의 엄

코란

메카에 모인 무슬림들

한 교리를 충실히 지키라고 가르쳤습니다.

이때에 제자들은 마호메트가 하는 설교를 열심히 적어 두었는데, 이것을 모은 것이 바로 이슬람교의 경전인 《코란》입니다.

마호메트는 또 자기가 태어난 메카 시를 성스러운 도시로 정하여 신자들로 하여금 수시로 찾아가 예배드리게 했습니다. 지금도 이슬람교의 신자들이 기도를 드릴 때엔 언제나 메카 시가 있는 쪽을 향하여 절을 합니다.

코란이냐, 칼이냐

메카와 메디나 두 도시의 지배자가 된 마호메트는 유일신 알라를 전 아라비아에 전하기 위하여 전쟁을 시작했습니다.

"코란이냐, 칼이냐!"

마호메트의 군대는 알라신이 아니면 죽음을 택하라며 순식간에 아라비아 반도를 통일했습니다. 시리아, 이집트까지 빼앗은 마호메트는 무서운 기세로 이슬람 제국을 넓혀 나갔습니다.

이슬람 제국은 정복한 지역에서 신앙의 자유를 인정하였으므로 반란도 그다지 일어나지 않고 제국은 점차 확장되어 갔습니다. 그러나 세금만은 꼬박꼬박 걷었습니다.

마호메트는 단순히 한 종교의 지도자만은 아니었습니다. 그는 알라신의 첫째가는 정치 지도자의 역할도 했습니다.

자신을 추방했던 고향 메카를 탈환한 후, 그곳을 근거지로 하여 사라센 제국을 세운 것도 마호메트였습니다.

그는 죽은 뒤에 더욱 강력해진 사람이었습니다. 그의 뒤를 이어 교주가 된 사람들은, 마호메트보다 훨씬 더 적극적이고 열렬한 사람들이었습니다.

'칼리프'라고 불리는 이들 마호메트의 후계자들은 아시아, 아프리카, 유럽에 이르는 넓은 지역에 그들의 종교를 심었습니다.

심지어는 멀리 중국 땅에까지도 그 세력이 뻗어 나갔습니다.

아라비아 숫자와 모자이크로 장식된 아름다운 건물

아라비아 사람들은 알라신 외에도, 우리가 지금 사용하고 있는 '1, 2, 3, 4,…….'를 발명한 것으로도 유명합니다.

이 숫자 기호는 사람이 창조해 낸 많은 것들 가운데에서, 가장 훌륭하고 과학적인 발명품입니다. 이것은 전 세계 어디서나 다 통용되는 기호입니다.

이슬람 사원인 모스크

그리고 그들은, 곳곳에 아름다운 건물들을 많이 지었습니다. 그들이 지은 건물은, 그리스나 로마 사람들이 지은 건물과 그 모양이 아주 달랐습니다.

지붕은 양파처럼 둥글고 끝이 뾰족했으며, 창문도 네모나 원으로 된 것이 아니라, 대개는 말편자 모양으로 위쪽만 둥글게 굽어진 형태였습니다.

그들은 건물의 벽을 마치 우리가 색종이 오려 붙이기를 하는 것처럼, 모자이크로 아름답게 장식했습니다.

그들은 절대로 생물이나 어떤 물건의 모양을 본떠서 그리지 않았습니다. '위로는 하늘에서 아래로는 땅에 이르기까지, 내가 만든 것을 흉내 내는 일이 있어서는 안 된다.'는 알라신의 계명이 있었기 때문입니다.

아라비아 사람들은 머리도 좋았고 솜씨도 아주 훌륭했습니다.

그들이 만든 칼은 옛날부터 부러지지 않는 강한 칼로 널리 알려져, 중국에까지 수출이 될 정도였습니다. 칼날이 어찌나 예리한지, 머리카락을 올리기만 해도 대번에 잘라졌다고 합니다. 심지어 그 칼로 철사까지 끊을 정도였다고 하니 쉽게 짐작이 갑니다.

아라비아 사람들은 메소포타미아 평원의 바빌론 시가 있던 자리에 새로 도시를 만들기도 했는데, 그것이 바로 '아라비안 나이트'로 우리들의 귀에 익은 바그다드라는 도시입니다.

그들은 여자에 대해서도 아주 남다른 생각을 갖고 있었습니다.

한 남자가 많은 여자를 아내로 데리고 사는 일도 당연하게 여겼고, 여자들이 외출할 때면 늘 두터운 면사포로 얼굴을 가리고 다니게 했습니다. 그들은 이렇게 하는 것이 모두 알라신의 계명이라고 여겼습니다.

그런데 프랑크 왕국에 칼 대제가 살고 있던 무렵, 멀리 바그다드에도 또 한 사람의 훌륭한 왕이 있었습니다. 그의 이름은 아론이었으며, 마호메트의 회교를 믿는 사람이었습니다.

아론왕은 가끔씩 허름한 누더기 옷을 걸치고 궁궐 밖으로 나가, 백성들과 남몰래 어울리며 그들의 사정을 직접 보고 들었습니다. 백성들이 진심으로 바라는 것이 무엇인지를 알기 위해서였습니다.

그는 백성들에게 검소한 생활을 하라고 명령하기에 앞서, 자신이 먼저 검소한 생활의 모범을 보임으로써 백성들이 따라오게끔 했습니다.

우리가 재미있게 읽고 있는《아라비안 나이트》도 아론왕 시대에 지어진 책입니다.

십자군 전쟁

마호메트교, 즉 이슬람교 신자들은 예루살렘을 찾아오는 크리스트교 순례자들에게 위협을 느끼고, 차츰 이들을 박해하기 시작했습니다. 그리고 두 종교의 신자들 사이

클레르몽 교회회의에서 십자군 원정을 호소하는 교황 우르반 2세

에 잦은 충돌이 있었습니다.

성지 순례를 마치고 돌아온 크리스트교 신자들은 이런 사실을 로마 교황청에 낱낱이 보고했습니다.

당시의 교황은 우르반 2세였습니다. 우르반 2세는 순례자들의 보고 내용을 듣고 놀랐습니다.

그렇지 않아도 교황은 성지 예루살렘을 이교도들의 지배 아래 버려 두고 있는 것이 항상 마음에 걸렸었는데 박해까지 받고 있다니, 이제는 더 이상 두고 보고만 있을 수 없는 일이었습니다.

1095년, 마침내 교황 우르반 2세는 남프랑스의 클레르몽에서 회의를 열고, 성지 예루살렘을 탈환하기로 결의했습니다.

"이 전쟁에서 전사하는 자는 모두 천국에서 보상을 받을 것입니다."

교황 우르반 2세는 열변을 토했습니다. 그리고 설교사들도 여러 곳을 돌아다니며 십자군에 참가할 것을 권했습니다.

설교사의 열변을 듣고 많은 사람들이 모여들었습니다. 노인, 여자, 어린이, 귀족, 영주 등 이들은 아무 무기도 없이 그저 예루살렘을 찾으러 가겠다고 나섰습니다.

그들은 예루살렘이 얼마나 먼 곳에 있는지에 대해서 전혀 생각해 보지도 않았습니다. 특별히 지리를 배운 사람도 없었고, 지도 같은 것은 더군다나 없었습니다.

귀족이나 부자들은 말을 탔고, 가난한 사람들은 걸어서 행군했습니다.

유럽에서 성지 예루살렘까지는 직선 거리로만 따져도 3,000킬로미터가 넘었습니다.

수천 명이 떼를 지어 도나우 강을 건너고, 콘스탄티노플을 거쳐 아시아로 행군했습니다. 이들은 하느님이 그들의 앞길을 돌보아 주시리라고 굳게 믿었습니다.

그러나 이들의 여행길은 결코 순탄하지 못했습니다. 수천 명, 수만 명의 사람들이 도중에서 병들어 죽거나 굶어 죽었습니다.

예루살렘에 있던 이슬람교도 군대는 십자군이 쳐들어온다는 소식을 듣고 이들을 막으려고 달려 나왔습니다.

그래서 1진으로 출발했던 사람들은 거의 전멸을 당하고 말았습니다. 그러나 1진의 실패에도 불구하고 십자군의 행렬은 그칠 줄 몰랐습니다.

예루살렘 전투

유럽 각지의 많은 봉건 영주들과 잘 훈련된 기사들이 속속 뒤를 이어 밀려들었습니다.

1099년, 마침내 성지 예루살렘이 십자군에게 함락되었습니다.

순례자들은 예루살렘 성벽에 매달려 벅찬 감동에 몸을 떨며 흐느껴 울었습니다. 그리고 긴 순례의 여행길을 안전하게 보살펴 주신 하느님의 은총에 감사를 드렸습니다.

그러나 이들은 '칼을 잡는 자는 누구나 칼로 망한다.'라는 성서의 가르침을 어기고 수많은 이슬람교 신자들을 죽였습니다. 큰 거리나 광장에는 사람의 머리나 팔다리가 산더미처럼 쌓였고, 신전도 피로 물들었습니다.

이처럼 무참히 이슬람교 신자들을 학살하면서도 십자군은 양심의 가책을 조금도 느끼지 않았습니다.

십자군은 1차 원정에 성공한 후, 그들이 탈환한 성지 예루살렘에 새로운 왕국을 세웠습니다. 그리고 고드프로이가 왕으로 선출되었습니다.

원정에 참가했던 많은 십자군 병사들과 신자들은 예루살렘 순례를 마친 후, 다시 각자의 고향으로 되돌아갔습니다.

살라딘 장군과 리처드왕

살라딘 장군

예루살렘을 빼앗긴 이슬람교 신자들은 위대한 장군 살라딘을 앞세워 다시 예루살렘으로 쳐들어왔습니다. 그리고 손쉽게 성을 되찾았습니다. 그러나 살라딘 장군은 십자군이 저질렀던 일을 되풀이하지 않았습니다.

그는 남자는 금화 열 닢, 여자는 두 닢을 받고 예루살렘에 있던 포로들을 풀어 주었습니다. 그리고 노인들은 그냥 풀어 주었고, 돈이 없는 가난한 사람들에게는 몸값을 빌려 주기까지 했습니다. 살라딘 장군은 이처럼 사람의 목숨과 자유를 소중히 여기는 사람이었습니다.

한편, 유럽의 크리스트교도들은 다시 원정을 계획했습니다. 제2차 십자군 원정이었습니다. 그리고 이 같은 규모의 원정은 그 후 200년 동안 계속되었습니다.

제3차 십자군 원정은, 첫 번째 원정으로부터 약 100년 후인 1190년 무렵에 있었습니다.

이때의 원정의 주역은 교황이 아닌 세 사람의 왕이었는데, 영국의 리처드왕과 프랑스의 필립왕, 그리고 독일의 프리드리히왕이었습니다.

영국의 리처드왕

세 왕이 이끄는 십자군은 폭풍우와 싸우면서 힘겹게 아크레 항구에 도착해 살라딘 군대와 맞섰습니다.

빗발치듯 날아오는 돌과 불덩어리, 화살을 맞아 많은 십자군이 목숨을 잃었지만 무사히 아크레 성벽을 돌파했습니다. 이제 예루살렘 탈환이 눈 앞에 보이는 순간이었습니다. 그런데 프랑스 군대와 독일 군대는 리처드왕이 십자군 병사들 사이에서 인기가 높은 것을 시샘하여 자기 나라로 돌아가 버렸습니다.

이제 리처드왕 군대만이 남아 있는 셈이었습니다.

1191년 가을, 크리스트교를 대표하는 영국의 리처드왕과 이슬람교를 대표하는 살라딘 장군과의 싸움이 시작되었습니다.

"죽을 힘을 다해 적을 무찔러라! 하느님이 도와주실 것이다."

리처드왕의 고함 소리에 살라딘 장군도 병사들을 격려했습니다.

"알라신의 가호는 우리에게 있다. 절대로 예루살렘을 빼앗겨서는 안 된다."

그런데 싸움이 리처드의 승리로 끝나려는 순간, 갑자기 소나기가 퍼붓기 시작했습니다. 그것은 유럽 사람들이 겪어 보지 못했던 지독한 폭우

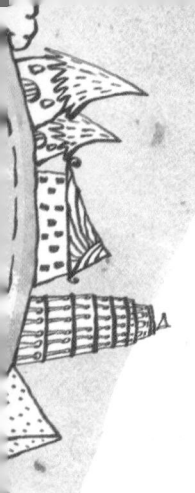

였습니다. 리처드왕을 비롯한 십자군은 꼼짝할 수가 없었고, 그 기회를 놓칠세라 살라딘 군대는 기세 좋게 공격해 왔습니다. 사막 기후에 익숙한 살라딘 군대에게 소나기는 아무 장애가 되지 않았던 것입니다.

"예루살렘을 바로 눈앞에 두고 이렇게 되다니!"

리처드왕은 원통했지만 어쩔 수 없는 일이었습니다. 이후 리처드는 또다시 사막의 풍토병인 열병에 걸려 고생을 했습니다.

그런데 이 소식을 들은 살라딘은 자기 일처럼 걱정하며 문병의 편지와 함께 선물을 보내 왔습니다.

"당신은 세계 제일의 용사요. 당신이 이슬람교도가 아니라는 게 정말로 유감이오. 아무쪼록 하루 속히 병환이 나으시기를 비오."

리처드왕도 반가워하며 곧 답례의 편지를 보냈습니다.

"그렇게 말하는 당신이야말로 천하의 명장이오. 당신이 만일 크리스트교 신자였다면 당신에게서 전쟁에 관한 용병술을 배울 수 있었을 텐데."

그런데 이렇듯 장기적인 대치 상태에 있을 때, 영국에 남아 있던 리처드왕의 사촌 동생 존이 프랑스 왕 필립 2세와 짜고 영국 왕위를 노리는 음모를 꾸미고 있다는 소식이 전해졌습니다. 그 소식을 들은 리처드왕은 깜짝 놀랐습니다.

"빨리 영국으로 돌아가야겠다. 너무 오랫동안 영국을 비웠나 보구나."

리처드왕은 살라딘에게 휴전을 제의하였습니다. 그 조건으로는 '예루살렘이 살라딘의 영토임을 인정한다. 그 대신에 순례자들의 자유로운 예루살렘 출입을 보장하라.'라는 것이었습니다.

살라딘은 휴전 제의를 기꺼이 받아들여, 성지와 순례자들을 박해하지 않겠다는 조건으로 우호 협정을 맺었습니다.

 리처드왕은 예루살렘을 살라딘에게 맡기고 귀국길에 올랐습니다. 그런데 불행하게도 리처드왕은 도중에 오스트리아 왕에게 납치를 당하여 감옥에 갇히는 신세가 되고 말았습니다.

 오스트리아 왕은 리처드왕의 몸값으로, 많은 액수의 돈을 영국 왕실에 요구했습니다.

 그러나 리처드왕을 대신하여 잠시 왕 노릇을 하고 있던 리처드의 사촌 동생 존은, 형의 불행을 오히려 기뻐하면서 오스트리아 왕이 요구하는 돈을 거절했습니다.

 그러나 많은 사람들로부터 존경을 받고 있었던 리처드왕은 그 어려운 상황에서 무사히 빠져 나올 수 있었습니다. 리처드왕의 충성스러운 신하

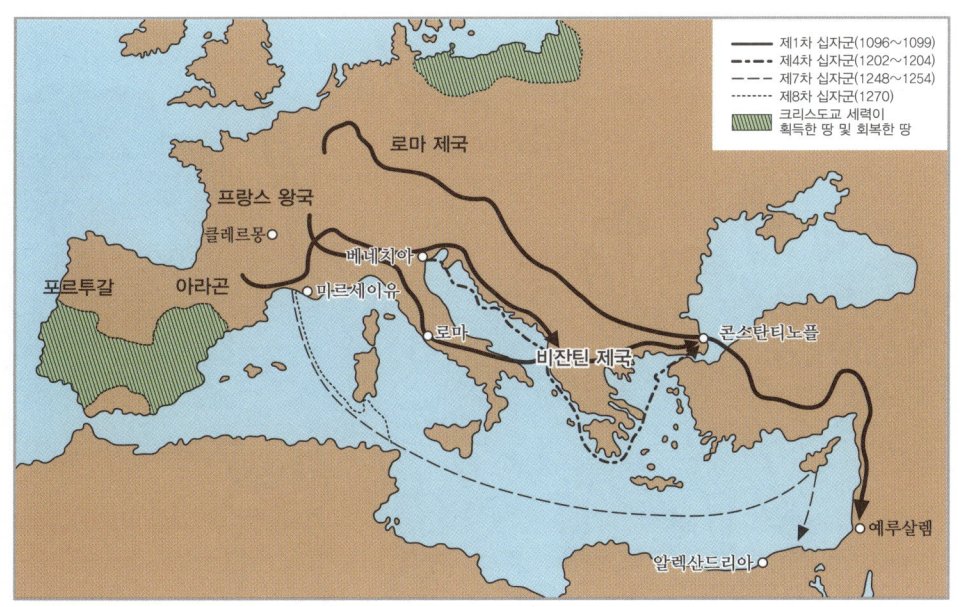

십자군 원정로

들이 돈을 모아 리처드왕의 몸값을 지불한 것입니다.

소년 십자군

리처드왕의 십자군 원정이 있은 후 1212년, 또다시 십자군 원정이 이루어졌습니다.

그런데 이번 원정의 주역은 나이 어린 소년들이었습니다. 이들은 '소년 십자군'이라고 불렸는데, 이 소년 십자군을 이끄는 최고 사령관은 에티엔이라는 12살의 프랑스 소년이었습니다.

에티엔은 양치는 소년이었는데 어느 날 순례자의 모습을 한 사람이 그

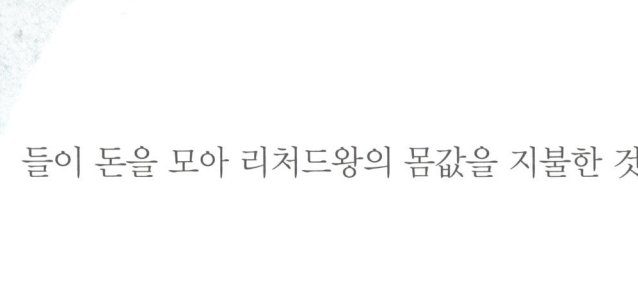

의 앞에 나타나, 빵을 구걸하고는 편지 한 통을 주었다고 합니다.

그 편지에는 성지 탈환과 예루살렘 해방에 대해 쓰여 있었습니다. 그리고 그때 자기가 몰고 다니던 양들이 일제히 순례자 앞에서 무릎을 꿇었다고 했습니다.

에티엔 소년은 신의 계시라며 이 사실을 널리 알리기 시작했습니다. 프랑스 전국에서 많은 소년들이 몰려들었습니다. 그들의 나이는 모두 12, 3세였습니다.

이렇게 해서 소년 십자군이 탄생한 것입니다. 소년들의 부모나 성직자들은 소년 십자군의 행군을 말렸지만 소년들은 막무가내였습니다.

에티엔을 앞세운 소년 십자군은 드디어 남쪽으로 길을 재촉하였습니다.

소년 십자군은, 어른들처럼 육지로 행군을 하지 않고 전혀 엉뚱한 길을 택했습니다. 그들은 지중해로 향했습니다.

순진한 이들 소년들은, 옛날 모세가 이스라엘 백성들을 이끌고 이집트를 탈출할 때, 홍해 바다를 가르고 건넜던 사실을 떠올렸던 것입니다. 그들은 똑같은 기적이 지중해에서도 일어날 것이라고 생각했습니다.

그러나 지중해는 갈라지지 않았습니다. 맥이 빠져서 바닷가에 주저앉아 있는 소년들 앞에 친절한 뱃사람들이 나타나, 그들을 아라비아 해안까지 실어다 주겠다고 했습니다. 소년들은 아주 기쁜 얼굴로 모두들 배에 올라탔습니다.

그런데 천만뜻밖의 일이 벌어졌습니다. 소년들이 마음씨 좋은 훌륭한 아저씨들이라고 생각했던 뱃사람들이, 실은 지중해를 주름잡는 무서운 해적이었던 것입니다.

해적들은 소년들을 예루살렘이 있는 아라비아 반도가 아닌 알렉산드리아로 싣고 가, 그곳의 이슬람교 신자들에게 모두 팔아넘겨 버렸습니다.

다행히 알렉산드리아의 이슬람교 지배자가 온정을 베풀어 소년들을 모두 돌려보냈지만, 아무튼 소년 십자군은 너무 어이없게 무너지고 말았습니다.

십자군 운동의 종말

제5차 십자군은 이슬람의 근거지인 이집트를 공격하여 한때 나일 강변의 요새인 다미에타를 점령하였으나 때마침 나일 강의 범람으로 인하여 철수하고 말았습니다.

제6차 십자군은 독일 황제 프리드리히의 지휘로 협상을 통해 1229년에 일시적으로 예루살렘을 회복하였으나 곧 칭기즈 칸에게 쫓긴 투르크인에게 다시 빼앗겼습니다.

마지막 두 번에 걸친 7차와 8차 십자군은 프랑스의 루이왕에 의해서 시도되었으나 오히려 자신이 포로가 되어 막대한 보상금을 지불하고 풀려나는 등 별다른 성과를 거두지 못하였으며, 1291년에 크리스트교 신자들의 마지막 성인 아크레가 함락되자 마침내 십자군 운동은 종말을 고하게 되었습니다.

십자군 운동이 실패로 끝남에 따라 일반 신도들은 더 이상 교회와 교황을 절대적인 존재로 보지 않았으며 차츰 신앙도 식어 갔습니다.

그리고 십자군에 참가한 영주들과 기사들은 오랫동안 집을 떠나 있었기 때문에 자신의 영지를 소홀히 할 수밖에 없었습니다. 그러다 보니 영주와 기사들의 수입은 줄어들고 더욱이 전쟁 참가 비용을 대느라고 가산을 탕진한 자가 많았습니다. 그와 반대로 눈에 띄게 세력이 강해진 것은 도시의 시민과 국왕이었습니다. 그 중에서도 영국과 프랑스의 왕권은 몰라보게 강해졌습니다.

도시로서는 이탈리아의 항구 도시인 베네치아와 제노바가 가장 번성하였습니다. 처음에는 육지로 해서 간 십자군도 나중에는 제노바나 베네치아에서 배를 타고 시리아 해안으로 항해했던 까닭에 이들 도시의 상인들은 십자군 원정 덕분으로 많은 돈을 벌었던 것입니다.

이렇게 해서 이탈리아의 여러 도시가 번성해지고 상인의 세력이 커지자 유럽의 정세는 크게 달라졌습니다. 더욱이 도시의 상인들이 아라비아인과 손을 잡고 동방 무역에도 참여하게 되면서 그 세력은 점점 커져 갔습니다. 따라서 국왕은 전쟁의 후유증으로 침체해 있는 영주의 세력을 꺾고 자신의 권력을 강화하기 위해 이들 신흥 상인층과 손을 잡게 되었습니다.

이제 봉건 시대의 꽃이라고 숭상을 받던 기사 세력이 쇠약해지면서 중세를 떠받치고 있던 봉건 제도의 기반이 흔들리게 되었습니다. 또한 중세의 정신적인 지주인 크리스트교의 세력이 약화되면서 사람들은 더욱더 현실적인 생각을 갖게 되었습니다.

그리고 이러한 기반들이 흔들리면서 마침내 전 유럽에 걸쳐 점차 중세 몰락의 기운이 찾아들기 시작하였습니다.

세계 왕국을 꿈꾸는 칭기즈 칸

서양에서는 중세 사회가 번영기를 맞이하고, 한편으로는 이슬람 제국이 팽창하여 십자군 전쟁이 벌어지는 동안에, 동양의 한쪽 모퉁이에서는 세계 왕국을 꿈꾸는 큰 물결이 밀어닥치고 있었습니다.

그 주역은 중국의 북방 고원에서 유목 생활을 하던 몽골 민족이었습니다. 그들은 본래 물과 초원을 찾아 떠돌아다니는 이동 민족이었지만, 차츰 농경 민족을 정복하여 아시아 전역을 휩쓸고, 나아가 유럽에까지 그 세력을 떨치게 되었는데 그 주인공이 바로 몽골의 칭기즈 칸이었습니다.

칭기즈 칸

몽골 부족은 남녀가 다 기마술에 능했고 메마른 사막과, 고원의 추위를 이겨내며 자랐으므로 참을성이 강하였으며, 용맹스럽고 소박하여 지도자에게 절대로 복종하는 민족이었습니다.

보이는 것이라곤 푸른 하늘과 끝없는 대지뿐인 몽골 고원의 오논 강변 한 부락에 테무친이라고 하는 아이가 태어났습니다. 그 이름은 눈에서 불빛이 나고 얼굴에 광명이 있다는 뜻이었습니다.

아버지 에스게이는 한 부족의 우두머리였고, 어머니는 호에룬이라는 여자로 에스게이가 다른 부족으로부터 약탈해 온 남의 아내였습니다.

테무친이 9살 되던 해에 아버지 에스게이는 타타르 인에게 독살되어 세상을 떠났습니다.

그 후 테무친은 다른 4형제와 함께 어머니인 호에룬의 손에서 자라났습니다. 이 무렵 몽골족의 세력은 보잘것없었으며 생계를 유지하기가 아주 곤란하였습니다. 특히 테무친의 가족들은 아버지의 명성을 시기하는 여러 부족장들의 압력을 받아 더욱 곤경에 처해 있었습니다. 그런데다가 테무친의 부족은 힘이 약해서 번번이 다른 부족의 습격을 받곤 했습니다. 테무친은 몇 번이나 죽을 고비를 넘겼습니다.

17세가 되자 테무친은 불테라는 여자와 혼인을 하여 가정을 꾸려 나갔습니다.

그러던 어느 날 아침 요란한 말발굽 소리와 함께 습격해 오는 무리가 있었습니다. 그들은 테무친의 죽은 아버지인 에스게이와 전부터 원한을 품고 있던 메르키트 부족으로 원한을 풀려고 테무친의 가족을 공격해 온 것이었습니다.

"피하라! 적의 습격이다!"

황급히 외치는 소리에 테무친이 벌떡 일어나 밖으로 나가 보니 적들은 벌써 가까이 다가와 있었습니다. 테무친은 재빨리 어머니를 말에 태워 달아나게 하고 자신도 아우들과 함께 말을 타고 뿔뿔이 헤어졌습니다.

이윽고 적이 사라졌다는 말을 듣고 테무친은 산에서 내려왔습니다. 가족들은 다 무사하였으나 아내인 불테만이 돌아오지 않았습니다. 불테는 적이 쳐들어왔을 때 주춤거리고 있다가 잡혀 그대로 끌려가고 말았던 것입니다.

아내를 빼앗긴 테무친은 분해서 견딜 수가 없었으나 자기 힘만 가지고는 강력한 메르키트 부족을 이길 수가 없었습니다. 그래서 지난날 아버지의 친구였던 케레이트 부족의 완칸과 동맹을 맺어 밤을 틈타 습격을 하였습니다.

뜻밖의 습격에 적은 당황하여 앞을 다투어 도망쳤습니다. 테무친은 이 싸움에서 대승리를 거두고 아내를 되찾았습니다. 그뿐만 아니라 300명이라는 메르키트 부족을 죽이고 여자와 아이들은 노예로 삼았습니다.

이렇게 해서 테무친의 용맹이 몽골 초원에 널리 알려지기 시작하였습니다.

전 몽골 부족을 통일하고 아시아로

테무친이 전 몽골의 부족들을 통일하고 대몽골 제국의 칭기즈 칸으로 그 이름을 떨치기 시작한 것은, 그의 나이 40살 때인 1206년이었습니다.

대몽골 제국의 첫 번째 황제가 된 칭기즈 칸은, 나라의 제도를 정비하기 시작했습니다.

그는 몽골 전역에 걸쳐 지금까지의 십 호, 백 호, 천 호 제도를 확대하여 실시하기로 하고 징병 제도를 완성하였는데, 각 호의 우두머리에게 자기가 지배하고 있는 부락에서 젊고 건장한 청년들을 뽑아 군사 훈련을 시키게 하고 그 대장이 되게 했습니다.

이러한 징병 제도를 완성함으로써 칭기즈 칸은, 자신의 명령 한 마디로 20만 명 이상의 대군을 출동시킬 수 있는 조직을 갖추게 되었습니다.

칭기즈 칸은 또 몽골의 전 지역에 걸쳐서 역전 제도를 완비했습니다. 역전 제도란 각 부락마다 발이 빠른 말을 준비해 두고 급한 일이 일어날 경우, 연락을 취할 수 있게 한 것입니다. 이 제도가 몽골 대륙 전 지역에 실시된 이후로, 사막의 변두리나 산림 깊은 곳에서 일어난 자질구레한 사건이라도 바로 칭기즈 칸에게 알려졌습니다.

칭기즈 칸은 또 몽골 제국의 법전을 만들어, 강력한 대제국의 기초를 튼튼히 다졌습니다.

그 무렵 중국은 금나라가 만주에서 일어나 송나라를 남쪽으로 몰아내고 지금의 북경을 수도로 하여 중국의 북쪽을 차지하고 있었습니다. 금나라는 몽골 칭기즈 칸의 위세를 꺾으려고 군사를 일으켰습니다.

그러나 칭기즈 칸이 그 동안 훈련시킨 기병들과 날쌘 군사들 앞에서 금나라는 너무나 쉽게 무너졌습니다. 단숨에 승리를 거둔 칭기즈 칸은 1215년, 다시 군사를 일으켜 북경성을 점령하여 금나라를 차지했습니다. 그리고 탕구트 족이 세운 서하까지 손에 넣었습니다.

칭기즈 칸의 이때 나이가 48세였습니다.

칭기즈 칸은 또다시 장군 무카리에게 6만 명의 군사를 주어 중국 대륙을 치게 하는 한편, 장군 제베를 중앙아시아의 카라키타이로 진격시켜, 서아시아 정복을 위한 발판을 다지게 했습니다.

이제 유럽으로 통하는 길목에 가로놓인 장애물은 호라즘뿐이었습니다.

호라즘은 지금의 아프가니스탄으로부터 이란, 이라크에 걸친 광대한 영토를 가진 큰 나라였습니다.

이 나라에는 동서양의 문물을 교류시키는 역할을 담당했던 거물급 상인들이 많이 살고 있어, 아시아의 다른 나라들보다 특히 상업이 발달해 있었습니다.

칭기즈 칸은 몸소 군대를 이끌고 호라즘을 치러 떠났습니다. 이것이 그에게 있어서는 몽골 대륙을 떠나 미지의 이슬람 땅으로 뛰어든 최초의 원정이었습니다.

이번 원정에는 큰아들 주치, 둘째 아들 차가타이, 셋째 아들 오고타이, 막내아들 툴루이 등 4명의 아들들이 따랐으며, 전 몽골 제국의 쟁쟁한 장군들이 거의 참가했습니다.

사막을 건너고 산을 넘고 또 강을 건너서, 그들은 계속 서쪽으로 진격했습니다. 그리고 목초가 무성한 발카슈 호반에 이르러 일단 발을 멈추고, 총공격의 태세를 갖추었습니다.

마침내 호라즘의 대도시 부하라 성이, 공격 3일 만에 몽골군의 말발굽에 짓밟혔습니다.

두 왕자, 차가타이와 오고타이가 이끄는 제1군은 그 사이 오트랄 성을 점령했고, 큰아들 주치가 이끄는 제2군은 일 주일 만에 시크나크 성을 점령했습니다. 그리고 타하이 장군이 거느리는 제3군에 의해서 베나케트 성도 무너졌습니다.

1220년, 칭기즈 칸은 호라즘의 최대 도시 사마르칸트에 입성했습니다. 칭기즈 칸은 사마르칸트에 본영을 두고 군대를 분산시켜 호라즘의 모든 도시를 공격했습니다. 마치 휘몰아치는 폭풍 같았습니다.

서아시아를 호령하던 호라즘의 왕 무하마드는 마침내 바그다드를 향해 도망칠 준비를 서둘렀습니다. 이를 알아차린 칭기즈 칸은 쉬지 않고 추격했습니다. 다급해진 무하마드왕은 홀몸으로 카스피 해의 어느 조그만 섬에 피신했다가 그곳에서 병이 나고 말았습니다.

"아아, 그토록 넓은 영토를 다스리던 내가 이제 무덤을 정할 땅마저 없이 죽는구나!"

이것이 무하마드왕의 마지막 말이었습니다.

칭기즈 칸은 쉬지 않고 호라즘의 패잔병을 추격하여, 인도와의 국경 지대인 인더스 강까지 진군했습니다.

칭기즈 칸의 그때 나이가 58세였습니다.

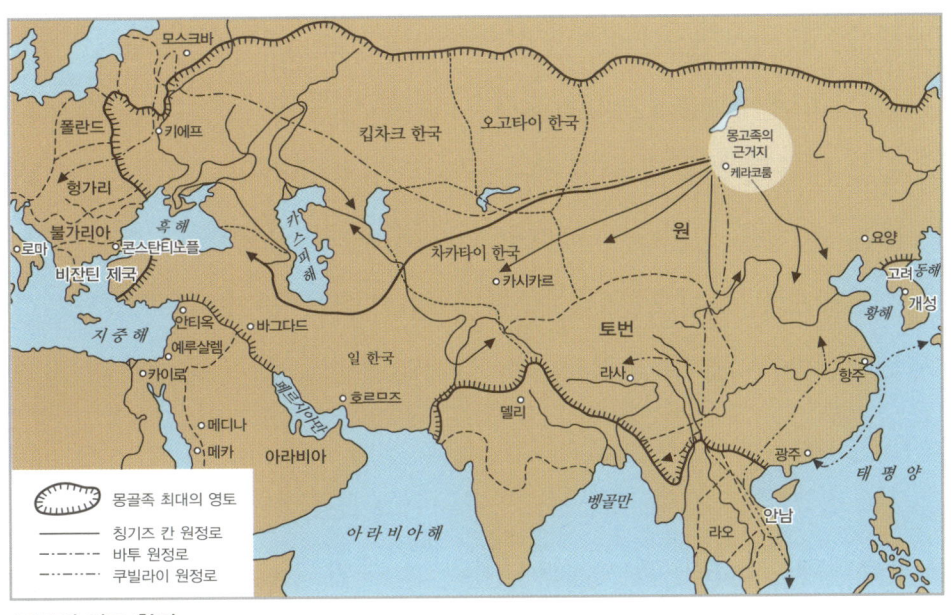

몽골의 영토 확장

그 후 칭기즈 칸은 장기간의 원정으로 인한 피로를 풀기 위해 휴양하던 중, 1227년 파란만장한 영웅의 일생을 마쳤습니다.

그는 그가 정복한 두 대륙의 광대한 영토를 왕자와 아우들에게 골고루 나누어 주었습니다.

장남 주치의 아들 바투에게는 남러시아 알타이 산의 북쪽 지방을, 차가타이에게는 호라즘의 영토를, 오고타이에게는 서하와 금나라를, 그리고 막내 툴루이에게는 몽골의 모든 영토를 주었습니다.

쿠빌라이 황제와 마르코 폴로

칭기즈 칸의 뒤를 이은 셋째 아들 오고타이(태종)는 아버지가 다 이루지 못한 금나라의 평정을 마치고 중국 대륙의 통일을 굳혔으며, 오고타이의 조카인 바투는 남부 러시아는 물론, 유럽을 정벌하여 크리스트교 세계를 공포에 떨게 했습니다.

그는 본국으로 돌아오는 길에, 볼가 강 기슭을 근거지로 킵차크 한국을 세웠습니다. 이로부터 러시아는 약 250년간에 걸쳐 몽골족의 지배를 받았습니다.

칭기즈 칸의 손자인 훌라구는, 서아시아로 진출하여 압바스 왕조를 무너뜨렸습니다. 그리고 그는 페르시아와 그 주변 일대에 일한국을 세웠습니다.

훌라구의 형 쿠빌라이는 이 사이, 뭉케칸(헌종)의 뒤를 이어 대몽골 제국의 최고 지도자로 즉위했습니다.

이 쿠빌라이가 곧 세조이며, 칭기즈 칸 이후 가장 강력한 몽골 제국의 지도자로 그 이름을 떨친 사람입니다.

쿠빌라이는 수도를 오늘날의 북경으로 옮기고 나라의 이름을 '원'이라고 고쳤는데, 그는 우리나라나 일본과도 아주 관계가 깊은 몽골의 황제였습니다.

그가 보낸 몽골 침략군에 의하여 우리나라가 한동안 고통을 당했었고, 동해 바다의 거친 풍랑만 아니었더라면 일본도 우리처럼 몽골군의 침략을 받았을지도 모릅니다.

쿠빌라이는 한때 우리나라를 침입해 잔인한 행동으로 우리 민족을 괴롭혔지만, 또다른 면에서 보면 세계 역사상 아주 드문 훌륭한 정치가의 한 사람으로 꼽혀도 손색이 없을 만한 인물이었습니다.

그는 중국식 정치 제도를 본떠 나라의 기틀을 다지고, 중국의 발달한 문명과 문화를 잘 소화하여 받아들였습니다.

그는 일찍이 솔로몬왕이 그랬던 것처럼 그의 궁전을 크고 화려하게 건설해 놓고, 솔로몬왕의 정원보다 훨씬 더 으리으리한 정원을 만들었습니다.

그런데 이 쿠빌라이 황제 시대에 먼 서양 땅 이탈리아로부터 푸른 눈과 흰 피부를 가진 손님 세사람이 찾아왔습니다.

세 사람 중 한 사람은 소년 마르코 폴로였고, 두 사람은 소년의 아버지인 니코로 폴로와 숙부 마테오 폴로였습니다.

쿠빌라이

마르코 폴로

소년 마르코 폴로는 당시 열일곱 살로, 무역을 하는 아버지와 숙부를 따라 해뜨는 동쪽 나라를 처음으로 여행한 것이었습니다.

폴로 일행은 북경의 쿠빌라이 황제를 찾아갔습니다.

쿠빌라이 황제는 먼 나라에서 찾아온 이들 하얀 얼굴의 나그네들을 반갑게 맞아들여 극진하게 대접한 후, 자신이 알지 못하는 서양에 관하여 여러 가지 궁금한 일들을 물었습니다.

세 사람은 쿠빌라이 황제가 궁금해하는 일들을 자상하고 재미있게 들려주고, 크리스트교에 관해서도 꽤 긴 시간을 들여 잘 설명해 주었습니다.

황제는 폴로 일행이 들려준 서양 세계의 갖가지 신비한 일들에 깊은 흥미를 느꼈습니다. 그래서 그는 폴로 일행을 궁전에 오래 머물게 하면서, 그들을 친구처럼 대접했습니다.

마르코 폴로는 몽골 사람들이 입는 것과 똑같은 옷을 입고, 몽골의 말을 어른들보다도 쉽게 빨리 익혀, 누구하고나 몽골말로 대화할 수가 있었습니다.

쿠빌라이 황제가 폴로 일행을 통해서 서양을 배운 것처럼, 마르코 폴로는 쿠빌라이와 몽골 사람들로부터 동양 세계의 갖가지 신비한 일들을 경험할 수가 있었습니다.

폴로 일행은 곧바로 고향으로 돌아가지 않고 중국에 남아, 17년 동안 많은 곳을 돌아다니며 동양의 신비한 것을 직접 경험했습니다.

그리고 중국을 떠날 때, 쿠빌라이 황제로부터 금은보화 등 값진 선물들을 받았습니다.

그런데 폴로 일행이 고향 베니스로 돌아왔을 때 고향 사람들은 아무도 폴로 일행을 알아보지 못했습니다. 그것은 그들이 너무나 오랫동안 고국을 떠나 있었고, 또 고향 사람들은 폴로 일행을 이미 죽은 사람들로 생각하고 있었기 때문입니다.

그리고 그것은 가족과 친구들도 마찬가지였습니다. 아무도 폴로 일행의 여행 이야기를 곧이들으려 하지 않았습니다. 할 수 없이 폴로 일행은 친척과 이웃 사람들을 초청하여 큰 잔치를 베풀었습니다. 그리고 쿠빌라이 황제의 선물을 그들에게 보여 주었습니다.

루비를 비롯한 온갖 보물들을 본 사람들은 그제서야 비로소 폴로 일행의 말을 믿기 시작했습니다. 그리고 그때부터 마르코 폴로는 '백만 장자 마르코'라 불렸습니다.

마르코 폴로는 뒷날 어떤 글 잘 쓰는 사람에게 부탁하여, 자신의 경험담을 책으로 써서 펴내게 했습니다.

이것이 바로 그 유명한 《동방 견문록》이라는 책입니다.

그런데 마르코 폴로는 훌륭한 이야기꾼이었기 때문에, 그의 책 속에는 수천 명의 손님들이 한꺼

《동방 견문록》의 한 페이지

번에 둘러앉아 식사를 할 수 있는 거대한 식당에 관한 이야기며, 코끼리를 문 채 하늘 높이 날아가는 큰 새 이야기며, 그리고 아라라트 산 꼭대기에 올라앉아 있는 노아의 방주에 관한 이야기 등 과장된 이야기도 많이 섞여 들어갔습니다.

한편, 쿠빌라이 황제가 죽은 후 몽골 제국은 점점 약해져 갔습니다. 집안 형제끼리 서로 황제가 되려고 다투느라 나라가 어지러워졌고, 몽골족의 지배에 억눌려 살아온 중국 한족들이 힘을 모아 반란을 일으켰기 때문입니다.

이리하여 1368년, 몽골족이 세운 원나라의 중국이 끝나고 한족이 세운 명나라가 시작되었습니다.

공포의 흑사병

동양에서 쿠빌라이가 세운 원나라가 중국 한족에 의해 멸망하고 있을 때, 서양에서는 끔찍한 사건이 일어났습니다. 흑사병이 유행한 것입니다.

이 흑사병이 언제 어디서 발생했는지 분명하게 알 수는 없지만, 당시 유럽 사람들은 14세기 이전에 이런 전염병이 생긴 일이 없었으므로 멀리 아시아나 이집트 등에서 발생하여 유럽으로 들어온 것이라고 생각했습니다.

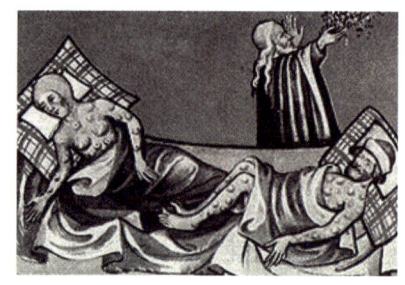

흑사병 환자를 그린 그림

그러나 오늘날에 와서 밝혀진 바에 의하면 흑사병은 1346년경에 크리미아 반도 남부 연안에서 생겨나서, 흑해를 거쳐 당시 지중해 항로를 따라 1347년경에는 온 이탈리아에 퍼졌다고 합니다.

1348년에는 프랑스, 1349년에는 영국, 1350년에는 거의 전 유럽에 퍼져 무서움에 떨게 하였습니다.

흑사병은 페스트의 일종인데, 처음엔 심한 열이 나다가 2~3일 뒤에는 정신을 잃고 고함을 지르며 온몸이 검게 되어서 죽어 가는 아주 무서운 병입니다.

그때는 지금과 같은 약이 없었으므로 환자가 생기면 그 집에 못질을 하고 불을 질러 버리는 일이 고작이었습니다.

농촌이나 작은 마을 중에는 병으로 죽거나 병을 피하여 마을을 버리고 도망가는 바람에 마을이 폐허로 남는 경우가 많았습니다. 그리고 도망갈 때는 페스트균이 떠다니는 공기를 직접 대하지 않으려고 흰 헝겊으로 얼굴을 가리기도 했습니다.

죽은 사람의 영혼을 위해 기도해 주고 남은 사람들의 마음을 달래 주어야 할 교회의 사교나 수도원장, 마을 사제들도 총총 마을을 떠나갔습니다.

대부분 사람들은 흑사병의 원인을 몰라 더 무서움에 떨어야 했습니다. 어떤 사람들은 악마가 공기를 더럽혔기 때문이라고 하여 약초를 태우거나 나무의 액을 구해서 마시는 일도 있었습니다. 또 하늘이 내리는 천벌이라고 믿는 사람들도 있어 흑사병이 유행하는 동안 기도만 하면서 위엄 있게 죽어 가는 경우도 있었습니다.

그러나 이보다 더 널리 퍼진 끔찍한 유언비어는 누군가 물에 독을 탔

흑사병 유행 기간 동안 벌어진 유럽 인들의 유대 인 학살

다는 것이었습니다. 그리하여 평소에 미움을 받던 유대 인들이 억울하게 죄를 뒤집어써, 생매장되거나 불 속에 던져져서 타 죽어 갔습니다.

유대 인들이 이렇게 당하게 된 것은 크리스트교 신자들이 평소에 미워해 온 이교도였다는 점과, 지금도 그렇지만 유대 인들은 상술이 뛰어나서 돈을 너무 잘 벌었기 때문이었습니다.

또 다른 기막힌 사건은 사이비 종교 집단의 광적인 행동이었습니다. 완전한 알몸이거나 반나체의 남녀가 찬송가를 부르며 손에는 십자가와 못이 박혀 있는 가죽끈을 들고 도시와 도시를 돌아다녔습니다. 그들은 거리를 다니면서 그 가죽끈으로 자신의 맨살을 채찍질하여 살점이 찢어지고 온몸이 피투성이가 되었습니다.

이 미치광이 짓들은 흑사병과 함께 프랑스, 오스트리아, 네덜란드, 영국, 스웨덴 등 유럽 각지로 번져 갔습니다. 이들은 흑사병을 신의 천벌이라 여기고 자기 몸을 채찍질하는 이러한 고행을 통해 신의 노여움을 푼다고 떠들어 댔습니다.

그러나 이렇듯 모든 유럽인들을 공포의 도가니로 몰아넣었던 흑사병도 1348년을 고비로 천천히 고개를 숙이기 시작하였습니다.

그 사이에 유럽의 인구는 3분의 1 이상이 사라졌습니다. 한 예로 프랑스의 파리를 살펴보면 총인구 15만 명 중에서 5만 명이 죽었다고 합니다.

《데카메론》을 지은 보카치오는 책머리에 피렌체를 덮친 페스트에 의

한 참상을 다음과 같이 생생하게 전하고 있습니다.

> 헤아릴 수 없이 많은 시체가 모든 사원에서 마치 경쟁이라도 하듯이 시시각각 운반되어 왔으니…… 전통적인 관습에 따라 각자의 안식처에 안치시키는 일은 생각할 수도 없을 뿐 아니라 묘지에 시체를 다 매장할 수조차 없게 모든 묘지가 만원이 되자 엄청나게 큰 구덩이를 파고 그 안에 새로 실려 온 시체들을 한 번에 수백 명씩 넣고 배의 화물처럼 층층이 겹쳐 쌓아 한 층마다 흙을 그 위에 덮었습니다만 마지막에 가서는 구덩이도 가득 차고 말았습니다……. 3월부터 7월까지 10만 명의 영혼이 이 도시 피렌체의 성벽 안에서 죽었던 것입니다.

백 년 전쟁과 잔 다르크

중세 유럽에 있어서 또 하나의 큰 사건으로는, 영국과 프랑스가 아주 오랫동안 싸운 '백 년 전쟁'을 들 수 있습니다.

1337년, 이 무렵의 영국 왕은 에드워드 3세였습니다.

에드워드 3세는 욕심이 많은 사람이었습니다. 그는 자신이 다스리는 섬나라 영국 땅만으로는 도저히 만족을 느낄 수가 없었습니다.

그는 프랑스의 왕 샤를르 4세가 아들을 낳지 못하고 죽자, 자기가 프랑스의 왕이 될 자격이 있다고 주장했습니다. 에드워드의 어머니인 이사

벨라가 샤를르 4세의 딸이므로 핏줄로 따져 보면 자신이 가장 가까운 사이라는 것이었습니다. 이런 엉터리 같은 주장을 프랑스 왕이 들어줄 리가 없었습니다.

그때 프랑스에서는 샤를르 4세의 사촌 형제인 발로아 백작이 이미 필립 6세로 추대되어 왕위에 올라 있었습니다. 그래서 에드워드 3세는 프랑스를 힘으로 빼앗기 위해 전쟁을 일으켰습니다.

이것이 저 유명한 백 년 전쟁의 시작이었으며, 이 전쟁은 역사상 가장 긴 전쟁으로 우리에게 알려져 있습니다.

전쟁은 프랑스의 북쪽 해안의 클레시라는 한 작은 마을에서 불붙었습니다.

도버 해협을 건너 상륙한 영국 군대의 병사들은 대부분 평민 출신의 장비도 초라한 보병들이었고, 이에 맞서는 프랑스 군대의 병사들은 상류 계급 출신의 그럴듯한 기사들이었습니다.

그들은 육중한 투구와 근사한 갑옷으로 몸을 감싼 채 대부분 말을 타고 싸웠습니다. 프랑스군의 기사들은 영국군의 초라한 보병들을 깔보면서, 잔뜩 자만심에 부풀어 있었습니다.

그러나 이것은 큰 잘못이었습니다. 영국군에게는 그때 대포라는 신무기가 있었던 것입니다.

대포가 그렇게 많지는 않아서 대부분은 활이나 칼, 창 같은 재래식 무기들에 의존하고 있었지만, 그래도 이따금씩 쏘아 대는 영국군의 대포는 참으로 위력적이었습니다.

마치 맑게 갠 하늘에서 천둥과 번개가 치는 것 같았습니다. 물론 이때의 대포가 적에게 치명상을 입힐 만큼 그렇게 성능이 좋은 것은 아니었을 테지만, 그러나 대포라는 무기를 처음 구경하는 프랑스 기사들로서는 대포 터지는 소리만으로도 충분히 기겁을 할 노릇이었습니다.

기사들보다 우선 말들이 놀라서 길길이 날뛰었고, 기사들은 허둥지둥 도망치기에 바빴습니다.

첫 싸움은 이렇게 해서 간단히 끝났습니다. 기사들의 체면은 이제 말이 아니었습니다. 그리고 이것은 곧, 기사와 갑옷과 창과 방패와 이밖의 모든 봉건 제도의 찌꺼기들이 그 값어치를 잃게 되었음을 뜻하는 것이기도 했습니다.

그러나 클레시의 전투는 다만 백 년 전쟁의 시초에 불과하였습니다.

영국군은 승리의 여세를 몰아 칼레를 함락시켜 프랑스를 침공하는 발판으로 삼았습니다.

그리고 한동안 양국은 조용히 지냈습니다. 그러나 그때 앞서 말한 무서운 흑사병이 전 유럽에 퍼져, 전쟁으로 고통을 겪고 있는 사람들에게 또다른 아픔을 주었습니다.

2년여에 걸쳐 유럽 전역을 휩쓸던 전염병이 물러가고, 사람들은 다시 죽음으로부터 일어섰습니다.

그러나 또다시 전쟁이 일어났습니다. 싸움터는 여전히 프랑스 땅이었습니다. 전세는 여전히 프랑스 쪽이 불리했습니다. 영국군의 지휘자는 에드워드 3세의 아들 흑태자 에드워드였습니다. 항상 검은 갑옷을 입고 출전하는 그의 모습에 프랑스 기사들은 벌벌 떨며 '흑태자'란 별명을 붙여 주었습니다. 아니나 다를까, 이번에도 프랑스가 패배를 해 많은 금화

와 프랑스 영토 중의 일부를 영국에게 내 주었습니다.

1376년 영국에서는 흑태자가 죽자, 리처드 2세가 열 살의 어린 나이로 왕위에 올랐고, 프랑스에서는 열두 살의 샤를르 6세가 즉위하여 두 나라의 정치는 혼란할 대로 혼란해졌습니다.

그러는 가운데 프랑스는 계속 지기만 해, 이제는 영국에 항복해야 할 상황에 이르렀습니다.

바로 그때, 파리의 남쪽 오를레앙 성에 살고 있던 한 가난한 농부의 딸이 위기의 프랑스를 구하기 위해 홀연히 칼을 들고 일어섰습니다.

그녀는 16세의 어린 소녀로, 소녀의 이름은 잔 다르크였습니다.

잔 다르크는 자신이 하느님의 천사로부터 계시를 받았다고 주장했으나 사람들은 소녀의 말을 믿으려 하지 않고, 그를 불쌍히 여겼습니다.

"오, 가엾기도 해라! 이 마을에서 가장 착한 처녀였는데 머리가 돌다니, 쯧쯧!"

그러나 잔 다르크는 황태자를 찾아가 자기에게 군대를 맡겨 달라고 청원했습니다.

잔 다르크

처음엔 황태자도 잔 다르크의 당돌한 청원에 한동안 어리둥절해했으나, 그녀의 너무나도 간절한 호소에 감동하여 마침내 군대를 내주었습니다.

잔 다르크는 곧 군대를 이끌고 전선으로 향했습니다. 오랜 전쟁의 패배로 풀이 죽어 있던 프랑스 병사들의 사기가 갑자기 하늘을 찌를 듯이 솟구쳐 올랐습니다.

열여섯 살의 소녀 대장 잔 다르크는 마치 하느님이 프랑스를 구하기 위해 내려 보낸 천사와도 같았습니다.

백전 백승, 승리는 언제나 잔 다르크의 군대에게 돌아갔습니다.

영국군 병사들은 잔 다르크의 용맹에 기가 질려서, 그녀를 악마가 보낸 마녀라고 생각하면서 맞서 싸우기를 겁냈습니다.

대승리를 거둔 잔 다르크는 이제 파리를 공격하여 프랑스의 수도를 되찾을 때라고 생각했습니다. 그러나 계획을 실천에 옮기기도 전에 잔 다르크는 영국군에게 사로잡히고 말았습니다.

위기에 처한 콩피에뉴를 구하기 위해 적을 쫓다가 자신도 모르는 사이에 영국군의 군대 속으로 깊숙이 들어가고 만 것입니다. 영국 사람들은 그녀를 화형에 처하기로 했습니다.

그런데 그 당시에는 포로가 되었더라도 돈만 내면 풀려날 수가 있었습니다.

그래서 사람들은 누구나, 프랑스 왕이 곧 몸값을 지불하고 그 나이 어린 애국 소녀를 구해 낼 것이라고 생각했습니다.

그러나 프랑스 왕은 잔 다르크의 죽음을 모른 체해 버렸습니다.

돈이 아까워서가 아니라, 잔 다르크의 공로를 시기하는 주변 신하들의 압력에 눌려서 자기 마음대로 할 수가 없었던 것입니다.

그리하여 1431년 5월, 마침내 잔 다르크는 기름이 부어진 장작더미 위에 올려져 화형을 당하고 말았습니다.

재판 중에 잔 다르크를 가엾게 여긴 사람이,

"네가 저지른 일이 모두 마녀의 짓임을 인정하고, 하느님께 잘못을 고

백하면 죽음은 면할 수 있다."

하고 여러 번 말했지만, 용감한 잔 다르크는 끝내 자기 주장을 굽히지 않았습니다.

"나는 하느님의 뜻에 따랐을 뿐입니다."

잔 다르크의 간절한 애원에 의해, 사형 집행인이 나뭇가지를 꺾어 급하게 만들어 준 작은 나무 십자가도 그녀와 함께 불탔습니다.

그리고 그로부터 얼마 후, 영국군은 그들이 100년 전에 건너왔던 도버 해협을 건너 그들의 나라로 물러갔습니다.

이로써 기나긴 백 년 전쟁이 막을 내린 것입니다.

근대 국가의 기틀

백 년 전쟁의 싸움터가 된 프랑스는 막대한 피해를 입었습니다. 기름진 땅들이 황폐해지고 많은 백성이 죽었습니다.

그러나 이러한 막대한 피해를 입었음에도 불구하고 프랑스가 근대적인 통일 국가로 발전하는 데 백 년 전쟁은 두 가지의 큰 기틀을 마련해 주었습니다.

그 하나는 예전에 영국에게 빼앗겼던 영토를 다시 되찾은 것이고, 다른 하나는 잔 다르크로 인해 프랑스 국민들 마음 속에 국가에 대한 애국심이 싹텄다는 점입니다.

프랑스에서는 14세기 초부터 삼부회라는 의회가 있었습니다. 또 14세기 중엽부터 백 년 전쟁이 끝날 무렵까지 약 백 년 동안에 각 지방에도 지방 삼부회가 여러 곳에 생겨났습니다.

그러나 말이 의회일 뿐 성직자, 귀족, 시민의 대표가 한자리에 모여 국왕의 요구대로 세금을 승인해 주는 것이 고작이었습니다.

지금처럼 국민의 대표들이 한자리에 모여 나라의 모든 문제를 의논하는 의회하고는 엄청난 차이가 있었습니다. 더구나 삼부회에는 농민이나 수공업자 등 하층 계급의 대표는 참가하지도 못했습니다.

한편, 영국은 프랑스의 삼부회와는 조금 다른 의회 제도가 발달하였습니다. 즉, 프랑스에는 지방 삼부회가 있었으나 영국에는 지방 의회가 없이 전국적인 의회만 있었습니다.

또 하나 중요한 차이점은 프랑스 삼부회에서는 기사들을 비롯한 하급 귀족의 대표가 제외되었으나, 영국 의회에는 하급 귀족들의 진출이 활발하였습니다.

영국의 의회는 15세기에 들어서면서 크게 발전하였습니다. 곧 의회의 승인 없이는 세금을 부과할 수 없었고, 의회 안에서는 토론의 자유가 있었으며 신체의 자유가 보장되는 등 의회 제도의 기본 원칙이 이미 이 무렵에 마련되었습니다. 그리고 15세기 후반 헨리 6세 때에는 하원이 직접 법안을 만들 수 있는 정도까지 발전해 나갔습니다.

11세기부터 서북쪽의 여러 크리스트교 나라들이 이슬람을 남쪽으로 밀어내고 서서히 이베리아 반도를 차지하기 시작하였습니다.

이리하여 13세기에는 반도의 대부분이 크리스트교 신자들의 손 안에 들어가게 되었는데, 그 중 카스틸랴와 아라곤, 그리고 포르투갈의 세 왕국이 가장 크고 힘이 세었습니다.

그 후 1479년, 카스틸랴의 여왕 이사벨라와 아라곤의 왕 페르디난드가 결혼함으로써 두 왕국이 합쳐져 지금의 스페인인 에스파냐 왕국이 되었습니다.

페르디난드왕은 이베리아 반도 끝머리에 붙어 있던 이슬람의 나라 그라나다를 정복하여 이슬람을 반도에서 완전히 내몰았습니다.

한편, 12세기에 카스틸랴에서 완전히 떨어져 나온 포르투갈도 15세기 후반에는 힘이 아주 강한 왕국으로 성장하였습니다.

동유럽에서는 노르만족이 세운 러시아가 동로마 제국으로부터 그리스 정교와 황제의 칭호를 물려받아 통일 국가로 발전하였습니다.

지금 모스크바에 있는 크레물린 궁전은 바로 이 시대에 세워진 것입니다. 러시아를 부흥시키고 '차르(황제)'라는 칭호를 처음 사용한 이반 3세 때에 세워진 크레물린 궁전은 그 후 역대 러시아 황제의 궁전이 되었습니다.

한편, 다뉴브 강변에는 마자르족이 헝가리 왕국을 세웠으며, 14세기 말에는 폴란드가 리투아니아와 합쳐져서 힘센 나라로 등장하였습니다.

독일엔 신성 로마 제국이 남아 있었는데 그것은 옛날의 로마 제국 같은 하나의 왕국은 아니었습니다.

신성 로마 제국에서는 봉건 영주들의 힘이 막강해서 각각 자기네 영토를 스스로 다스리고 있었고, 제국의 황제는 나라를 통일하기보다 교황과 세력을 다투는 일에 더 골몰하였습니다.

그러한 상황이다 보니 나라가 통일이 될 수가 없었고, 도리어 3백여 개의 작은 땅으로 나누어졌습니다.

이탈리아 역시 밀라노 공국이나 나폴리 왕국 같은 봉건 영주들의 영토와 도시들로 제각기 나뉘어 통일된 국가를 이루지 못하였습니다.

이처럼 독일, 이탈리아를 제외한 유럽의 여러 나라는 중앙 집권 통일 국가로서 기틀을 닦고 봉건 제도에서 벗어나, 근대 국가를 마련하기 위하여 준비하고 있었던 것입니다.

한편, 나라가 통일되어 국왕의 권력이 강해지는 것과는 반대로 교황의 권력은 차츰 약해져 갔습니다.

또 중세 초기에는 기사, 성직자, 농민의 세 계급 중에서 성직자와 기사가 지배자로서의 권력을 가지고 있었습니다. 그러던 것이 중세 후기에

는 사회의 새로운 세력으로 시민 계급이 나타나 점차 경제적 실력을 갖추어 가면서 국왕을 도와 나라를 강하게 하는 반면, 기사나 성직자들의 지위를 빼앗아 갔습니다.

경제 제도 역시 자급 자족의 원시 농업 사회에서 벗어나 넉넉한 상품 생산과 교환 경제 시대의 막을 열었습니다.

근대 국가와 근대 사회는 이러한 시민 계급의 등장에 따라 이루어져 갔습니다. 이러한 움직임이 합세하여 근대의 시작인 '르네상스'라는 꽃망울을 터뜨리게 된 것입니다.

르네상스

고대 그리스 로마 시대를 끝내면서 시작된 약 1천여 년 동안의 중세 유럽은 크리스트교가 중심이 되어 모든 것이 교회가 정한 딱딱하고 엄숙한 테두리 안에 갇힌 셈이었습니다.

교회의 힘이 너무나 강해서 아무도 그 뜻을 거스를 수가 없었습니다.

그러나 십자군 전쟁이 끝난 뒤부터 교회의 힘이 약해지자 크리스트교의 온갖 규율을 깨뜨리고 그 옛날 그리스 로마 시대의 문화를 다시 뒤쫓기 시작했습니다.

긴 세월에 걸친 십자군 원정을 통하여 동방 세계에 대한 새로운 생각을 하게 되고, 나침반이며 화약 같은 것들이 전해져 사람들의 개척 정신이 높아지기 시작하면서부터 인간의 참 모습을 깨닫기 시작하였습니다.

이러한 바탕 위에 사람들은 옛 문화를 받아들이면서 자기들의 머리와 손으로 새로운 문화를 이루기 시작하였습니다. 이같은 새로운 문화의 움직임을 르네상스라고 합니다.

'르네상스'란 다시 태어난다는 뜻인데, '문예 부흥'이라고 부르기도 합니다. 잃어버린 문화와 문명을 오늘에 되살린다는 뜻이 이 말 속에 담겨져 있습니다.

14~16세기에 일어난 이 운동은 처음에는 문학, 미술, 건축 등 예능 분야에서 먼저 시작되었으나 뒤에는 서양인의 모든 사상과 생활 방식에도 커다란 영향을 끼쳤습니다.

르네상스는 이탈리아에서 제일 먼저 시작되었습니다. 이탈리아에는 옛날 그리스 로마 문화의 모습이 아직도 남아 있었습니다.

뿐만 아니라 십자군 전쟁을 위해서는 이탈리아의 항구를 이용해야 했는데, 이곳을 통해 동방의 색다른 문화가 쉽게 들어왔습니다. 그리하여 동양과 서양을 이어 주는 지중해 무역을 독차지할 수 있는, 지리적으로 좋은 조건을 지니고 있었던 베네치아, 피렌체, 제노바 등이 발전하였습니다.

르네상스 시대의 예술인들

이탈리아 르네상스의 특징은 주로 문예 부분이었습니다.

이탈리아 중부에 있는 도시인 플로렌스에서는 단테, 페트라르카, 보카치오 등 르네상스의 3대 문호로 일컬어지는 작가들이 탄생했습니다.

단테는 《신곡》이라는 유명한 서사시를 쓴 시인으로서, 절세의 미인인 베아트리체와의 이룰 수 없었던 사랑의 이야기로 우리에게 잘 알려져 있습니다.

그는 신곡 외에도 《신생》, 《향연》 등 많은 훌륭한 책을 썼습니다.

페트라르카는 이탈리아의 르네상스를 대표하는 시인으로서, 라우라라고 하는 프랑스 여인과의 사랑을

단테

노래한 연애 시집 《칸초니에레》를 쓴 사람인데, 유럽 근대 문학의 창시자로 불리울 만큼 문학에 대단한 업적을 남겼습니다.

보카치오는 《데카메론》이라는 유명한 풍자 소설을 쓴, 근대 산문 문학의 최고 작가입니다. 《데카메론》은 1348년, 흑사병을 피하여 플로렌스 교외의 한 별장에 모여든 3명의 청년 신사와 7명의 숙녀들이 나눈 이야기를 간추려 엮은 소설입니다.

보카치오는 흑사병으로 인하여 우울해진 사람들을 위로하기 위해 이 책을 썼습니다. 그래서 온갖 계급의 사람들이 등장하고, 추악한 죄악, 우스꽝스러운 행동, 타락한 성직자들의 모습이 잘 그려져 있습니다.

단테나 페트라르카, 보카치오 같은 문학가들 외에도, 르네상스를 무르익게 하는 데 이바지한 학자나 사상가들은 아주 많습니다. 그 중의 한 사람이 바로 마키아벨리입니다. 마키아벨리도 역시 플로렌스에서 태어났는데, 그는 당대의 가장 뛰어난 역사가이자 정치 이론가였습니다.

그는 당시 정치적인 분열과 갈등으로 시달리는 조국 이탈리아를 주변의 강대국들로부터 안전하게 지켜 나가자면, 무엇보다도 강력하고 독재적인 새로운 성격의 정치 지도자가 나와야 한다고 생각했습니다.

그의 이 같은 생각을 담은 책이 바로 그 유명한 《군주론》입니다.

그는 정치를 종교로부터 분리시켜야 하고, 또 정치 지도자인 군주는 특별한 경우에는 목적을 위하여 수단과 방법을 가리지 말아야 한다고 주장했습니다.

그의 이러한 주장을 '마키아벨리즘'이라고 하는데, 지금까지 세상의 많은 독재 정치가들이 이 마키아벨리즘의 이론을 제멋대로 악용하여 자신들의 잘못을 변명하는 도구로 내세우곤 했습니다.

르네상스 시대의 수많은 예술가들 중 가장 뛰어난 사람으로 꼽히는 사람은 미켈란젤로입니다. 그는 조각가 겸 건축가였으며 또 시인이기도 했는데, 작품을 만들거나 쓰는 데 긴 세월을 소비하지 않았습니다.

대부분의 조각가들은 조각을 할 때 먼저 진흙으로 모형을 만들고 그것을 본떠서 돌에 새기거나, 아니면 모형 그 자체에 쇳물을 부어 굳히는 식으로 하나의 작품을 완성하는데, 미켈란젤로는 모형 따위는 무시하고 처음부터 곧장 돌을 쪼아 작품을 만들었습니다.

그는 다른 조각가들이 쓰다가 버린 대리석 조각을 주워 다윗의 훌륭한 조각품을 완성했으며, 영혼이 깃들어 살아 있는 듯한 모습의 '모세' 상을 창조해 내기도 했습니다.

로마에 있는 시스티나 성당의 천장에 그려진 천지 창조의 장엄한 정경, 그리고 최후의 심판을 묘사한 대벽화 등이 모두 그의 걸작들입니다.

미켈란젤로는 거의 아흔 살까지 살았는데, 그는 일생 동안 친하게 사귄 사람이 아무도 없이 예술에만 몰두하며 고독하게 살았습니다.

미켈란젤로와 같은 시대에 라파엘로라는 또 한 사람의 훌륭한 화가가 있었습니다.

라파엘로는 미켈란젤로와는 달리 늘 여러 사람들에게 둘러싸여 떠들썩하게 살았습니다. 그에게는 친구와 제자들이 많았습니다. 라파엘로는 어린 예수를 안고 있는 마리아의 아름다운 모습을 여러 가지로 그렸는데, 그 중의 하나가 바로 그의 대표작인 〈시스틴의 성모〉입니다.

또 한 사람의 위대한 예술가로 레오나르도 다 빈치를 꼽을 수 있습니다.

다 빈치의 자화상

모나리자

어려서부터 그림 그리기를 좋아했고, 조각도 어린 아이답지 않게 멋진 솜씨로 해치웠기 때문에 어른들로부터 칭찬을 많이 들었습니다.

〈최후의 만찬〉, 〈모나리자〉 등은 우리에게 너무나도 잘 알려진 작품입니다.

〈모나리자〉는 4년 동안 작업하고도 미완성 작품으로 남게 되었는데, 그 이유는 다 빈치가 작품에 온갖 정성을 기울인 탓도 있지만, 초상화의 주인공인 리자가 여행 도중 병에 걸려 죽었기 때문입니다.

다 빈치는 또한 발명가로서도 천재적인 능력을 갖고 있었습니다. 그의 발명품은 용수철에 축적된 에너지를 이용하여, 달리는 자동차에서부터 무거운 물건을 들어 올리는 소형 기중기, 준설선, 하늘을 나는 배, 명주 기계(방직기) 등 모든 방면에 뛰어난 재능을 발휘했습니다.

유럽으로 퍼져 나간 르네상스

이렇게 화려하게 시작된 이탈리아의 르네상스는 외세의 침입으로 점차 시들게 되고, 르네상스의 중심은 알프스를 넘어 유럽 전역에 퍼져 나갔습니다.

네덜란드에서는 16세기 최대의 인문주의자로 칭송받는 에라스무스가 출현하여 교회 성직자들의 타락을 공격하는 글을 써서 민중을 계몽하고 있었으며, 영국에서는 《유토피아》의 작가 토머스 모어가 날카로운 현실 비판의 글을 써서 잠자는 민중의 마음을 흔들었습니다.

독일에서는 신학자 멜란히톤이 나와 중세 교회의 잘못을 꼬집으며 신앙의 진실을 외쳤습니다.

그런가 하면 훌륭한 문학 작품들도 곳곳에서 쏟아져 나왔습니다.

스페인 작가 세르반테스는 중세의 기사도를 풍자하여 《돈 키호테》라는 걸작을 남겼습니다.

프랑스의 라블레는 《가르강튀아의 모험》이라는 소설을 통하여 고전의 중요성과 자유분방한 르네상스의 정신을 강조했습니다.

세르반테스

영국에서는 《캔터베리 이야기》로 유명한 초서의 뒤를 이은 위대한 극작가가 한 사람 태어나 눈부시게 활약했습니다. 바로 《로미오와 줄리엣》의 작가인 셰익스피어입니다.

일찍이 영국의 대문호인 토머스 칼라일은 이렇게 말하였습니다.

"영국은 인도는 잃어버려도 셰익스피어를 잃어버릴 수는 없습니다."

셰익스피어의 예술이 얼마나 위대했던가를 짐작

《돈 키호테》의 한 장면

할 수 있는 말입니다.

　셰익스피어의 〈햄릿〉은 〈오셀로〉, 〈맥베드〉, 〈리어왕〉과 함께 그의 4대 비극 중의 하나이자, 최고 걸작이기도 합니다.

르네상스의 3대 발명품

르네상스 시대에는 교회의 간섭을 물리치고 자연을 올바르게 보며, 배움을 소중히 할 줄 알았기 때문에 과학이나 기술의 발전이 두드러졌습니다.

　그 중의 하나가 나침반을 이용해 바다를 항해하게 된 것입니다. 나침반이 생기기 전까지만 해도 유럽의 모든 뱃사람들은 거의 눈대중으로 배의 방향을 잡아 항해하였습니다.

　물론 해나 별을 보고 방향을 추정하는 수도 있었지만 날씨가 나쁠 경우, 그것은 불가능한 일이었습니다. 그런 날엔 아무리 유능한 선장도 눈가린 어린애와 마찬가지였습니다. 그래서 나침반이 없던 시대에는 모두들 먼 바다에 나가기를 꺼려했습니다.

　그러나 이제는 나침반의 요술 바늘이 가리키는 방향에 따라 배를 몰기만하면 먼 바다나, 또는 집으로 안전하게 항해할 수 있게 된 것입니다. 그리고 이것은 신대륙을 찾아내는 위대한 계기를 만들어 주었습니다.

　그리고 또 하나는 화약이었습니다. 1300년 이전에는 총이나 대포 같은 무기가 없었습니다. 전쟁에서 사용되는 무기는 고작해야 활과 칼, 그리고 창밖에 없었습니다.

그러나 화약이 생기자 사정은 완전히 달라졌습니다.

그때까지 기사들이 입고 있던 투구나 갑옷도 더 이상 필요 없게 되고 말았습니다. 갑옷이 총탄을 막을 수 없었기 때문입니다.

그리고 화약과 대포를 사용함으로써 긴 창을 든 채 말을 타고 싸우던 봉건 기사들이 사라졌습니다.

화약의 발명에 대해서는, 동서양 사람들의 의견이 서로 다릅니다.

서양 사람들은 마르코 폴로가 중국에서 화약을 만드는 기술을 알아오기 전에 이미 어떤 영국 수도사가 이것을 만드는 법을 알고 있었다고 주장하고 있고, 또 화약뿐만 아니라 나침반을 만드는 법까지도 알고 있었다고 주장합니다.

그러나 동양 사람들의 생각은 그렇지 않습니다. 화약은 중국 삼국 시대에 이미 사용되고 있었으므로 그 발명은 훨씬 오래 전이라는 것입니다. 실제로 900년경의 중국 역사를 살펴보면, 화약을 이용한 갖가지 병기들이 전쟁에 사용되었다는 것을 증명하고 있습니다. 또 나침반도 중국에서는 이미 200년경인 전국 시대에 사용되었다고 전해집니다.

어쨌든 이 두 가지의 발명은 우리 인류에게 커다란 영향을 끼쳤고, 르네상스를 촉진시키는 역할을 했습니다.

나머지 또 하나의 발명품은 금속 활자입니다.

1440년 이전까지만 해도 유럽에는 활자로 인쇄하여 펴낸 책이 단 한 권도 없었습니다.

사람이 일일이 손으로 베껴서 묶어 놓은, 이른바 필사본은 물론 있었

구텐베르크

지만 그것도 일부 특권 계급만이 읽을 수 있었습니다. 그런데다 값이 매우 비싸서, 예를 들면 성경 같은 책은 웬만한 집 한 채를 팔아도 살 수가 없었습니다.

그런데 1450년에 독일의 구텐베르크라는 사람이 서양에서는 최초로 활자를 발명하여 한꺼번에 많은 책을 찍어 내는 기술을 보급시켰습니다.

글자의 모양을 조각하여 만든 판 위에 잉크를 칠하고, 거기에다 종이나 천을 덮어 눌러, 원하는 수량만큼의 복사판을 찍어 내는 방식이었습니다. 이것이 곧 인쇄였습니다.

그런데 이것은 우리나라보다 약 200년쯤 뒤떨어진 기술이었습니다. 우리나라는 이미 1200년대 고려 시대부터 구텐베르크의 활자보다 훨씬 더 과학적인 방법으로 금속 활자를 발명하여 사용하고 있었던 것입니다.

그러나 어떻든 구텐베르크의 활자 발명은 나침반과 화약의 발명과 함께 유럽 사회를 급속하게 변화시키는 데 중요한 역할을 하였습니다.

구텐베르크의 활자 인쇄 기술이 맨 먼저 이룩한 업적은 성경책이었습니다. 그것은 독일어나 영어가 아닌 라틴 어 성경책이었습니다.

옛날에는 읽고 쓸 수 있는 사람은 수도사, 대학생, 학자, 신학 박사 등으로 한정되어 있어서 성경책이 인쇄되기 전에는 이들만이 성경을 가지고 있

인쇄된 성서

었습니다. 그런데 활자 발명 이후에는 어떤 신분의 사람이라도 성경을 가질 수 있었고, 읽을 수 있게 되었습니다.

자기가 지은 시를 노래로 읊조리고 다니던 시인들은 노래 대신 시집을 펴냄으로써 자신의 사상과 감정을 많은 사람들에게 전했고, 철학자들도 이제는 광장에서 사람들을 모아 놓고 자신의 생각을 강연하는 대신, 그것을 책으로 써서 현재는 물론 먼 훗날까지도 영원히 전해질 수 있게 되었습니다.

그리하여 호머의 《일리아드》가 책으로 나오고, 헤로도토스의 《역사》가 책으로 엮어져 사람들에게 보급되었습니다. 그리고 마르코 폴로의 《동방견문록》도 나왔습니다.

콜럼버스의 모험

이탈리아 반도의 북쪽에 위치한 항구 도시 제노바에 콜럼버스라는 항해사가 있었습니다. 그는 마르코 폴로의 《동방 견문록》을 읽고 일찍부터 신대륙을 발견하겠다는 꿈을 지니고 있었습니다. 그는 마르코 폴로가 육지로 낙타나 말을 타고 2년에 걸쳐 간 동방을 배를 타고 바다로 갈 작정이었습니다.

'세계가 정말로 둥글다면, 동쪽으로 항해한 마르코 폴로가 인도에 닿았듯이 서쪽으로 항해해도 똑같이 인도 땅에 다다를 수 있을 것이다.'

콜럼버스는 이렇게 생각하면서 자신의 신념을 더욱 굳혔습니다.

그는 많은 사람들을 찾아다니며, 자신의 모험을 후원해 달라고 청원했습니다.

그러나 후원자는 쉽게 나타나지 않았습니다. 오히려 모두들 콜럼버스를 바보라고 비웃었습니다. 그 당시 사람들은 바다에 관해 전해져 내려오는 이야기에 불안해하고 있었습니다.

"저 바다는 끝에 가서는 폭포로 되어 있고, 또 무서운 괴물이 나타나 배들을 모두 삼켜 버린다는데……."

과학이 채 발달하지 않았기 때문에 사람들은 '지옥 같은 불바다' 또는 '지구의 절벽' 따위의 미신 같은 이야기들을 정말로 믿었던 것입니다. 그러므로 먼 바다로의 항해는 특히 수평선 너머로의 항해는 무서운 불안을 의미하였습니다.

마침내 콜럼버스는 포르투갈이라는 나라로 후원자를 찾으러 갔습니다. 그 당시 포르투갈의 서울인 리스본에는 탐험가와 모험을 즐기는 사람들이 많이 모여들고 있었습니다.

그는 포르투갈 왕을 찾아가 자신의 계획을 설명하고 도움을 청했습니다.

그러나 그 무렵, 포르투갈 왕은 남아프리카 우회 항로 개척에 정신이 쏠려 있어, 콜럼버스의 말을 자세히 들으려고도 하지 않았습니다.

콜럼버스는 낙심하여 이번에는 에스

콜럼버스

페르디난드 왕과 이사벨라 여왕

파냐로 갔습니다. 그런데 에스파냐의 페르디난드 왕과 이사벨라 여왕은 콜럼버스의 계획을 듣고는 선뜻 콜럼버스를 돕겠다고 나섰습니다.

특히 이사벨라 여왕은, 경비가 모자란다면 자신의 보석을 팔아서라도 지원을 아끼지 않겠다고 할 정도로 이 계획에 열성적이었습니다.

1492년 8월, 마침내 콜럼버스는 기함 산타마리아호를 비롯한 니냐, 핀타 등 세 척의 배에 120명의 선원을 나누어 태우고 에스파냐의 팔로스 항을 떠났습니다.

배는 해가 지는 서쪽을 향하여 기운차게 전진했습니다. 열흘이 지나고 스무 날이 지나고, 그러다가 달이 바뀌고…….

아무리 가도 육지는 보이지 않고, 폭풍우와 뱃멀미가 시작되자 선원들은 콜럼버스에게 이쯤에서 모험을 포기하고 그만 돌아가기를 탄원했습니다. 더 이상 가는 것은 미친 짓이라고 그들은 떠들었습니다. 실제로 두 달이 가까워지도록 그들의 눈앞에는 아무것도 나타나는 것이 없었습니다.

"조금만 더 나아가자. 인도가 아니더라도 어디든 육지를 찾아내기만 한다면, 그것으로 만족하고 돌아가기로 하겠다."

그러나 이렇게 약속을 한 이후 한 달이 넘어도, 콜럼버스 일행의 눈앞에 육지는 나타나지 않았습니다.

마침내 선원들은 반란을 일으킬 준비를 하였습니다.

"콜럼버스 선장을 죽이고 에스파냐로 돌아가자."

"더 나아가면 괴물이 있는 폭포가 나온다."

그러자 이 사실을 눈치 챈 콜럼버스는 선원들을 불러 모아 격려를 하

고 조금만 참아 주기를 부탁했습니다.

그리고 마침내 10월 12일, 지쳐 있는 선원들에게 희망의 목소리가 들렸습니다.

"어이, 육지다! 육지가 보인다!"

한 선원의 외침에 모두들 벌떡 일어났습니다. 콜럼버스는 뛸 듯이 기뻤습니다.

그는 선원들에게 더 빨리 배를 몰라고 명령했습니다.

성스러운 주님의 땅

세 척의 배가 육지에 닿고, 선원들은 몇 달 만에 맛보는 흙냄새에 취하여 미친 듯이 춤을 추었습니다.

이렇게 발견된 것이 파나마 제도의 한 섬으로, 콜럼버스는 '산살바도르'라는 이름을 붙였습니다. 산살바도르란 스페인 어로 '성스러운 주님의 땅'이란 뜻입니다.

콜럼버스는 이 땅이 인도의 일부라고 생각했습니다. 그리고 이 땅에 살고 있는 원주민들을 인도 사람이라고 생각하여 그들을 '인디언'이라고 불렀습니다.

콜럼버스는 그 후 주위의 섬들을 탐험하고 1493년 3월 에스파냐로 돌아왔습니다.

그리고 섬의 상황을 이사벨라 여왕에게 보고하였습니다.

　　섬에는 훌륭한 송림과 광대한 평야가 있으며 꿀과 여러 가지 새들, 그리고 갖가지 과실들이 열려 있습니다. 좀 깊숙한 오지로 들어가면 광산이 가득하며 인구도 수없이 많습니다.
　　이 섬은 산과 평원과 황야가 풍부하며, 토지는 경작과 파종 또는 각종 방목에 그리고 도시나 마을의 건설에 적합한 아름답고도 윤택한 섬입니다.
　　……그들은 신앙을 갖고 있지 않으며 우상을 숭배할 줄도 모릅니다만 힘과 선은 하늘에 있다고 믿고 있으며, 우리들 일행을 하늘로부터 내려온 사람이라고 믿고 있습니다. 그래서 그들은 나를 두려워하면서도 대단히 공손하게 맞아 주었습니다. 그들은 예리한 지혜를 가지고 있으며, 그 주변 일대의 바다를 항해하며 모든 것을 잘 이해하고 있습니다.
　　또한 그들은 애정이 풍부하고 욕심이 없으며 무슨 일에든 적격입니다. 이 세상에서 그들 이상으로 선량한 사람들도 없을뿐더러 그 이상 좋은 땅도 없다는 것을 두 분 폐하께 증언합니다.

에스파냐의 왕과 여왕은 콜럼버스를 반갑게 맞이했습니다. 하지만 신하들은 그렇지 않았습니다.
"흥, 누구라도 서쪽으로만 갔으면 할 수 있는 일 아닌가?"
그 소리를 들은 콜럼버스는 씁쓸한 미소를 지으며 달걀 한 개를 집어 들고 말했습니다.
"그럼 당신들 중에 이 달걀을 세울 수 있는 사람이 있으면 어디 해 보

시오."

그러자 사람들은 '그쯤이야!' 하면서 앞다투어 달걀을 건네받았습니다. 그러나 아무도 달걀을 세우지 못했습니다.

"내가 해 보이겠소."

콜럼버스는 보란 듯이 달걀을 집어 들고, 달걀의 뾰족한 부분을 탁자 위에 툭 쳐서 약간 깨뜨린 다음 똑바로 세웠습니다.

"그렇게라면 나도 할 수 있소."

사람들은 투덜거렸습니다. 그러자 콜럼버스는 힘 있게 말했습니다.

"방법을 알면 누구든 할 수 있소. 신대륙의 발견도 이와 마찬가지요. 하고 나면 아무것도 아닌 것 같지만, 맨 처음 탐험하여 발견하는 것이 어려운 일이오."

 그 후 콜럼버스가 인도라고 생각했던 산살바도르는, 아메리고 베스푸치라는 탐험가에 의해 인도가 아니라 신대륙이라는 사실이 밝혀졌습니다. 그래서 그의 이름을 본따 '아메리카'라 부르게 되었습니다.

 그리고 포르투갈의 항해사 바스쿠 다 가마는 아프리카 남쪽 희망봉을 돌아 인도까지 가는 데 성공하였습니다.

변화하는 유럽

 새로운 인도 항로의 개척과 신대륙 아메리카의 발견으로, 유럽 대륙에는 큰 변화가 닥쳐왔습니다.

 우선 유럽 인들이 귀중하게 사용하였던 동양의 산물들이 새로운 인도 항로를 통하여 대량으로 수입되어 값이 싸졌을 뿐 아니라 솜, 차 등 새로운 물품이 소개되었고, 신대륙에서는 감자, 담배, 코코아, 설탕, 커피 등이 새로 들어와 유럽 인의 일상생활이 달라졌습니다.

 또한 신대륙에서 풍부하게 발견된 금과 은이 유럽으로 많이 들어왔습니다. 포르투갈의 헨리는 아프리카 서해안 지방에서 황금이 많이 나오는 광산을 찾아내었으며, 에스파냐의 코르테스와 피사로는 멕시코와 페루를 정복하여 굉장히 많은 금과 은을 빼앗았습니다.

 이 두 사람은 악명 높은 정복자로 유명한데, 코르테스는 원래 쿠바를 통치하였으나 원주민들을 너무 잔혹하게 다루어 인구가 급격히 감소하

자, 새로운 정복지를 찾아나섰던 것입니다.

이들 외에도 모든 정복자들은 금과 은을 약탈하는 데 광분하여 광산 개발과 에스파냐의 담배, 면화, 커피 등을 생산하는 대형 농장에 인디언들을 내몰아 혹사시켰습니다. 그뿐 아니라, 성의 축조나 도로, 교회 건설 등 토목 공사에 많은 인디언들이 동원되었는데, 때로는 안데스의 고산과 계곡을 넘어 1,000킬로미터 이상 걸어 공사 현장으로 가야 하는 경우도 있었습니다.

포르투갈과 에스파냐는 신대륙의 발견으로 유럽에서 가장 강한 나라가 되었습니다. 특히 에스파냐의 필립 2세는 포르투갈까지 병합하여 정말로 '해가 지지 않는 제국'을 세웠습니다.

그러나 신대륙으로부터 들어온 막대한 금과 은은 유럽 경제에 큰 영향을 미쳤습니다.

물가가 오르고 돈의 값어치가 떨어지는 현상이 일어났는데, 그 정도가 매우 심각하여 16세기 초를 기준으로 약 1세기 동안에 두 배 이상 세 배까지 물가가 치솟았습니다. 이것이 바로 뒤에 '가격 혁명'이라고 불린 것입니다.

한편, 스스로 닦아 놓은 원주민들의 문명은 이러한 유럽 인들의 침략을 받아, 멸망하거나 변하게 되었습니다. 마야 문명과 잉카 문명, 안데스 문명, 그리고 아즈텍 문명 등이 16세기 전반에 서양의 침략을 받아 멸망한 대표적인 보기라고 할 수 있습니다.

이 중에서 특별히 마야 문명과 잉카 문명에 대해 살펴보자면, 마야족은 기원전 1500년경, 중앙아메리카와 멕시코 남부에 농경 문화의 기초를 쌓아, 기원전 3세기 말부터 문명 단계로 접어들었습니다.

테노치티틀란

신전인 피라미드를 중심으로 도시 국가가 생겨나 사회는 귀족, 신관, 평민, 노예 등 4계급으로 나눠졌으며 천문학과 역학의 발달이 이루어졌습니다.

그리고 12세기 말부터 아즈텍족이 멕시코 고원으로 침입해, 텍스코코 호수 중앙에 '물의 도시' 테노치티틀란(지금의 멕시코시티)을 건설하여, 15세기에는 태평양에서 멕시코 만 일대에 이르는 대제국으로 발전하였습니다.

그러나 이들은 모두 에스파냐 군대에 의해 멸망하고 말았습니다.

한편, 해발 4,000미터에 이르는 남미의 안데스 고원에도 기원전 8천 년경부터 신석기 시대에 속하는 사람들이 살고 있었습니다. 그 후 이들에 의해 갖가지 문화가 발달되어 10세기 이후에는 거대한 잉카 제국으로 발전하게 되었습니다.

잉카 제국에는 산악 지대에도 훌륭한 계단식 밭이 만들어져 있고, 석조 건축 기술도 돌과 돌 사이에 면도칼 하나 들어갈 틈이 없을 정도로 정교합니다. 그리고 의학도 뇌수술까지 할 정도로 발달했습니다.

잉카 문명의 유적지인 페루의 마추픽추

그러나 이 화려한 제국도 한 정복자에 의해 무너지고 말았습니다.

에스파냐의 피사로는 겨우 186명의 군대

를 이끌고 잉카 제국에 침입하여 간계한 술책으로 잉카 제국의 황제 아타우알파를 붙잡아 처형하고 잉카 제국을 멸망시켰습니다.

마르틴 루터

중세가 끝나고 근대에 접어든 유럽 세계에 르네상스 말고도 또 하나의 새로운 움직임이 있었습니다.

잘못되어 가는 크리스트교를 올바르게 바꾸자는 '종교 개혁'이었습니다. 르네상스의 바람을 타고 알프스를 넘은 이 불길은, 100년이 지난 후 다시 독일에서 거세게 일어나 전 유럽을 달아오르게 했습니다.

비텐베르크 대학의 신학 교수이며 가톨릭 교회의 설교사인 마르틴 루터가 주동이 되어 일으킨 종교 개혁의 불길이 바로 그것이었습니다.

루터는 신학 박사 학위를 받기 위해 로마에 갔을 때의 일들을 잊을 수 없었습니다. 교회는 하느님께 예배드리는 곳이 아니라 정치를 하는 곳이고, 그 교회에서 봉사하고 있는 성직자나 감독들은 하느님을 섬기기보다 훌륭한 미술품으로 교회를 꾸며 놓고 호화로운 생활을 하는 데만 정신이 팔려 있었습니다.

루터는 그때 큰 실망을 안은 채 독일로 돌아와 교수로서 성서를 강의하기 시작한 것입니다.

개혁 운동의 직접적인 불씨는 교회의 면죄부 판매 행위였습니다.

마르틴 루터

면죄부란, 잘못을 저지른 사람의 죄를 교회가 돈을 받고 용서해 주면서, 죄가 씻어졌다는 표시로 내주는 일종의 증서였습니다.

아무리 큰 죄를 지은 사람도 돈을 많이 내고 면죄부를 사면 용서를 받게 된다는 것이었습니다.

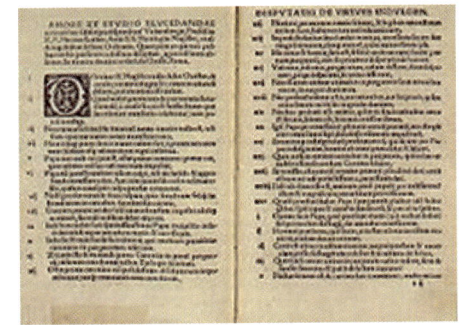
95개조 반박문

로마 교황청이 발행한 면죄부의 행렬이 독일로 점점 가까이 다가오기 시작하자, 마르틴 루터는 마침내 95개조 반박문을 통해 교회가 저지르고 있는 잘못된 점 95가지를 들어, 그것의 개혁을 요구하는 설교를 시작했습니다.

> 하느님은 돈으로 인간을 심판하지 않습니다.
> 면죄부에 의해서 죄인이 구원받을 수 있다고 가르치는 교회나 그것을 믿는 사람은 바보입니다.
> 진심으로 뉘우치고 하느님의 가르침을 실천하는 사람이면 면죄부 없이도 천국에 들어갈 수 있습니다.

루터의 주장은 곧 커다란 논란거리가 되었습니다. 교황은 루터에게 사람을 보내어 그를 타이르려고 했지만, 루터는 들은 체도 하지 않았습니다.

당황한 교황은 크게 화를 내며 편지를 보냈습니다.

"50일 이내에 의견을 취소하지 않으면 파문시키겠습니다."

그러나 루터는 교황의 편지를 사람들이 보는 앞에서 불태워 버렸습니다.

교황은 신성 로마 제국의 황제 카를 5세에게 루터를 처단하라고 엄명을 내렸습니다. 카를 5세는 교황의 명령에 순종하여 1521년 루터를 보름스 제국 의회에 출두하라고 불렀습니다.

그러나 루터는 카를 5세 앞에서도 아주 당당했습니다.

"나는 교황을 믿는 것이 아니라 하느님을 믿습니다. 나는 성서와 양심 밖에 다른 아무런 진리도 가지고 있지 않습니다."

그곳에 모여 있던 사람들은 감동한 얼굴로 중얼거렸습니다.

"저 수도사야말로 믿음의 영웅이다."

카를 황제의 신하들은 한결같이 루터를 화형에 처해야 한다고 주장했지만, 카를 황제는 그를 그냥 돌려보내고 다만 루터가 쓴 모든 책의 판매를 금지하였습니다.

루터의 친구들은 루터의 신변을 보호하기 위해 일부러 그를 가두어 버렸습니다. 감옥에 있는 한, 아무도 그를 해치지 못할 것이라고 생각한 때문이었습니다. 루터는 갇혀 있는 동안, 라틴 어로 씌어 있었던 성경을 독일어로 번역했습니다. 이것이 바로 최초의 독일어판 성경책이었습니다.

많은 사람들이 루터를 지지하고 나섰습니다. 가톨릭 교회의 사제들 중에서도 루터의 종교 개혁안에 찬성하여, 교회와 수도원을 떠나는 이들이 늘어갔습니다.

그들은 가톨릭의 예배 절차를 뜯어고

바르트부르크 성
루터가 신약 성서의 독일어 번역을 하면서 숨어 지낸 곳이다.

치고, 그들 나름대로 새로운 예배 의식을 제정했습니다.

그들은 그들의 교파를 스스로 '신교'라 부르고, 교황을 중심으로 한 가톨릭 교회를 '구교'라고 일컬었습니다.

구교의 가톨릭 신자들과 루터가 이끄는 신교 신자들은 같은 하느님을 믿고 같은 성경 말씀을 지키면서도, 파가 다르다는 이유로 늘 충돌을 했습니다.

그러자 카를 황제는 그의 넓은 영토 안에서 일어나는 신교와 구교 간의 잦은 충돌로 크게 골치를 앓았습니다.

그리하여 마침내 신성 로마 제국의 황제 카를 5세는 독일 제후국들의 종교적 분열을 막기 위하여 1529년 2월, 독일 제후국들이 로마 가톨릭식으로 예배드릴 것을 강요하여, 루터의 종교 개혁은 최대의 어려움에 맞닥뜨리게 되었습니다.

그러자 루터는 독일 신교 제후국들이 이에 굴복하지 말고 나아가 싸울 것을 독려하기 위하여 구약 성서 시편 46편의 내용을 바탕으로 시를 지었습니다. 그리고는 그 작품에 손수 곡을 붙여 교인들에게 부르게 하였습니다. 불굴의 믿음이 넘쳐 흐르는 이 찬송가는 위태로운 지경에 빠진 크리스트교 신자들에게 무한한 힘과 용기를 주었습니다.

루터를 따르는 교회는 독일의 북부 지방을 중심으로 덴마크, 스웨덴, 노르웨이 등지로 점점 더 퍼져 나갔습니다.

이리하여 마르틴 루터는 기독교 역사에 가장 위대한 업적을 남기고, 1546년 2월 18일에 세상을 떠났습니다.

농민 전쟁

루터의 종교 개혁 운동이 진행됨에 따라 이와 관련하여 여러 가지 사건이 일어났습니다.

그 중에서도 농민 전쟁이 중요합니다.

루터의 종교 개혁을 가장 열렬히 받아들인 것은 농민들이었습니다.

교회의 압박과 제후들로부터 고통받던 농민들은 루터의 '신 앞에서의 평등'에 자극받아 대규모 농민 반란을 일으켰습니다.

그러나 루터는 이 시기의 농민 반란에 대하여 악마와 같은 폭행이라고 하며 매우 반대하였습니다.

독일 농민 전쟁

처음에는 루터도 농민들 편에 서 있었지만, 토마스 뮌처가 중심이 되어 빈농들이 반란을 일으켜 농노제 폐지와 재산의 공유 등을 요구하며 교회나 수도원 등을 약탈하기 시작하자, 루터는 농민을 비난하며 제후들에게 탄압할 것을 권고하였습니다.

제후들은 루터의 주장에 힘을 얻어 잔혹한 방법으로 반란을 진압하기 시작했습니다.

반란이 진압되자 마침내 1555년 아우크스부르크의 의회에서 루터의 주장이 인정되어 백성들은 가톨릭교나 루터파 중 어느 것을 선택하여도 좋다고 결의하기에 이르렀습니다.

또다른 종교 개혁을 단행한 영국 왕 헨리 8세

영국 왕 헨리 8세는 교황이 신뢰하는 독실한 가톨릭 신자였습니다. 그런데 헨리 8세에게는 뒤를 이을 아들이 없었습니다. 그래서 헨리 8세는 아들을 낳지 못하는 왕비 캐더린과 이혼을 하고 새 왕비를 맞아들이기로 결심했습니다. 결심을 굳힌 헨리 8세는 가톨릭 신자는 어떤 이유에서든 이혼을 할 수 없다는 규칙을 알면서도 교황에게 자신의 사정을 호소하였습니다.

그러나 교황은 아주 냉정히 헨리 8세의 요청을 거절했습니다. 이 일로 헨리 8세는 자존심이 크게 상하여 앞으로는 절대로 교황의 명령이나 간섭을 받지 않겠다고 선언하고, 새 왕비를 맞아들였습니다.

그는 자신의 이혼 및 재혼을 둘러싸고 빚어진 교황과의 불화에도 불구하고, 정통 가톨릭의 교리와 예배 절차를 가능한 지키려고 애썼으며, 신교가 영국 땅에서 번지는 일을 결코 반가워하지도 않았습니다.

헨리 8세가 원한 것은, 자신의 이혼을 법적으로 인정받는다는 개인적인 욕망과 함께, 영국 안에 있는 모든 교회에 대하여 국왕으로서의 권위를 세운다는 것이었습니다.

그리고 이제 그것들이 이루어진 이상, 헨리 8세로서는 더 큰 욕심을 부릴 이유가 없었습니다.

그러나 그는 루터파의 종교 개혁과는 또다른 방향에서 가톨릭 교회의 제도들을 뜯어고쳤습니다.

　그는 교회의 성직자들로 하여금 교황보다 국왕에게 더 충성할 것과, 지금까지 로마 교황청으로 납부하던 교회 관계의 세금도 모두 국왕에게 바치도록 했습니다.

　그는 유럽의 많은 신교 국가들이 수도원을 해산한 것처럼, 영국 안에 있는 대부분의 수도원들을 폐지하고, 수도원이 갖고 있던 모든 토지와 재산들을 빼앗아 왕실의 것으로 만들어 버렸습니다.

　헨리 8세는 일생을 통하여 무려 6명의 여자와 결혼을 했습니다. 그러나 여섯 차례의 결혼이 모두 불행했으며, 그는 마지막으로 선택한 왕비가 죽기 전에 먼저 세상을 떠났습니다.

　그에게는 두 명의 딸과 한 명의 아들이 있었습니다.

　큰딸 메리는 이혼한 첫 번째 왕비 캐더린과의 사이에서 났고, 둘째 딸 엘리자베스는 두 번째 왕비 앤 불린과의 사이에서 났으며, 헨리 8세의 뒤를 이어 왕위에 오른 에드워드는 세 번째 왕비의 소생이었습니다.

　에드워드 왕자는 왕이 된 후 에드워드 6세로 불렸는데, 그는 9세에 왕위에 올라 16세에 그만 세상을 떠나고 말았습니다.

메리 여왕

　에드워드 6세의 뒤를 이은 것은 메리였습니다.

　메리 여왕은 열렬한 가톨릭 신자로서, 정통 가톨릭 교회의 권위와 제도를 부활시키려고 온갖 노력을 다했습니다.

교회를 종교 개혁 이전의 상태로 되돌려 놓는 것이 메리 여왕의 포부였습니다. 그녀는 자신의 이 같은 정책에 반대하는 성직자와 신교의 신자들을 나라 밖으로 추방하거나 또는 죽였습니다.

메리 여왕은 영국의 모든 성직자 8,800명 중 2,000여 명을 추방했고, 캔터베리의 대주교 크랜머를 비롯한 300여 명의 신교도들을 화형에 처했습니다.

영국 역사상 일찍이 없었던 이 같은 종교적 박해를 겪고 난 영국 사람들은 한결같이 치를 떨었습니다. 그들은 여왕을 '피의 메리'라고 불렀습니다.

메리 여왕은 에스파냐의 왕 펠리페 2세와 결혼했는데, 펠리페 2세도 메리 여왕과 마찬가지로 신교에 대하여 아주 가혹한 사람이었습니다. 그는 메리 여왕과 힘을 합쳐, 네덜란드를 비롯한 주변의 여러 신교 국가들을 탄압했습니다.

그러나 메리 여왕은 왕위를 오래 지키지 못하고 왕위에 오른 지 5년 만에 세상을 떠났습니다.

무적 함대를 격파한 엘리자베스

메리의 뒤를 이어, 동생인 엘리자베스 튜더가 여왕이 되었습니다.

엘리자베스 여왕

　엘리자베스 여왕은 언니인 메리 여왕과 모든 점에서 정반대인 여자였습니다.

　그녀는 메리 여왕이 신교를 박해한 것과는 달리, 오히려 신교도들을 옹호하고 구교도들을 박해했습니다. 그녀는 일찍이 그녀의 아버지 헨리 8세가 했던 것처럼, 자신을 영국 교회의 우두머리라고 선포하면서 로마 교황에 대하여 또다시 반기를 들었습니다.

　그녀는 당시 스코틀랜드의 여왕이며 자신의 친척이기도 한 메리 스튜어트가 열렬한 가톨릭 신자이고 또 자신의 정책에 반대하는 사람이라고 하여 그녀를 감옥에 가두어 버렸습니다.

　메리 스튜어트 여왕은 19년 동안이나 감옥에 갇혀 있다가 끝내 그 감옥에서 죽고 말았습니다.

　엘리자베스 여왕은, 여자이면서도 남자 이상으로 활달한 여왕이었습니다. 그리고 그녀의 주변에는 능력 있고 충성스런 신하들이 많았습니다.

　그녀는 형부인 에스파냐 왕 펠리페 2세의 무적 함대를 전멸시켜 영국 해군의 위력을 드높이기도 했습니다.

　그녀가 처음 왕위에 오를 때만 해도 유럽 세계에서 가장 강력한 나라는 에스파냐였으나, 얼마 후 이 강대국은 여왕이 다스리는 한 작은 섬나라에 눌려 맥없이 그 기세가 꺾이고 말았습니다.

에스파냐 무적 함대의 패배

　에스파냐의 무적 함대를 격파한 영국은

해외 식민지 개척에도 힘을 기울여 '동인도 회사'를 세우는 등 밖으로도 힘을 떨쳤습니다.

동인도 회사란 17세기 초 동양에 대한 무역권을 도맡기 위하여 동인도에 세운 회사입니다. 후추, 커피, 사탕, 면포 등 동인도의 특산품 무역을 독점하였는데, 그것 때문에 분쟁이 계속되어 나중에는 식민지 분쟁으로 번지기도 했습니다.

극장의 심부름꾼에서 위대한 극작가로

엘리자베스 여왕이 영국을 다스리던 시대의 일 중 가장 중요하게 취급해야 할 것은, 셰익스피어의 등장입니다.

셰익스피어는 스트랫퍼드 온 에이븐이라는 작은 마을에서 태어났습니다.

그의 아버지는 당시 읍장까지 지낸 마을의 유지였는데, 1577년부터 집안이 기울었기 때문에 셰익스피어는 6년간의 학교 공부를 마친 후 더 이상 진학을 못하고 혼자서 공부를 해야 했습니다.

1582년 18세 때 앤 해서웨이와 결혼하여 런던으로 옮겨 살았는데, 이때 셰익스피어가 생계를 위하여 선택한 일자리는 바로 극장이었습니다. 극장에 구경을 온 사람들의 말이나 마차를 지키는 것이 그가 맡은 일이었습니다.

셰익스피어

셰익스피어가 태어난 집

　그는 조금도 불평 없이 일하며 얼마 후에는 연극하는 배우들을 불러내는 일도 맡아 보았습니다. 그리고 가끔씩 연극의 단역 배우 노릇도 하고, 틈틈이 연출가의 일을 돕기도 하면서 극작술을 익혀 나갔습니다.
　열세 살까지밖에 학교를 다니지 못했던 그는, 다른 공부에는 별로 흥미를 느끼지 못하고 그 당시 세계에서 유명하다는 책은 모조리 읽었습니다. 그때부터 셰익스피어는 한 줄기의 냇물, 한 송이의 꽃, 한 마리의 새 소리도 평범하게 보고 듣지를 않았습니다.
　그가 《로미오와 줄리엣》을 처음 발표했을 때, 사람들은 비로소 그의 천재성을 알아보고 그를 떠받들기 시작했습니다.
　그는 자기가 쓴 희곡을 자신이 직접 연출하여 무대에 올림으로써, 계속 인기를 끌었습니다.
　사우댐프턴 백작의 열렬한 후원과 주선으로 그는 엘리자베스 여왕의 궁정에까지 자유롭게 출입을 하게 되었고, 여왕은 셰익스피어의 재능을 누구보다도 아끼고 칭찬했습니다.
　셰익스피어는 곧 영국 최고의 극작가가 되었습니다.
　그는 명성을 얻고 돈을 벌게 되자 다시 고향으로 돌아와 만년을 보내다가 1616년, 52세의 나이로 세상을 떠났습니다. 그동안에 장시 2편, 소네트(14행시) 154편, 희곡 37편이라는 엄청난 걸작들을 세상에 남겼습니다.

그의 무덤에는 지금도 수많은 사람들이 찾아와 꽃다발을 바치고 있습니다. 그리고 유명한 극장에서는 아직도 그의 희곡을 상연하고 있으며, 그의 작품은 세계 각국어로 번역되어 출판되고 있습니다.

30년 전쟁과 유럽의 혼란

백 년 전쟁으로 영국의 세력을 몰아낸 프랑스에서는 16세기에 이르러 르네상스의 꽃이 피었습니다. 그러나 프랑스 역시 귀족 간의 싸움은 물론이고 종교 때문에 조용할 날이 없었습니다.

알렉상드르 뒤마의 대표작 가운데 하나로, 《삼총사》라는 역사 소설이 있습니다. 이 소설 속에는 부르봉 왕조 초기의 프랑스의 모습이 아주 생생하게 잘 그려져 있습니다.

> 거의 매일같이 소동이 일어났습니다. 프랑스의 어느 도시에서든 싸움이 그치는 날이 없었습니다. 귀족은 귀족끼리 싸웠고 국왕은 추기경과 으르렁거렸습니다. 그리고 곳곳에서 도적들이 일어나 국민들을 괴롭혔습니다. 에스파냐도 프랑스의 적이었습니다.

소설 《삼총사》의 주인공 달타냥은 남프랑스의 한 작은 마을에서 몰락

한 귀족 집안의 아들로 태어났습니다.

1625년, 달타냥은 큰 뜻을 품고 파리에 올라와 국왕 루이 13세의 총대사에 들어가 활약을 합니다.

이 이야기 속에는 실재했던 당시의 재상 리슐리외 공과 루이 13세의 왕비 도트리시, 그리고 이들을 둘러싼 아토스, 프르토스 등이 나옵니다.

리슐리외는 추기경으로서 루이 13세의 정치를 돕다가 비상한 재능을 인정받아, 곧 재상의 자리에 오른 사람이었습니다.

그는 20년 동안이나 재상 자리에 있었는데, 정치에 있어서 그의 첫째 목표는 국왕의 존엄을 지키는 일이며, 두 번째의 목표는 프랑스의 영원한 평화와 번영이었습니다.

그는 자신의 이 같은 정치적 신념을 이룩하기 위해, 먼저 외국의 간섭을 억제하는 동시에 국내의 귀족과 신교도 및 가톨릭 안의 과격한 세력들을 억누르는 데 온 힘을 기울였습니다. 그는 군대의 통수권을 국왕에게 넘기고 따로 비밀 경찰을 두어, 왕비를 포함한 모든 왕족들의 반란 음모를 조사하게 했습니다.

리슐리외는 프랑스의 제2인자였습니다. 아니, 어쩌면 국왕보다 더 많은 권력을 쥐고 있었는지도 모릅니다. 그런데 이 리슐리외가 프랑스를 통치하던 시기에 또 한 차례 긴 전쟁이 유럽에서 일어났습니다. 이 전쟁은 30년 동안이나 계속된 싸움이어서, 이 전쟁을 '30년 전쟁'이라고 부릅니다.

30년 전쟁은 나라와 나라 사이의 영토를 둘러싼 전쟁이 아니라, 같은 하느님을 믿는 구교의 가톨릭과 루터가 시작한 신교의 신자들 사이에 일어난 종교 전쟁이었습니다.

리슐리외는 가톨릭 국가인 프랑스의 실권자로서 그 자신이 열렬한 구교 신자였지만, 같은 가톨릭 국가인 오스트리아와 싸우느라고 신교도의 편을 들게 되었습니다.

　유럽에 있는 대부분의 나라는 두 갈래로 갈라졌으며, 독일은 가장 격심한 전쟁터가 되었습니다. 멀리 유럽의 북쪽에 있는 스웨덴, 덴마크까지 이 전쟁에 가담을 했습니다.

　당시 스웨덴의 왕은 '북방의 사자'로 불리던 구스타브 아돌프였습니다. 그는 용사 중의 용사였고, 전 유럽의 왕들 가운데 가장 정의롭고 신사적인 왕이었습니다. 그는 신교의 신자였습니다.

　그는 전쟁이 일어나자, 곧 독일로 진격하여 신교도의 편을 들어 싸웠습니다. 구스타브왕의 스웨덴군은 훌륭한 장비와 기동력으로 구교도의 황제 군을 무찔렀습니다. 그러나 용맹한 구스타브왕도 황제 군의 발렌슈타인 장군과의 싸움에서 그만 전사를 하고 말았습니다.

　하지만 황제 군의 영웅 발렌슈타인의 수명도 그리 길지는 못했습니다. 1634년, 그는 부하의 손에 암살을 당하여 사자 왕의 뒤를 따랐습니다.

　이 해에 스웨덴군도 에스파냐군과 연합한 황제 군에게 패했고, 지금까지 뒷전에서 싸움을 부추기던 프랑스가 직접 싸움에 뛰어들었습니다.

　이렇게 되어 스웨덴, 에스파냐, 오스트리아, 프랑스의 4개국 군대가 독일을 싸움터로 하여 긴 세월에 걸친 전쟁을 계속했습니다.

　독일은 완전히 폐허로 변했습니다. 그리고 흑사병이 또 한 차례 유럽을 휩쓸었습니다.

　서양의 역사상 최초의 대규모 국제 회의가 열린 것은 바로 이때였습니다.

'30년 전쟁'의 막을 내리게 한 베스트팔렌 조약

1648년, 전 유럽의 66개 제후국의 대표들이 베스트팔렌에 모여 회의를 열었습니다. 그리고 '베스트팔렌 조약'이라는 유명한 평화 조약을 맺었습니다. 그리하여 1618년에 시작된 전쟁이 30년 만에 막을 내린 것이었습니다.

전쟁에 이겨서 특별히 이득을 본 나라는 프랑스와 스웨덴이었고, 크게 손해를 본 나라는 독일이었습니다.

그러나 베스트팔렌 조약에 의해서 모든 사람들이 누리게 된 보상은 종교의 자유였습니다. 어떤 나라든지 이제는 자유 의사에 따라 신교나 구교를 선택해서 믿을 수가 있게 된 것입니다.

혼란에 빠진 프랑스 왕실

30년 전쟁을 뒤에서 조종했던 프랑스가 베스트팔렌 조약의 체결로 전쟁을 마무리한 후, 실질적으로 얻어 낸 수확은 컸습니다.

독일의 영토이던 알사스 지방의 대부분을 얻어 냈고, 메츠, 투르 등 라인 강 서쪽의 땅이 모두 프랑스의 영토로 흡수된 것입니다.

이로써 프랑스는 서유럽 세계의 최강대국으로 군림하게 되었고, 프랑스의 왕실은 절대적인 왕정 체제의 기초를 닦게 되었습니다.

이것은 재상이었던 리슐리외의 업적이라고 해도 지나치지 않을 정도로, 그 계획이 모두 그의 머리에서 나온 것이었습니다. 그런데 리슐리외는 30년 전쟁이 막바지로 접어든 1642년에 그만 병으로 세상을 떠났습니다. 그리고 몇 달 후엔 리슐리외가 충성을 다하여 보좌했던 루이 13세마저 그의 뒤를 따라 세상을 떠났습니다.

새로 왕위를 물려받은 루이 13세의 아들 루이 14세는, 그때 겨우 5살이었습니다. 그래서 어머니인 도트리슈가 어린 왕을 대리하여 정사를 돌보았습니다.

그녀는 로마 교황의 사절로 프랑스에 왔던 마자랭이라는 이탈리아 사람을 재상으로 임명하고, 정치의 여러 가지 실무적인 일들을 맡아 보게 했습니다.

하지만 자존심이 강한 프랑스 국민들이 이를 환영할 리가 없었습니다. 고등 법원의 판사들도 국민의 편을 들어 일제히 반발했습니다. 그리하여 마침내 마자랭과 고등 법원이 충돌을 하기에 이르렀습니다.

마자랭은 고등 법원의 판사 2명을 잡아 가두고 이들의 반발을 누르려 했는데, 결과는 오히려 더 나빠지고 말았습니다. 파리의 시민들이 들고일어났던 것입니다. 그리고 전국 곳곳에서 시위가 그치질 않았습니다. 국민과 왕실과의 이 같은 불화는 장장 5년이나 계속되었습니다.

그러나 귀족들까지 가세한 몇 차례의 반란이 있었지만 마자랭은 그때마다 위기를 잘 수습하여, 1652년에는 전국의 반란 세력을 모두 소탕해 버리는 데 성공했습니다. 이렇게 되자 어쩔 수 없이 국민들도 마자랭의 실력과 수완에 굴복할 수밖에 없었습니다.

　마자랭도 서서히 자신감을 갖게 되었고, 프랑스의 정치는 이제 완전히 그의 손아귀에서 놀아나게 되었습니다.

　그는 프랑스 국민들로부터 존경받는 지도자는 절대 아니었지만, 프랑스 왕실을 위해서는 리슐리외 못지않게 유능하고 꼭 필요한 재상이었습니다. 적국인 에스파냐의 공주와 루이 14세의 결혼을 성사시켜, 두 나라 사이의 오랜 불화를 해소시킨 것도 마자랭이었습니다.

　그런데 이 마자랭이 죽고 나자, 프랑스에는 또다시 혼란이 일었습니다. 마자랭의 세력에 눌려 숨을 죽이고 있던 많은 귀족들이 모두 야심을 품고, 서로가 서로를 모략하며 권력 싸움을 벌인 것입니다.

　그러나 이미 청년으로 성장한 루이 14세는 귀족들의 이 같은 권력 싸움에 말려들지 않았습니다.

독재 정치가 루이 14세

　루이 14세는 이제 어차피 마자랭이 죽은 이상, 또다시 마자랭 같은 유능한 사람을 곁에 두고 그의 그늘 속에 파묻혀 지내고 싶지가 않았습니다.

　그는 자신이 직접 정치를 주관하고, 대신이나 관료들을 자신의 손발처럼 마음대로 움직일 수 있는 완전한 권력을 갖길 원했습니다.

　그는 귀족들과 국민들 앞에서 내놓고 선언을 했습니다.

"나는 곧 이 나라다!"

이 말은 곧 백성이나 귀족들이 나라의 주인이 아니고, 왕이 국가의 주인인 동시에 또 국가 그 자체이므로, 아무도 왕에게 이래라저래라 하고 간섭을 해서는 안 된다는 일종의 엄포였습니다.

루이 14세는 또한 유능한 인재를 골라 쓰고 사업을 장려하여 나라의 힘을 길렀습니다.

루이 14세

그리고 파리 교외에 화려하고 웅장한 베르사유 궁전을 짓는가 하면 문학, 과학, 음악, 미술, 건축 등의 각종 아카데미를 세웠습니다. 그리하여 국왕의 보호와 후원 아래 많은 예술가들이 쏟아져 나와 프랑스는 유럽 문화의 중심지가 되었습니다.

베르사유 궁전

원래 베르사유 궁전은 그의 아버지 루이 13세가 조용한 안식처로 삼았던 조그만 성이었습니다. 그런데 아버지가 죽자 그는 '이 세상에서 가장 위대한 궁전'으로 만들라고 건축가들에게 명령했습니다.

공사는 1664년에 시작되었으며, 루이 14세가 50년 동안 직접 건축과 조경을 감독했다고 합니다.

그런데 그 당시 강제 노동에 동원된 사람들이 매년 3만 명을 넘었다고 하니, 50년 동안 셈을 해 보면 엄청난 인원입니다.

동원된 사람들은 나쁜 작업 환경 때문에 전염병이나 사고로 죽어 갔습니다. 루이 14세는 사망자가 너무 많이 발생하자 이 일에 참여한 모든 감독인에게 입을 다물라는 함구령까지 내렸습니다.

　공사를 시작한 지 17년 후에 길이 600미터의 건물 정면이 만들어졌습니다. 그곳에 달린 창문만도 375개였습니다.
　루이 14세는 꽃을 무척 좋아하여 온갖 나무와 꽃들로 꾸며진 정원이 100헥타르에 이르렀다고 합니다. 또 이곳에는 동굴과 동물원도 만들었습니다.
　루이 14세는 정원에 폭 60미터, 길이 1,600미터의 운하도 팠습니다. 그곳에는 곤도라를 비롯한 각종 배들이 띄워져 있었습니다. 오렌지 밭도 꾸며 놓았으니, 정원이라기보다는 나라를 그대로 떠다 놓은 것 같았습니다.
　100헥타르의 정원에서 가장 돋보이는 것은 분수와 폭포였습니다. 분수대만도 1,400개나 되었습니다. 하지만 이곳이 워낙 큰지라 물사정은 항상 나빴습니다. 분수대를 동시에 가동하는 데 드는 물의 양은 프랑스 전역에 공급하고도 남는 물의 양이었다고 합니다. 그리고 루이 14세가 정원을 거닐면, 그가 지나치는 분수대마다 물이 뿜어져 나오도록 늘 하인들이 조절 장치 옆에서 기다리고 있어야 했습니다.
　궁전 안의 내부 역시 말할 것도 없이 초호화판 장식으로 꾸며졌습니다. 1682년에 드디어 루이 14세의 궁궐이 이곳으로 옮겨졌습니다.
　그러나 얼마 후, 베르사유 궁전의 권세와 영향력도 1789년부터 시작된 프랑스 혁명과 함께 종말을 고하게 되었습니다. 전염병, 흉작, 많은 세금 등은 국민을 굶주림으로 몰아넣었고, 그 결과로 시민들이 혁명을 일으키기 시작한 것입니다.
　궁전 안의 대부분의 가구와 장식품들은 팔아 버리거나 도둑맞고 말았습니다. 궁전의 건물 역시 돌보는 이가 없어, 그 위세와는 달리 쓸쓸하게 버려져 있었습니다.

그 후 19세기 중엽에서야 루이 필립이 미국의 도움으로 베르사유 궁전의 복원 작업을 했습니다. 그리고 이제 베르사유 궁전은 박물관이 되어 수많은 사람들이 오가고 있습니다.

러시아의 등장

러시아는 프로이센과 거의 비슷한 시기에 유럽 역사 무대에 새로이 등장하여 강대국으로 발전한 나라입니다.

1700년 이전까지만 해도, 이 '러시아'라는 나라의 이름은 세상에 별로 알려져 있지 않았습니다.

땅은 넓었지만 그곳에 살고 있는 사람들이 아시아나 유럽의 다른 민족들에 비해 문화적으로 크게 뒤떨어져 있었기 때문입니다.

러시아의 원주민은 슬라브라고 하는 아리안 계통의 인종인데, 워낙 땅이 넓은 나라여서 국민들 중에는 황색 인종, 백색 인종이 모두 뒤섞여 있었습니다.

이들은 귀족 계급과 농민 계급으로 엄격히 구분이 되어 있었는데, 문명이 발달된 유럽의 여러 나라들과 활발한 교통이 없어, 상인들을 중심으로 한 중산층은 형성되어 있지 않았습니다.

러시아가 뒤늦게나마 스스로의 후진성을 깨닫고 여러 면에서 개혁을

표트르 1세

서두르게 된 것은 표트르 1세가 황제의 자리에 오르고 나서부터입니다.

표트르 1세는 러시아 역사상 가장 훌륭한 황제로서, 후진국이었던 러시아를 근대적인 문명 국가로 발돋움시키는 데 큰 몫을 담당했던 러시아의 국민 영웅이었습니다.

그는 17살 때 황제가 되었는데, 35년 동안 황제의 자리에 있으면서 단 하루도 편한 날이 없이 항상 바쁘고 고단한 나날을 보냈습니다. 그는 어린 시절부터, 조국 러시아를 유럽 최대의 부강한 나라로 키우겠다는 큰 꿈을 갖고 있었습니다.

그는 25살 되는 해에 250여 명의 사절단을 이끌고 서유럽의 여러 나라를 방문했습니다. 표면상의 명분은 친선 방문이었지만, 표트르의 속셈은 선진 유럽의 군사 제도와 전쟁 무기의 제조 기술을 익히는 데 있었습니다.

그는 독일에서 대포를 만드는 법과 포병을 기르는 훈련 과정 등을 익혔으며, 네덜란드 조선소에 갔을 때에는 기술자로 취직하여 일을 하기도 했고, 그 외 대장간 일이라든가 신 만드는 일, 또는 이를 뽑는 일까지도 애써서 찾아다니며 배우고 익혔습니다.

표트르 1세가 고국으로 돌아와 제일 먼저 손댄 일은 배 만드는 공장, 즉 조선소의 건설이었습니다.

러시아가 밖으로 뻗어나가기 위해서는 무엇보다도 바다를 확보하는 일이 시급했는데, 그러자면 어쨌든 강력한 해군과 군함이 있어야 했습니다. 그는 네바 강 기슭에 그의 이름을 따서 지어진 페테르부르크 조선소를 찾아가, 날마다 2시간씩 작업 감독을 했습니다.

페테르부르크는 표트르 1세가 바다로 나가는 길을 열기 위하여 스웨덴과 오랜 싸움 끝에, 스웨덴으로부터 빼앗은 땅에 새로 건설한 도시였습니다. 지금은 레닌그라드로 이름이 바뀌었지만, 당시에 이 페테르부르크가 러시아의 서울이었습니다.

표트르 1세는 러시아의 발전을 위한다는 구실로 생활 풍습까지도 유럽식으로 바꾸었습니다.

신하들의 긴 수염을 직접 자르고, 동양식의 긴 옷을 서양식으로 바꾸게 하고 귀부인들은 가슴이 파인 옷을 입고 무도회에 참석하게 만들었습니다.

'러시아의 역사는 표트르와 함께 시작되었다.'라고 할 만큼 표트르 대제는 '낡은 러시아'를 '새로운 러시아'로 바꾸는 데 그의 평생을 다 바쳤던 사람이었습니다.

표트르 대제는 정치에서 가장 중요한 것이 경제와 공업에 대한 정책이라고 생각하여, 외국으로부터 많은 기술자를 불러들여 그들을 공장 건설에 적극 활용함으로써 국내 상공업 발달에 크게 힘을 썼습니다.

페테르부르크 건설의 착수

남자들의 수염을 깎는 모습

　1년 동안 하루도 쉬지 않고 배가 마음대로 드나들 수 있는 '얼어 붙지 않는 항구'를 확보한 것도 그였고, 러시아의 육군과 해군을 유럽에서 막강한 군대로 키워 낸 사람도 바로 이 표트르 대제였습니다.

　표트르 대제는 가난한 농부의 딸을 그의 아내로 맞아들였습니다.

　대제 지위에 걸맞지 않게 하층 계급의 여자를 왕비로 맞아들였다 하여 주변에 불평하는 사람들이 많았지만, 표트르 대제는 들은 체도 하지 않았습니다.

　그는 비천한 집안 출신의 왕비를 죽는 날까지 변함없이 사랑하였고, 나라까지도 이 왕비에게 물려주었습니다. 뒷날의 예카테리나 여제가 바로 이 표트르 대제의 왕비였습니다.

문학을 사랑했던 여왕, 예카테리나 2세

　러시아의 번영과 국력의 기초를 다졌던 표트르 대제가 세상을 떠나고 그 후 37년의 세월이 흐르는 동안, 러시아에는 황제의 자리를 둘러싸고 무려 여섯 차례나 궁정 쿠데타가 일어나, 7명의 황제가 바뀌었습니다.

　먼저, 표트르 대제의 황후였던 예카테리나 1세가 대를 이었고 이어 표트르 대제의 전처 소생의 황태자인 알렉세이의 아들을 끌어내 황제의 자리를 물려주려 했으나, 그가 거절하자 이번에는 표트르 대제의 조카딸인 안나를 그 자리에 앉혔습니다.

그녀는 자신이 데리고 온 독일 사람들을 측근에 두었는데, 불행하게도 이들은 한결같이 탐욕스럽고 부정한 사람들이었습니다. 그들은 나랏돈을 제멋대로 써서 국고를 축내고, 황제의 친위대를 동원하여 백성들로부터 세금을 짜냈습니다. 백성들의 신음과 통곡 소리가 전국을 뒤덮었고, 원망의 소리가 드높았습니다.

반란이 일어나기 전에 다행히 안나 여제가 세상을 떠났는데, 그 뒤를 이은 것은 황실 친위대의 '희망의 별'이었던 표트르 대제의 딸 엘리자베타였습니다.

엘리자베타 여제는 아버지를 닮아 무슨 일에서나 남자처럼 적극적인 사람이었지만, 사치스러워서 궁중에 파티가 그치는 날이 없을 정도였습니다.

그녀가 죽었을 때, 그녀의 옷장 속에서는 15,000벌의 옷과 두 고리짝에 가득 찬 명주 양말, 그리고 숱한 외상값 청구서가 발견되었다고 합니다.

엘리자베타 여제의 후계자는 그녀의 조카인 표트르 3세였습니다.

표트르 3세는 병약하고 어리석은 사람이었는데, 뜻밖에도 그의 아내는 세상의 어떤 남자와 비교해 보아도 손색이 없을 만큼 지혜롭고 현명한 여인이었습니다.

이 여인이 바로 훗날 영웅적인 여황제로 국민들의 존경을 받았던 예카테리나 2세입니다.

원래 독일 사람이었던 그녀는 집안이 몹시 가난

예카테리나 2세

해서, 시집을 오면서도 혼숫감 하나 변변히 갖춰 오질 못했습니다. 이런 신부가 화려한 러시아 궁정에서 인기가 있을 리 없었습니다. 많은 사람들로부터 괄시를 받으며, 예카테리나는 외로움을 이기기 위해 오로지 학문에만 전념했습니다.

하지만 남편인 표트르 3세에게 새로운 애인이 나타나자, 황후의 자리까지 위태롭게 되었습니다. 그러나 다행히 황실 친위대의 청년 장교들이 이 외로운 황후를 존경하여 감싸고 돌았습니다.

1762년 봄, 표트르 3세는 국민들의 뜻을 어기고 그때까지 한창 이기고 있던 프로이센과의 전쟁을 포기해 버렸습니다. 그는 프리드리히 대왕과 강화 조약을 맺고 이것을 축하하는 파티를 열었는데, 축배를 들지 않는 사람은 예카테리나 한 사람뿐이었습니다.

이 때문에 더욱 미움을 받게 된 그녀는 마침내 결심을 하고 친위대 장교들의 힘을 빌어 쿠데타를 일으켰습니다. 그녀는 스스로 녹색의 친위대 군복을 입고 맨 앞에서 반란군을 지휘했습니다. 쿠데타는 쉽게 성공했고, 표트르 3세는 놀란 나머지 기절을 해 버렸습니다.

예카테리나는 남편 표트르 3세를 궁성의 골방 안에 가두고 성대한 즉위식을 올렸습니다. 예카테리나는 황제가 되고 나서 남자 이상으로 정치를 훌륭하게 했지만, 가난한 농민들의 고통은 조금도 해결해 주지 못했습니다.

예카테리나 여제 시대에 일어난 푸가초프의 반란은 그 규모로 보거나 그 격렬함에 있어서 가장 치열했던 농민 반란이었습니다.

푸가초프 군은 각지에서 지주를 붙잡아 재판하여 그 재산이나 토지를 농민에게 나누어 주어 환영을 받기도 하였으나, 1774년 살랩타에서 정부군에게 패배하고 푸가초프는 1775년 1월 10일 모스크바에서 처형되었습니다.

이 반란은 2년 동안 계속되었는데, 이 반란의 자세한 내용은 푸시킨의 유명한 소설 《대위의 딸》 속에 아주 잘 그려져 있습니다.

문학을 사랑하고 학문을 존중했던 위대한 여자 황제 예카테리나는 문학을 좋아하기만 한 것이 아니라, 스스로 훌륭한 책들을 많이 써 내기도 했습니다.

러시아 과학 아카데미에서 펴낸 《예카테리나 전집》은 무려 열두 권이나 되는 두터운 분량으로, 그 속에는 어린이들에게 읽어 줄 교육 동화며 희곡 작품, 그리고 《플루타크 영웅전》의 번역 작품까지도 들어 있습니다.

메이플라워호

1620년 9월, 유럽의 어느 바닷가 부두에서 선장의 다급한 고함 소리에 사람들은 가족들을 부르며 서둘러 배에 올랐습니다. 배를 탄 사람들 가운데에는 식구가 여럿인 가족도 많았지만, 아직 결혼을 하지 않았거나 혼자 사는 독신자도 여러 명 있었습니다.

플리머스 항에 체류 중인 메이플라워호의 그림

　드디어 그들을 태운 배는 머나먼 곳으로 뱃고동을 울리며 떠났습니다.
　그 배가 바로 유명한 메이플라워호였습니다. '5월의 꽃'이란 뜻의 이름을 가진 역사적인 배로, 새로운 세계의 역사를 인류에게 안겨 준 배였습니다.
　이 배에 탄 사람들은 모두 청교도들로, 거칠고 낯선 땅으로 떠나는 이유는 종교의 자유를 누리기 위해서였습니다.
　그들을 태운 배는 북미 지방으로 끝없는 항해를 계속했습니다. 배는 두 척이었습니다. 하나는 180톤짜리, 다른 하나는 60톤짜리였습니다.
　그들이 가는 바다는 엄청난 폭풍우와 거센 파도를 수없이 안겨 주었습니다. 참으로 험난한 바닷길이었습니다.
　그리하여 불행하게도 낡은데다 폭풍우를 견디지 못한 60톤짜리 배는 결국 중간에서 되돌아가고 말았습니다.
　그리고 180톤짜리 배 역시도 항해를 계속하는 동안 몸이 아프거나 질병으로 고통받는 사람이 많았습니다.
　"난 더 이상 못 가겠어요. 다시 데려다 주세요!"
　"저도 그래요. 아무데나 그냥 내려 주세요!"
　질병을 앓거나 몸이 아픈 환자들이 여기저기서 비명을 질렀습니다.
　"머지않아 우리들이 마음껏 자유를 누리고 살아갈 새로운 땅에 도착할 거예요. 자, 조금만 참아요."
　사람들은 서로 위로를 하며 환자를 달래느라 애를 태우기도 했습니다.
　이렇게 수많은 고난 끝에 드디어 기다리고 기다리던 새로운 미래의 땅이 그들의 눈앞에 나타났습니다.

그러나 그들이 도착한 희망의 새 땅은 그토록 마음속에 그리던 행복한 곳이 아니었습니다. 사람을 잡아먹는 무서운 식인종들이 그들을 기다리고 있었던 것입니다. 그들은 식인종과 인디언들의 습격과 추위, 그리고 굶주림과 갖가지 질병에 끝없는 시달림을 받아야 했습니다.

그리고 이와 같은 고통으로 얼마 후 50여 명이 목숨을 잃는 비극을 겪어야 했습니다. 가지고 간 약품이 모두 떨어진데다 금방 농사를 지을 수도 없는 어려운 환경이어서 질병과 굶주림을 피할 수가 없었던 것입니다.

게다가 식인종과 인디언들의 습격으로 그들은 무서운 공포의 나날을 보내야 했습니다. 사람이 죽어도 묘를 함부로 쓸 수조차 없었습니다. 무덤을 만들면 그 근처에 사람들이 살고 있다는 증거를 남기게 되기 때문입니다.

그래서 그들은 인디언들에게 증거를 남기지 않기 위해 사람을 묻고 나서 그곳을 편편한 땅으로 만들 수밖에 없었습니다. 식인종과 인디언들이 무서워 그렇게 할 수밖에 없었던 것입니다.

그러나 사람들은 가족의 묘지를 알아 두어야 했기 때문에 무덤 옆에 옥수수를 심어 그 자리를 기억해야 했습니다. 그들은 식인종과 인디언, 그리고 추위와 굶주림과 싸우며 농사를 짓기 시작했습니다.

그리고 얼마 후 그들은 인디언들과 서로 싸우지 말고 잘 지내자는 평화 협상을 맺게 되었습니다. 참으로 다행스런 일이었습니다.

인디언과 교섭하는 윌리엄 펜

그들은 비록 어렵고 무서운 환경 속에서 지내기는 했지만, 한 가지, 자신들이 종교의 자유를 누릴 수 있다는 것이 무엇보다 기쁘고 만족스러웠습니다.

농토가 차츰차츰 늘어나고 그곳에는 옥수수, 보리, 밀 등 여러 가지 곡식들이 풍년을 이루었습니다.

청교도 신자들인 그들은 움막으로 지은 교회에 모여 날마다 찬송과 기도로 하느님께 감사를 드렸습니다.

추수 감사절

청교도 신자들은 풍년이 들자 어느 날 교회에 모여 회의를 열었습니다.

"여러분! 우리들이 땀 흘려 가꾼 곡식들이 저렇게 풍년을 이룬 것은 모두 하느님의 보살핌과 은혜 때문임을 잘 알고 계실 것입니다. 그러나 이제 우리들이 해야 할 큰 일들이 남아 있습니다."

그들의 대표자가 앞에 나와 이렇게 말하자 모두들 궁금한 표정이었습니다.

"바로 우리 자신들과 우리 자녀들을 위해서 매우 중요한 새 사업입니다. 그것은 다름이 아니라, 올해에 거둔 첫 수확으로 맨 먼저 가장 급한 교회를 짓는 일입니다. 그리고 내년에는 우리들 자녀의 교육을 위해 학교를 짓고, 3년째 되는 해에는 여러분들이 편히 지낼 집을 짓자는 것입니다!"

대표자의 말에 일제히 박수가 터져 나왔습니다.

그러나 그들의 꿈은 얼마 못 가 깨지고 말았습니다. 곡식을 거둬들일 무렵의 어느 날, 하늘에 난데없는 먹구름이 뒤덮이기 시작했습니다.

"저게 뭐지?"

"구름이야?"

"아냐, 구름이 아냐."

사람들은 모두 밖으로 나와 하늘을 쳐다보며 걱정을 했습니다.

"먹구름이 점점 가까이 온다!"

사람들은 놀라기 시작했습니다.

그것은 정말 무서운 장면이었습니다. 분명, 그 먹구름은 땅으로 서서히 내려앉고 있었습니다. 그러나 그것은 먹구름이 아니었습니다. 메뚜기 떼가 온통 하늘을 뒤덮은 채 풍년이 든 논밭으로 날아들고 있었던 것입니다.

"모두들 집으로 들어가세요. 빨리 빨리!"

"모두 피하세요!"

사람들은 잔뜩 겁을 먹고 달아났습니다.

그러는 동안 메뚜기 떼들은 숨이 막힐 듯 가까이 가까이 날아들고 있었습니다.

"올 농사는 망쳤군!"

"이걸 어쩌나, 이걸 어째!"

사람들은 제각기 집으로 가거나 교회당에 모여 기도를 드렸습니다.

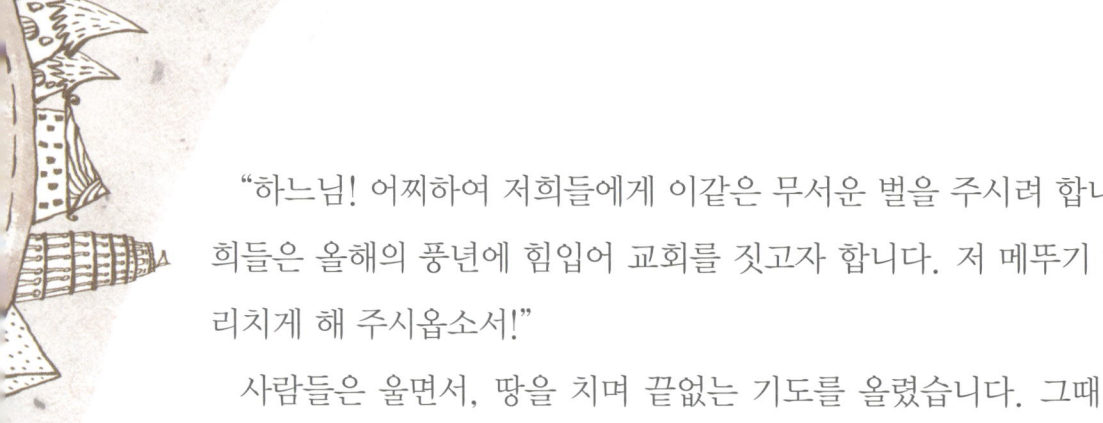

"하느님! 어찌하여 저희들에게 이같은 무서운 벌을 주시려 합니까? 저희들은 올해의 풍년에 힘입어 교회를 짓고자 합니다. 저 메뚜기 떼를 물리치게 해 주시옵소서!"

사람들은 울면서, 땅을 치며 끝없는 기도를 올렸습니다. 그때 누군가가 소리쳤습니다.

"아니, 이건 또 무슨 소립니까?"

사람들은 기도를 하다 말고 밖을 내다보았습니다. 바닷가 하늘엔 뜻밖에도 수천 마리의 갈매기 떼가 날아들고 있었습니다.

갈매기 떼는 논밭에 내려앉으려는 메뚜기 떼를 잡아먹기 시작했습니다.

그리고 잠시 후 먹구름처럼 몰려왔던 메뚜기 떼는 순식간에 사라지고 하늘에선 햇살이 쏟아지고 있었습니다.

사람들은 감사의 눈물을 흘리며 다시 기도를 드렸습니다. 그리고 그들

은 곧 맛있는 음식을 장만하기 시작했습니다.

"엄마! 오늘이 무슨 날이에요?"

"아주 기쁜 날이란다."

"무슨 날인데요?"

"우리들이 애써 가꾼 저 곡식들을 메뚜기 떼에게 빼앗기지 않게 갈매기 떼를 보내 주신 하느님께 감사를 드리는 날이란다."

플리머스에서의 최초의 추수 감사절

교회당 안에는 모두가 한마음 한뜻으로 정성들여 마련한 음식들이 차려졌습니다.

사람들은 기쁨의 눈물로 찬송을 부르며 하느님께 감사의 기도를 드렸습니다. 그들이 새로운 땅으로 건너간 뒤, 풍년을 맞아 베푼 역사적인 최초의 추수 감사제였습니다.

추수 감사절은 이렇게 해서 처음 생겨났던 것입니다.

우리나라에도 이와 비슷한 풍습이 있는데, 고구려 때 '동맹'이라는 것이 그것입니다. 10월에 전 부족이 한자리에 모여 선조인 주몽신께 제사를 지내고, 풍성한 수확을 거두게 해 주신 하늘에 감사하는 농제를 올렸습니다. 그리고 신라의 가배에서 유래한 오늘날의 추석도 추수 감사절의 한 형태라고 할 수 있습니다.

영국과 식민지 사이의 불화

콜럼버스가 신대륙을 발견한 뒤, 약 150년이 지나면서 유럽 인들은 이처럼 새로운 꿈을 안고 북미 지방으로 잇달아 떠나 살게 되었습니다.

청교도 신자들은 종교의 자유를 위하여, 또 다른 사람들은 정치적인 수난을 피하여 옮겨 왔고, 새로운 곳에서 돈을 벌기 위해 또는 큰 죄를 지어 쫓겨온 사람 등등 신대륙에는 다양한 사람들이 모여 살게 되었습니다.

그러나 자유를 누리면서 자신들의 발전을 위해 모두들 애쓰려는 정신을 지녀, 그들의 사회는 활기에 넘치고 있었습니다.

영국이 세운 13개의 식민지는 풍부한 토지를 그냥 얻을 수 있고 자유를 누릴 수 있도록 해 줌으로써, 여러 곳에서 많은 사람들이 몰려들게 되었습니다. 계급과 신분의 차이도 없도록 하고 인간으로서 누릴 수 있는 기본 권리도 뒷받침해 주어 유럽의 많은 용감한 사람들에게는 가 보고 싶은 꿈의 나라이기도 했습니다.

그래서 5년 동안에 아일랜드에서만도 무려 44,000명이 신대륙을 향해 배를 탔습니다.

이와 같은 현상은 계속 늘어나 영국, 스코틀랜드, 대륙의 해안 국가에서도 해마다 수만 명의 사람들이 신대륙으로 옮겨 가 살게 되었습니다.

새 땅으로 건너간 이주민들은 새로운 개척자의 정신으로 자연을 가꾸고 극복하면서 끈기로 어려운 환경을 이겨 나갔습니다.

영국의 식민지 행정부도 이주민들의 어려운 사정을 잘 알고 있었기 때문에 이들을 여러 모로 도와주려고 애를 썼습니다. 이와 같은 일들은 모두 초기 식민지 시대에 나타난 일반적인 공통점이었습니다.

그러나 18세기 중엽 이후 영국 정부는 새로운 식민지에 대해 지난날과는 다른 태도를 취하기 시작했습니다.

"과거에는 식민지에 대해 건전하게 발전할 수 있도록 많은 자유를 주었으나 이제부터는 정책을 바꾸겠다. 앞으로는 식민지 사람 자신들에게 모든 것을 맡기지 않겠다. 영국 정부가 직접 나서서 식민지에 대해 정치 및 경제적으로 여러 가지 의무를 지도록 제도를 바꾸겠다."

영국의 조지 3세(1760~1820)가 통치를 시작하면서 이렇게 선언을 하고 나섰던 것입니다. 그는 식민지에 대해 전쟁 비용, 새로운 세금 등을 물게 했습니다.

그렇게 되자 식민지 사람들의 불만과 불평은 점차 커지게 되었으며, 마침내 식민지 사람들도 가만있지 않았습니다.

"여러분! 영국 정부의 이같은 정책에 우리도 반대하고 나섭시다. 그 뜻의 하나로 이제부터는 영국 본토에서 만든 상품이나 물건을 일체 사지 맙시다."

그러나 영국 정부도 그대로 있지는 않았습니다. 영국 정부는 식민지를 본격적으로 억누르고 통치할 수 있도록 새로운 법인 '인지세법'을 만들었습니다. 당시 영국 정부는 신문 한 장, 책 한 권을 사는 데도 세금을 물도록 했습니다.

영국 본토의 정부와 식민지 사람들 사이에 여러 가지 충돌과 마찰은 계속 일어났습니다.

　1774년 9월 드디어 식민지 대표들은 필라델피아에서 제1차 대륙 회의를 열게 되었습니다.
　"그동안 우리는 영국 정부로부터 많은 억압을 받았으며, 터무니없는 세금도 많이 물어야 했습니다. 이제는 우리 모두 단결하여 영국 의회(국회)가 만든 식민지에 대한 모든 법률을 거부합시다. 지키지 맙시다!"
　이것뿐만이 아니었습니다.
　"영국과의 모든 무역도 일체 중단하기로 합시다!"
　이같은 식민지 사람들의 결정이 있게 되자 영국 군대와 식민지 사람들로 짜여진 민병대 사이에 총칼을 들고 싸우는 일까지 생겨났습니다.
　그리고 마침내 1775년 5월에 열린 제2차 대륙 회의에서 본국인 영국과 전쟁을 할 수밖에 없다는 결론이 내려지게 되었습니다.
　그리하여 민간인들로 구성된 민병대를 정식 군대로 인정하고, 이들로 하여금 전쟁 준비를 하도록 하자는 데 의견이 모아졌습니다.
　이것이 미국의 독립 전쟁이 시작된 이유이며 그 배경입니다.

총사령관 조지 워싱턴

　식민지 사람들은 전쟁 준비와 함께 이를 이끌어 갈 훌륭한 한 인물을 총사령관에 임명했습니다.
　그가 바로 조지 워싱턴이었습니다.
　조지 워싱턴은 전투 경험이 많은 군인이었습니다. 그는 영국을 위해 신대륙에서 프랑스군과 수많은 전투를 했고, 또 큰 공도 많이 세웠습니다.

그러나 그는 이제 독립군을 이끌고 영국과 싸워야 하고 또 승리를 거둬야 하는 입장으로 바뀌게 되었습니다. 그는 성품이 매우 곧고 솔직한 사람이었습니다.

밸리 포지에 주둔한 부대를 둘러보는 조지 워싱턴

1776년 7월 4일, 식민지인들은 그들이 왜 싸우며 또 무엇을 이룩하려는지를 세계 각국에 널리 알렸습니다. 이것이 바로 미국의 '독립 선언문'이었습니다.

이 선언문은 미국의 자주 독립과 인권, 그리고 모든 국민의 권리에 대한 정신을 담고 있습니다.

그 내용은 대략 다음과 같습니다.

모든 사람은 나면서부터 평등하고 하느님은 인간에게 몇 가지 남에게 넘겨 줄 수 없는 귀중한 권리를 주었다. 그 권리 가운데는 생명과 자유와 행복을 누릴 수 있도록 하고 있는데 이는 너무나 분명한 진리이다.

이 권리를 확보하기 위하여 인류는 정부를 조직하였으며, 정부의 정당한 권리는 곧 국민들의 지지와 뜻에 따라 비롯되는 것이다.

어떠한 형태의 정부이든 이러한 근본 목적을 벗어났을 때는 그 정부를 바꾸거나 없애고 새로운 정부를 만드는 것이 국민의 권리이다.

독립 전쟁이 시작되자 유럽의 자유주의자들이 의용군으로 지원하고 나섰습니다. 또한 프랑스, 에스파냐, 네덜란드 등도 독립군을 돕고 나섰습니다.

국제 정세는 점차 독립군에게 유리하게 바뀌어 갔습니다.

이러한 정세 변화에 힘입어 독립군은 영국군과 싸워 곳곳에서 승리를 거두게 되었습니다. 그리하여 영국도 결국 자신들의 패배를 인정하고, 1783년 파리 조약에서 식민지 13개 주의 독립을 승인하게 되었습니다.

그리고 그들의 영토는 5대호, 미시시피 강, 조지아 경계 내의 지역으로 확정되었습니다.

전쟁에서 이겨 독립을 하게 된 13개 주 식민지 사람들의 기쁨과 영광은 이루 말할 수 없을 만큼 크고 위대한 것이었습니다.

롱아일랜드 전투의 독립군

그러나 이들 13개 주는 그동안 각각 다른 헌법을 가진 독립 국가로 서서히 바뀌어 왔던 터라, 1777년에 열린 제3차 대륙 회의에서는 13개 주가 이처럼 각각 서로 분리된 국가로 나가는 것보다는 다시 힘을 뭉쳐 하나로 통일하자고 강조하였습니다.

그리고 이들의 노력 끝에 1788년 마침내 '연방 헌법'이 마련되면서 미국은 합중국의 형태를 갖추게 되었습니다.

필라델피아 독립 기념관
미국 독립 선언을 한 곳이다.

미합중국을 세운 독립 전쟁은 단순한 전쟁이 아니라, 새로운 시대와 역사를 열기 위한 뜨거운 시민 혁명, 바로 그것이었습니다.

프랑스 혁명

미국의 '독립 선언'에 큰 영향을 받아 1789년 프랑스에서도 대혁명이 일어났습니다.

당시 프랑스에서는 제1계급이 성직자였고, 제2계급이 귀족이었으며, 일반 시민들은 제3계급으로 불렸습니다. 그런데 사회 제도는 귀족 등 특권 계층에게만 유리하도록 되어 있어서 일반 시민들은 성직자나 귀족의 신분을 가진 이들에게 짐승처럼 부림을 받았으며, 일한 보람도 없이 많은 곡물과 돈을 세금으로 바쳐야 했습니다. 또한 아무 잘못도 없이 매를 맞아야만 했습니다.

그러나 그러면서도 입 밖으로 말은 할 수 없고 속으로 끙끙 앓다 보니, 일반 시민들 마음에는 불만이 점점 커져 가고 '우리도 언제쯤 사람답게 살아가나?' 하는 생각이 점점 커져 갔습니다. 18세기, 즉 프랑스 혁명이 일어나기 직전, 프랑스를 비롯한 유럽 여러 나라의 일반 시민들이 품은 불만은 풍선처럼 부풀어 곧 터질 듯했습니다.

이때 프랑스를 통치한 왕은 루이 16세였습니다. 루이 16세는 시민들의 대표들(제3신분)이 모여서 만든 국민 의회의 간절한 바람을 들어주지 않았습니다.

마침내 1789년 7월 12일, 민간인으로 짜여진 군대인 민병대 앞에 젊은 변호사 카미유 드물랭이 나서서 소리쳤습니다.

"시민 여러분, 우리는 독재와 맞서 끝까지 싸워야 합니다!"

그의 말에 가는 곳마다 뜨거운 박수와 찬성의 함성이 터져 나왔습니다.

7월 14일 아침, 마침내 민병대와 시민들은 무기 판매점을 빼앗고 무기 창고를 습격했습니다. 이어 오후에는 바스티유 감옥으로 쳐들어갔습니다. 바스티유는 파리의 중심가에 위치한 감옥이었습니다.

바스티유 감옥을 습격하고 있는 민중들

그곳은 억울하게 많은 사람들이 끌려가 갇힌 곳이며 고문을 하는 악마의 소굴로, 귀족들조차 공포에 떨며 다른 곳으로 옮겨 가길 바라고 있을 정도였습니다.

이 무서운 감옥에 화약이 저장되어 있다는 말을 듣고 혁명군들은 단숨에 습격한 것입니다. 혁명군들은 감옥을 지키는 수비대와 피나는 전투를 하여 결국 승리를 거두었습니다.

그리고 농촌에서도 수많은 농민들이 들고 일어나 귀족들의 집을 습격하여 재물을 빼앗고 불태웠습니다.

7월 15일, 이 소식을 들은 루이 16세는 깜짝 놀랐습니다.

"모든 군대를 철수시키겠으니, 국민들은 더 이상 싸우지 말고 평화를 되찾기 바란다."

국왕의 선포에 뒤이어, 생각을 깨우친 젊은 귀족들도 중요한 발표를 했습니다.

"이번 사건의 원인은 일부 귀족들이 누려 온 특권과 고집에서 비롯되었으므로 지난날과 같은 봉건적 특권을 모두 버리겠습니다."

젊은 귀족들은 이같은 발표와 함께 그동안 귀족들만의 특권이었던 사냥권, 강제 사용권 등의 포기를 선언했습니다.

이에 국민 의회와 시민들은 감동했고, 국민 의회는 혁명의 참뜻을 널리 알릴 필요를 느끼게 되었습니다. 그리하여 마침내 8월 26일, 유명한 '인권 선언'이 국민 의회에서 채택되었습니다.

　이 선언문은 전부 17개조로 되어 있으며, 인간의 자유와 평등, 소유권과 저항권, 법 앞에서의 평등, 국민의 주권 및 언론의 자유 등 새로운 시민 사회의 원리와 민주주의 원칙을 주요 골자로 하고 있습니다.

　1799년에 비로소 마무리된 프랑스 혁명은, 아직도 세계인의 입에 오르내리고 있습니다. 그것은 인간의 자유와 권리를 되찾은 귀중한 싸움이었기 때문이며, 자유, 평등, 박애라는 인류의 영원한 이상을 위해 싸운 싸움이었기 때문입니다.

프랑스 인권 선언문

처형된 국왕 루이 16세

　파리의 바스티유 감옥이 함락되고 시민군의 기세가 드높아지자, 국왕 루이 16세는 평화를 원한다며 군대를 철수시켰지만 그것은 임시방편에 지나지 않았습니다.

　아직도 혁명을 반대하는 다수의 귀족들과 그 군대가 무서운 힘으로 밀어붙일 기회만을 호시탐탐 노리고 있었기 때문입니다.

　간간이 피를 흘리는 싸움이 계속되었습니다.

　이런 혼란 중에서도 국민 의회는 봉건 제도를 폐지하기로 결의했습니다. 귀족에게도 세금을 받도록 할 것과 영주의 땅을 일반 농민이 돈으로 살 수 있도록 할 것, 영주에 대한 노예적인 복종의 의무를 없앨 것 등이 국민 의회가 결정한 주요 내용이었습니다. 오래도록 뿌리내렸던 엄한 신분제를 법으로 없앤 셈이었습니다.

　그 후, 국민 의회는 새로운 사회 질서의 기본이 될 헌법을 만들었습니다. 앞에서 잠깐 이야기한 '프랑스 인권 선언'이 바로 그것입니다.

　그런데 혁명이 시작된 지 석 달 동안 조금도 해결되지 않은 것이 있었습니다. 혁명의 직접적인 원인 중의 하나였던 재정 문제가 바로 그것입니다.

　프랑스는 그 당시 부르봉 왕조의 실정으로 4억 리브르라는 엄청난 빚을 안고 있었습니다. 혁명 의회는 이 빚을 짊어진 채 도저히 새로운 정치를 해 나갈 자신이 없었습니다. 많은 의원들이 머리를 맞대었습니다.

　그때 진보파의 탈레랑이란 주교가 교회의 토지 재산을 국가가 몰수하여 빚을 갚자는 대담한 제안을 했습니다. 성직자들의 거센 반발이 있었지만 11월 3일, 의회는 이 제안을 표결에 부쳤고 즉시 가결되었습니다.

　이런 일이 진행되고 있을 무렵, 왕실에서는 루이 16세 앞에 무릎을 꿇고 충성을 맹세한 장군이 있었습니다. 시민군의 사령관인 라파예트였습니다. 그는 이렇게 말했습니다.

　"못된 혁명가들의 음모로부터 왕정을 수호하겠습니다."

　그는 시민들을 배신하여 군주주의의 앞잡이가 된 것입니다. 그는 왕에게, 모든 사람들이 안심하고 국왕을 따르도록 사탕발림의 말을 하라고 속삭였습니다. 그러자 루이 16세는 의회에 출석하여 준비해 두었던 거짓말을 하기 시작했습니다.

"짐과 왕비는 충심으로 새 질서를 승인한다. 모든 프랑스 국민은 나를 따를 것을 권고한다."

모든 의원과 국민들은 이 말을 진심으로 알고 감격했습니다. 그들은 모두 국가와 법, 그리고 국왕에게 충성을 다할 것을 맹세했습니다.

이때, 이미 남프랑스에서는 이탈리아에 망명 중인 왕의 동생 아르트와의 지휘로 혁명 정부를 반대하는 폭동이 심하게 일어나고 있었습니다. 또한 혁명 정부에 의해 이제까지 누렸던 특권을 빼앗긴 성직자와 귀족들, 그리고 직업 군인들의 불만도 이러한 폭동에 힘입어 서서히 고개를 들기 시작했습니다.

라파예트는 자기가 가진 막강한 권력으로 혁명 정부 편에 선 군인들을 가차없이 처단하곤 했습니다. 혁명 정부의 내부에서도 서로의 권력 다툼으로 분열의 조짐이 보이기 시작했습니다. 그러나 아직 혁명군의 기세를 감당할 힘이 반대파에겐 부족했습니다.

자신의 권위와 자유로운 행동이 혁명군에 의해 점차 제지를 당하자, 루이 16세는 위험을 느끼기 시작했습니다.

그의 처가가 있는 오스트리아에서도 루이 16세 일가의 파리 탈출만이 현재의 위기를 넘길 수 있는 최선의 방법이라고 주장했습니다. 드디어 국왕은 외국으로 도망하기로 결심했습니다.

국왕 부부와 태자, 공주, 시녀 등 왕의 일가 8명은 사전에 치밀하게 짜 놓은 계획대로 1791년 6월 20일 자정 무렵, 파리에서 탈출을 감행했습

니다.

그러나 도주 소식을 들은 시민들이 가만 있을 리 없었습니다.

"국왕을 잡아라!"

"잡아서 처형하라!"

파리를 빠져 나간 국왕 일가는 마침내 6월 21일 밤 10시경 바렌에서 붙잡히고 말았습니다. 국왕은 비참한 신세가 되어 꽁꽁 묶인 죄수의 신세로 다시 파리로 끌려왔습니다.

'국민의 적'으로 불린 가운데 루이 16세는 1793년 1월 21일, 끝내 사형을 당했습니다. 비참하게 최후를 마친 것입니다.

과연 국왕을 사형시켜야 할 것인지의 문제를 둘러싸고 찬반 투표를 한 결과, 처형에 찬성한 표가 387표, 반대한 표가 334표로 거의 비슷하게 나왔습니다. 그러나 찬성표가 더 많았으므로 더 이상의 망설임이 필요 없었습니다.

이같은 사실이 세상에 알려지자 일부 지방에서는 국왕을 죽이자는 판결에 반대하는 반란이 일어났습니다. 프랑스는 또다시 혼란과 소용돌이에 빠져들게 되었습니다.

영국은 그들대로 프랑스의 혁명이 너무 지나치면 자기 나라에까지 불안과 나쁜 영향을 끼칠 것으로 판단했습니다. 그래서 영국은 프랑스에 대해 전쟁을 선포하게 되었습니다.

이처럼 나라 안팎으로부터 심각한 압력을 받게 된 프랑스의 지도자들은 어떤 방법으로든지 우선 나라 안의 사태를 막는 데 힘쓰지 않을 수 없었습니다.

평화적인 수단과 방법으로는 사태를 진정시키기 어렵다고 생각한 프랑스 지도층은 혁명 재판소 같은 무시무시한 기관을 만들게 되고, 이를 통해 결국 국민을 억누르는 공포 정치를 하게 되고 말았습니다. 그리하여 로베스피에르가 통치하던 짧은 기간(1793. 6. 10~7. 27) 동안 무려 1천여 명이 처형을 당하는 비극을 겪어야 했습니다.

그리고 로베스피에르 자신도 나중에 독재자로 몰려 그 역시도 처형당하고 말았습니다.

프랑스 혁명은 옛 제도의 나쁜 점을 버리고 국민들이 주인이 된 데에 가장 큰 뜻이 있습니다.

　또한 자유와 평등을 얻기 위해서는 반드시 희생이 따르고, 그와 같은 희생의 결과로 자유와 평등이 꽃피워질 수 있다는 정신을 우리 모두에게 남겨 주고 있습니다.

　그러나 프랑스의 사회적 혼란과 대외적인 전쟁이 일어나면서 군대가 사회 전체에 큰 힘과 영향력을 끼치게 되었습니다. 아울러 군대가 그들의 커다란 힘을 이용하여 정치에까지 나서게 된 결과를 가져다주었습니다.

　일부 국민들 또한 나라의 혼란을 막기 위해서는 강력한 힘을 가진 군대가 나서서 사회의 안정을 가져다주기를 바란 것도 사실이었습니다. 군인들을 중심으로 한 강력한 정부를 희망했던 것입니다.

　그 결과 1799년 11월에 프랑스의 총재 정부는 나폴레옹에 의해 무너지고, 영웅 나폴레옹의 시대가 막을 올리게 되었습니다.

영웅 나폴레옹의 등장

　세계 역사 속에 나폴레옹의 이름이 영웅으로 빛나게 된 것도 모두 프랑스 혁명 때문이었습니다.

　혁명으로 사회 안팎이 혼란에 빠지고 질서가 무너지게 되자 국민의 인기를 얻거나 야망을 가진 군인이 권력을 쥐게 될 좋은 기회가 온 것입니다.

　결국 프랑스 혁명은 나폴레옹의 뛰어난 군사적 재능을 바탕으로 혁명의 여러 요소들을 가라앉히는 데 큰 성과와 성공을 거두게 만들었던 것입니다.

위대한 영웅으로 많은 사람들에게 추앙받는 키 작은 나폴레옹은, 이탈리아의 제노바 만 남쪽에 있는 코르시카라는 한 작은 섬에서 1769년에 태어났습니다.

나폴레옹

아버지는 이탈리아계 중류층 지주로 제노바에서 코르시카 독립 운동에 참가하고 있었습니다. 그러나 이 운동이 실패로 끝나 코르시카 섬이 프랑스로 양도되었을 때는 프랑스 총독 편으로 넘어가 귀족 대우를 받았습니다.

나폴레옹은 10세 때 아버지를 따라 파리로 건너가 유년 학교, 육군 사관 학교로 진학하였습니다. 사관 학교 졸업 당시 그의 성적은 58명 중 42등으로, 그다지 우수한 편은 아니었지만 수학과 역사 성적은 뛰어났다고 합니다.

당시 그를 가르쳤던 선생님의 평은 이렇습니다.

> 그는 사람들과 마음을 터놓지 않았으나 근면하고, 친구들과 대화하기보다는 독서를 즐겼다……. 말수가 적고 고독을 사랑하며 성미가 까다롭고 거만하며 자존심이 강했다. 좀처럼 말을 하지 않았지만 그의 말투는 단호하며 논리적이었다. 자존심이 아주 센 거만한 야심가였다.

프랑스 혁명이 한창이던 1791년, 나폴레옹은 자코뱅 클럽에 가입해 있었는데, 1793년 12월 툴롱 항구에서 벌어진 전투에서 파리 폭동을 누

르고 영국과 왕당파를 전멸시키는 데 성공했습니다.

그는 국민들로부터 인기를 크게 얻었고, 이어 27세의 젊은 나이에 이탈리아 원정군의 사령관이 되었습니다.

그는 이탈리아에서 가진 전투에서도 신기한 전술로 큰 공을 세웠습니다.

"나폴레옹 만세!"

"나폴레옹 사령관 만세!"

가는 곳마다 그의 인기는 높아갔습니다. 그 결과 오스트리아와 이탈리아, 두 나라는 벨기에와 롬바르디아를 프랑스에 넘겨주게 되었습니다.

나폴레옹은 단순한 군인이 아니었습니다.

그는 이탈리아 및 이집트 원정에서도 군인과 함께 많은 학자, 기술자, 문화재 연구가 등을 데리고 가서 프랑스 박물관에 보존할 만한 가치 있는 고전 예술품 등 귀중한 그 나라의 유물을 빼앗아 프랑스로 보냈습니다.

현재 파리의 박물관에는 이탈리아 원정 때 약탈해 온 미술품이 아주 많이 소장되어 있습니다.

정권을 잡은 나폴레옹

1799년 11월 18일과 19일, 이 이틀 동안은 나폴레옹에게 있어 죽느냐 사느냐를 결정하는 운명의 날이었습니다. 정권을 손에 쥐느냐, 아니면 반란의 두목으로 끝나고 마느냐는 갈림길에 놓여 있었습니다.

나폴레옹을 따르는 가까운 군인들은 그에게 이렇게 말했습니다.

"걱정할 게 뭐가 있겠습니까? 총과 칼을 들고 그 힘으로 그냥 밀어붙이면 그만입니다. 그것이 정권을 잡는 가장 빠른 길이며 방법입니다."

나폴레옹도 그것이 정권을 잡는 데 가장 좋은 방법이며, 또 성공적일 것이라는 생각이 없었던 것은 아닙니다. 그러나 나폴레옹은 무턱대고 군사를 일으키지 않고 신중하게 모든 것을 판단하려 했습니다.

'총칼을 들고 나와 권력을 잡은 사람은 언젠가는 총칼에 의해 그 자리에서 쫓겨나는 법이지…….'

나폴레옹은 혼자 이렇게 생각했습니다.

그리고 생각에 생각을 거듭한 끝에 나폴레옹은 군사를 일으키기에 앞서 자기를 가장 따르고 지켜 주는 부하들을 데리고 의회로 향했습니다. 의회에서 자신이 군사를 일으키게 된 목적을 설명하고, 의회에서 이를 법에 따라 인정받기 위해서였습니다.

그러나 나폴레옹 일행이 의회에 나타나자 수많은 의원들이 그를 향해 고함을 치고 나섰습니다.

"이와 같은 나폴레옹의 행동은 불법이다! 법에 어긋나는 일이다. 독재자 나폴레옹을 몰아내자!"

나폴레옹은 순간 놀라고 당황했습니다. 전혀 예상치 못한 일은 아니었으나 의원들의 비난과 비판은 너무나도 강했습니다.

그와 함께 간 근위대 병력조차 의원들을 체포해야 할 것인지, 오히려 나폴레옹을 체포해야 할 것인지 얼른 판단이 서지 않았습니다.

이때 의회의 의장이 말했습니다.

대관식에서 조제핀에게 직접 황후관을 하사하는 나폴레옹

"의회의 회의 진행을 방해하는 의원은 군대의 힘으로 막을 수 있습니다. 따라서 의회의 이 소란스러움을 막기 위해 나폴레옹 군대는 의회에 들어와도 좋습니다!"

의장이 자신의 권한으로 이렇게 말하면서 나폴레옹 군대의 진입을 요청했고, 나폴레옹 근위대는 무사히 안으로 들어갔습니다.

나폴레옹은 근위대로 하여금 의원들 모두를 의사당에서 쫓아내도록 하였습니다. 따라서 나폴레옹이 지휘한 군사는 힘들이지 않고 정권을 잡는 데 성공했습니다.

나폴레옹이 남긴 업적

나폴레옹은 현실을 보는 눈이 날카로웠습니다.

자신이 지녔던 지난날의 영광과 인기만으로는 국민을 오래 다스릴 수 없다는 것을 깨달은 것입니다.

그는 자기가 정권을 가지고 통치를 하는 동안 국민들이 무엇을 원하고, 그것을 어떻게 해결해 줄 수 있느냐에 따라서 자기가 오랫동안 나라를 다스릴 수 있을 것으로 판단했습니다.

나폴레옹이 이룩한 업적 가운데 가장 손꼽을 수 있는 것은 강력한 중앙 집권 정부를 만든 것이었습니다.

말하자면 모든 권력과 통치의 기능을 중앙 정부를 중심으로 하여 다스린 것입니다. 따라서 지방 간에 생긴 두터운 장벽, 그리고 국가의 이익보다 개인의 이익을 더 찾았던 지난날의 모든 낡은 제도나 사람의 생각을 뜯어고쳐 놓았습니다.

이러한 정책 가운데 또 하나 중요한 것은 국민 교육 제도를 바꿔 놓은 것입니다. 즉, 어떤 집안에서 태어났느냐의 출신을 따지지 않고 학업 능력에 따라 자유롭게 평가받을 수 있도록 했습니다. 그 결과, 실력이 있는 사람이면 누구든지 관리로 뽑힐 수 있었습니다.

이같이 나폴레옹은 일반 국민들에게 무엇인가 한 가닥 희망을 심어 주는 데 노력을 아끼지 않았습니다.

또한 나폴레옹은 종교의 힘을 알고 있었기 때문에 1801년 가톨릭과 화해를 맺었습니다. 나폴레옹은 당시 프랑스 국민의 대다수가 가톨릭을 믿고 있음을 알고 나라의 안정을 위해 그들과 친하게 지낼 필요를 느꼈던 것입니다. 그래서 나폴레옹은 가톨릭을 국가의 종교로 승인하게 되었습니다.

뿐만 아니라 나폴레옹은 지역적으로 흩어져 있는 나라의 힘을 한군데로 통일시키고 단결시키기 위해 새로운 법도 만들었습니다. 그것이 바로 《나폴레옹 법전》입니다. 나폴레옹은 프랑스 전 지역에 걸쳐 통일된 이 법 하나를 지키도록 했습니다.

물론 지방별로 생활과 풍속이 다른데다 오랜 전통과 굳어진 관습으로

이 법에 반대하는 사람들도 많았습니다. 그러나 나폴레옹은 효과적인 행정을 펴고 또 어느 지역에 살든 모두가 다 같은 프랑스 국민이라는 생각을 심어 주고 싶어 통일된 법이 반드시 필요하다고 생각한 것입니다.

나폴레옹은 또한 법 앞에서 모든 사람이 평등하고 종교의 자유를 누릴 수 있으며, 재산을 보호받고 또 농사를 위한 노예 제도를 없애야 한다고 믿어 이를 법전 내용에 명확히 제시해 놓았습니다.

그러나 그 법은 또다른 측면에서 문제가 없지는 않았습니다.

노동자와 이들을 부리는 주인, 서로 다른 종교를 갖고 있는 사람들 사이의 갈등 등 이 법전을 둘러싼 국민들의 불만이 또다른 방향에서 터져 나온 것입니다. 19세기의 복잡했던 당시 프랑스 사회의 모습을 그대로 보여 준 셈입니다.

나폴레옹은 자신이 만든 법전을 공포한 후에 이렇게 당당하고 자신 있게 말했습니다.

"나의 참된 영광은 전쟁의 승리에 있지 않을 것이다. 나의 영광을 영원히 기리게 할 것은 바로 내가 만든 이 법전일 것이다."

나폴레옹 제국의 멸망

나폴레옹은 전쟁의 영웅이었습니다. 그는 가는 곳마다 승리를 거뒀고 정복된 나라의 사람들로부터 뜨거운 환영을 받았습니다.

전쟁을 하면서 나폴레옹은 병사들의 사기, 즉 싸우면 이긴다는 강한 정신력을 병사들에게 심어 주기 위해 노력했습니다.

이것이야말로 나폴레옹이 전투에서 이길 수 있는 가장 큰 힘이 된 것입니다. 그리고 또 하나, 평범한 집안에서 태어난 그는 일반 병사들을 누구보다 아끼며 사랑하고 보살펴 주었는데, 이것 역시도 나폴레옹 군대의 큰 정신적 무기가 되었습니다.

1806년 프로이센을 무너뜨린 나폴레옹은 중부 유럽을 순식간에 정복했습니다. 이어 북이탈리아, 오스트리아의 지배권을 단단히 했습니다.

러시아와 오스트리아 연합군을 격파하는 나폴레옹 군대

그러는 한편 러시아를 향해 밀고 들어가면서 영국을 제외한 에스파냐, 스웨덴까지 모두 손아귀에 넣었습니다. 그야말로 승승장구였습니다.

그러나 영국은 끈질기게 나폴레옹과 맞섰습니다. 영국은 강한 해군력을 바탕으로 자기 나라의 바다를 안전하게 지키고 있었습니다.

"비록 육지에서는 나폴레옹에게 졌다 하더라도 바다에서의 싸움만은 꼭 우리가 이긴다! 바다에서의 승리는 모두 우리의 것이다!"

영국 해군들은 나폴레옹과 싸우면서 그렇게 다짐하고, 또 그렇게 승리를 차지했습니다.

육지가 프랑스의 몫이었다면, 바다는 영국의 몫이었습니다.

1805년 트라팔가에서의 바다 싸움은 넬슨의 지휘 아래 영국 해군이 프랑스와 에스파냐의 연합 함대를 크게 무찌른 유명한 싸움이었습니다.

이 싸움에서 이긴 영국은 프랑스의 해상권을 차지할 정도로 큰 능력과 솜씨를 보여 주었습니다.

그러자 나폴레옹은 영국을 바다에서 외톨이로 만들려고 갖은 노력을 다했습니다. 육지와 일체 통하지 못하게 하고 물자 공급도 막으려 안간힘을 썼습니다.

프랑스, 곧 나폴레옹이 이것을 성공시키지 못하면 그 자체가 바로 패배인 셈이 되는 것이었습니다. 하지만 그것은 너무나 어려운 일이었습니다. 완강히 버티는 영국을 쓰러뜨릴 방법이 없었습니다.

이렇게 되자 나폴레옹에게 정복당한 많은 나라들도 불만이 쌓여 갔습니다. 처음에는 옛 제도와 관습에서 해방되는 바람에 나폴레옹을 환영했던 그들도 시간이 흐를수록 만족에만 머물지는 않았습니다.

러시아는 나폴레옹의 요구에도 불구하고 해상국인 영국과 무역을 계속했습니다. 그러자 나폴레옹은 이에 불만을 품고 러시아로 진군했지만, 추위 때문에 실패를 하고 파리로 돌아왔습니다. 그러나 파리에서도 뜻하지 않은 어려움이 나폴레옹을 기다리고 있었습니다. 오스트리아, 프러시아, 스웨덴 등의 연합군이 주둔하고 있다가 지친 나폴레옹 군내를 물리치고 파리를 점령해 버린 것입니다.

러시아에서 철군하는 나폴레옹

그야말로 순식간에 왕위에서 쫓겨난 나폴레옹은 죄수의 몸이 되어 엘바 섬으로 끌려가는 비참한 신세가 되고 말았습니다.

작은 섬에서 태어나 34세에 프랑스 황제, 38세에는 전 유럽에 군림하여 카이사르와 같은 권력을 거머쥐었던 나폴레옹의 화려했던 시대는 이렇게 막을 내렸습니다.

산업 혁명

프랑스 혁명과 나폴레옹 전쟁이 일어날 무렵, 유럽의 서쪽 섬나라 영국에서는 커다란 변혁이 일어나고 있었습니다. 바로 '산업 혁명'이었습니다.

원래 '산업 혁명'이란 말은 농업 및 손기술에 의한 수공업적 생산에서 기계에 의한 생산 방법으로 바뀌는 것을 뜻합니다. 이와 같은 산업 혁명을 통한 기계 기술의 발달은 생산량을 크게 늘렸으며, 사람들은 가난과 힘에 겨운 육체적 노동으로부터 벗어날 수 있었습니다.

그런데 이러한 산업 혁명이 영국에서 가장 먼저 시작된 데에는 몇 가지 이유가 있었습니다.

첫째, 산업화가 시작되기 이전에 영국을 비롯한 서유럽은 전 세계에서 가장 잘 사는 나라였습니다. 부자와 가난한 사람 사이에 모든 이익이 서로 적당하게 잘 나누어져 있었기 때문입니다.

그리고 16~17세기 사이의 약 200년 동안 해외 식민지와 대륙 사이에 이뤄진 무역으로 나라의 경제도 튼튼해졌습니다.

따라서 한때 가난과 질병과 전쟁으로 인한 상처가 있기는 했지만, 이러한 나라의 경제적인 힘은 새로운 발전을 위한 밑거름을 이루었습니다.

둘째, 영국의 농업은 다른 지역의 농업 기술과 달랐습니다.

예를 들면 쌀을 주로 먹는 나라의 농업은 벼를 하나하나 일일이 심어야 하고 물을 대어야 합니다. 또 물을 대기 위해서는 연못이나 저수지도 만들어야 하고, 물을 대는 시설도 해야 하는 번거로움이 따릅니다.

그러나 씨를 뿌려서 곡식을 재배하고 생산하는 영국의 농사 방법은 쌀농사에 비하여 훨씬 간편했습니다. 즉, 물이 없는 곳에서도 곡식을 기를 수 있고, 그만큼 농사지을 땅도 많이 늘릴 수 있었습니다. 따라서 사람의 노동력을 알뜰하게 최대한 이용할 수 있는 장점이 있었습니다.

더군다나 다른 대륙에서 건너온 감자를 식량으로 많이 먹게 됨으로써 농민들이 식량에 대해 크게 걱정하지 않게 된 것입니다. 쌀에만 의존하는 나라와 달리 감자나 밭농사에서 얻어진 곡식으로 식량 문제의 어려움을 겪지 않게 됨에 따라 노동력을 그만큼 다른 곳에 값지게 쓸 수 있었던 것입니다.

셋째, 스페인, 포르투갈, 영국, 프랑스처럼 왕이 절대적인 권한으로 나라를 다스리는 경우에는 세계의 다른 지역으로 영토를 늘리거나 무역의 특권을 얻기 위해 치열한 경쟁을 했습니다.

이러한 과정에서 무역을 하는 사람들의 활동을 적극적으로 부추기게 되었으며, 이러한 사람들이 곧 새로운 변화를 가져오게 한 바탕이 되었던 것입니다.

넷째, 인구 증가를 꼽을 수 있습니다. 18세기 유럽은 갑작스런 인구 증가가 이루어졌습니다.

그 당시 정확한 인구 조사를 실시한 나라는 없었지만, 1750년 무렵의 유럽 인구는 대략 1억 2천만 명 정도였다고 합니다. 그러던 것이 그 후 1800년 무렵에는 1억 9천만 명으로 늘어 반세기 동안 약 7천만 명의 인구가 증가한 셈이었습니다.

이같은 인구의 증가로 생산을 위한 노동력을 그만큼 많이 갖게 되었습니다. 대량으로 모든 것을 생산할 수 있는 기본적인 힘을 갖게 된 셈입니다.

이처럼 좋은 조건을 갖춘 영국은 유럽 여러 나라 가운데에서 산업화를 성공적으로 이끌어 이웃 대륙은 물론, 멀리 미국, 그리고 아시아에까지 그 영향을 크게 끼쳤습니다.

18세기에 영국은 나라의 힘을 여러 모로 키워 프랑스와 대결하면서 유럽 전체에서 누가 가장 큰 힘을 가진 강대국이 되느냐를 놓고 경쟁을 벌였습니다.

당시 프랑스는 인구도 영국보다 많았으며, 국력도 영국에 결코 뒤지지 않았습니다. 그리고 기술도 발달했으며 정부의 역할도 산업 혁명을 일으키는 데 부족함이 없었습니다. 게다가 도로, 다리, 운하 등의 건설에 대한 프랑스 정부의 노력은 오히려 영국보다 더 컸습니다.

그러나 프랑스는 전통적인 농업 방식을 그대로 지켜 왔으며, 생산 공장들은 일반 대중을 위한 물품보다 특수한 사람들이 쓰는 사치품을 만드는 데 더 많은 노력을 하였습니다.

또 하나, 프랑스가 영국의 산업 혁명보다 뒤진 데는 더 중요한 이유가 있었습니다.

그것은 프랑스 국내의 관세 제도 때문이었습니다. 관세란 나라와 나라끼리 상품을 사고 파는 무역의 과정에서 내는 세금입니다.

　그런데 프랑스에서는 국내의 지역끼리도 서로 세금을 내게 함으로써 무역이 활발하지 못했던 것입니다.

　무역을 해서 돈을 벌기도 하지만 아울러 세금도 많이 내야 하므로 장사하는 사람들의 이익은 그만큼 줄어들기 때문입니다. 그리고 지역끼리 화폐도 다르고 계산법도 달라 세금을 내는 데도 불편한 점이 많았습니다.

　이것은 독일과 이탈리아의 산업 혁명을 뒤쳐지게 한 이유이기도 합니다. 아무튼 이것은 1789년 프랑스 대혁명이 일어나 이 제도가 없어지기까지 산업 혁명을 가로막는 큰 원인이 되었습니다.

　그러나 영국은 1707년 스코틀랜드를 영국 영토로 합치면서 이 관세 제도를 일찍 없앴습니다. 이것은 프랑스에 비하면 약 백 년 앞서 관세를 없앤 것입니다. 그만큼 영국은 프랑스보다 무역 활동에 대해 앞서간 것입니다.

　이와 함께 프랑스 대혁명은 영국과 마찬가지로 정치적인 자유와 평등을 가져다주긴 했으나 전통적인 농업과 상업을 그대로 이어받아 산업화의 길을 늦추는 원인이 되었습니다.

　그런데다 프랑스의 농업은 옛날의 농사법을 그대로 따라, 대량 생산보다는 필요한 만큼의 생산에 그쳤습니다. 따라서 농사법이 발달하기 어려웠고, 농토를 늘리거나 씨앗의 품종을 개량하는 데도 영국에 비해 뒤떨어질 수밖에 없었습니다.

　또 영국은 공장 노동력이 풍부한 데 비해 프랑스는 비교적 적었고, 그나마 새로운 농장 경영 방식으로 인해 농촌에서 밀려 나온 노동자들이 대부분을 차지했습니다.

영국 정부는 또 법과 질서를 존중하고 개인 재산을 보호해 주어 산업화를 돕는 데 이바지했으며, 개인적인 사업이나 무역 활동을 지원해 주는 데도 적극적이었습니다.

이런 많은 이유로 영국은 어느 나라보다 앞서 산업 혁명을 일으킬 수 있었던 것입니다.

나날이 발전하는 기술과 기계화의 바람

다시 말하면, 산업 혁명이란 손으로 물건을 만드는 방법에서 벗어나 기계의 힘으로 물건을 대량으로 빨리 만드는 과정의 변화를 말합니다.

사람이나 동물의 힘을 이용하는 대신, 증기의 힘과 같은 과학적인 기술을 이용하여 물건을 생산하는 새로운 변화를 일컫습니다.

산업 혁명의 발단이 된 것은 면직물 공업이었습니다. 면직물 공업을 구성하는 과정인 방적(실 뽑기)과 방직(실 짜기) 기술의 발전이 거듭되자 다른 산업에도 기계화 바람이 불게 된 것입니다.

1733년부터 시작해 존 케이, 제임스 하그리브스, 리처드 아크라이트에 의해 방적기가 만들어져 개량되었습니다.

발명가들은 대부분 옷감 짜는 공장의 노동자들이었는데, 이들의 발명이란 예전에 사용되던 기계를 응용하는 데 그쳐 그다지 큰 변화를 기대

와트의 증기 기관

하기란 힘들었습니다.

그러나 1760년대 마침내 전문 기술자 제임스 와트가 만든 증기 기관이 직물 공업에 사용되면서 커다란 변화를 가져오게 되었습니다.

이제 실을 짜고 옷감을 만들어 내는 작업은 사람의 손으로 하는 것이 아니라 기계가 완전히 대신하게 된 것입니다.

결국 이 증기 기관의 발명이 기계 공업을 발달시켰으며, 기계의 재료를 제공하는 제철업도 함께 일어나게 했습니다. 또한 제철업과 증기 기관의 가동에 쓰일 많은 석탄이 필요하게 되어 아울러 광업도 번성하게 되었습니다.

석탄 이야기

오늘날 우리들이 가장 의존하고 있는 동력원은 석유지만 바로 수십 년 전만 해도 석탄을 가장 많이 사용하였습니다. 석탄을 사용하기 전에는 장작이나 목탄이었습니다.

일찍이 울창한 삼림으로 덮여 있던 영국이었지만, 12~13세기 이후 개간이 활발해지고 연료, 건축, 조선용 목재를 얻기 위해 산림의 채벌이 많이 이루어져 영국의 산림은 급속히 줄어들었습니다.

이런 까닭에 목재를 대신할 수 있는 동력원이 일찍부터 필요하여 다른 나라보다 먼저 석탄을 이용하기 시작하였습니다. 그리고 석탄 생산이 탄광의 배수에서부터 증기 기관의 발명을 부르게 되었고, 석탄 수송의 필요가 도로의 정비, 운하 철도의 발달을 자극시켜 산업 혁명에 박차를 가하게 된 것입니다.

증기 기선과 증기 기관차

19세기 초까지 세계의 주요한 교통수단은 말, 수레, 배 같은 느린 것뿐이었습니다.

이것은 불과 150년 전의 이야기입니다.

모스크바까지 휩쓸고 다녔던 영웅 나폴레옹도, 유럽·아프리카·아시아·아메리카 등 4개 대륙의 무역을 독점했던 영국도 말과 배만을 이용했을 뿐입니다.

그러나 얼마 후, 미국인 로버트 풀턴은 최초로 증기 기선을 만들었습니다.

그는 원래 그림 공부를 하기 위해 영국으로 건너간 유학생이었는데, 우연히 제임스 와트를 알게 된 후 그의 증기 기관을 배에 이용할 수 없을까 하고 생각했습니다.

결국 그림 공부를 뒤로 제쳐두고 이 일에만 몰두한 그는, 1803년에 처음으로 증기 기선을 만드는 데 성공했습니다.

증기 기관차

이 증기 기선이 해상 교통의 혁명이었다면, 육상 교통의 혁명은 증기 기관차를 발명한 조지 스티븐슨에 의해 이루어졌습니다.

이것은 1814년에 만들어졌지만 실제로 이용된 것은 1830년, 공업 도시 맨체스터에서 항구 도시 리버풀 사이에 철도가 놓인 뒤였습니다.

이리하여 맨체스터에서 생산된 랭커셔제 면화는 영국의 대표적 상품으로 인도와 중국을 비롯한 전 세계로 수출되어, 그 지역의 전통적인 면직물 수공업을 파괴해 나갔습니다.

인도의 면직물 공업이 입은 타격에 대해 네루는 다음과 같이 말하고 있습니다.

"영국 제품의 보급과 침투는 인도 수공업을 사멸시켰습니다. 생업을 빼앗긴 수공업 직인들은 대체 어떻게 되었을까요? 영국에서도 대공장이 출현했을 때 직공들은 직장을 빼앗기고 거리로 던져졌습니다. 그러나 그들은 새로운 공장에 일자리를 얻어 새로운 환경에 순응해 갔습니다. 인도에서는 그런 길이 열리지 않았습니다. 갈 수 있는 공장도 없었습니다. 가난하고 집도 없는, 주린 배를 움켜쥔 직공들은 고향으로 돌아가 토지에 정착하려 하였습니다. 그러나 그곳은 이미 사람들로 가득 차, 얻을 수 있는 땅은 더 이상 남아 있지 않았습니다. 그저 죽는 길 이외에는 다른 방도가 없는 사람들도 수없이 많았을 것입니다."

'세계의 공장' 영국

산업 혁명을 달성한 영국에서는 값싸고 좋은 제품이 대량 생산되어 영국 제품과 경쟁할 수 있는 제품이 없었습니다. 따라서 전 세계는 영국 제품으로 가득 넘치게 되었던 것입니다.

영국은 전 세계 면 제품과 철의 절반 이상을 공급하여 문자 그대로 '세계의 공장'이 되었습니다.

그리고 이 우세한 경쟁력을 바탕으로, 영국은 생산한 제품을 팔 시장과 제품을 만들 원료를 구하기 위해 전 세계에 식민지를 확대해 나갔습니다. 이리하여 강대한 대영 제국이 형성되어 '19세기는 영국의 세기'라 일컬어지게 되었습니다.

경제학자 스탠리 제보스는 그런 영국을 《경제학 원리》라는 책에서 다음과 같이 자랑스럽게 쓰고 있습니다.

> 세계의 5대주는 자진해서 우리 영국을 위해 봉사하고 있습니다. 북아메리카와 러시아 평원은 우리의 곡물밭, 우리의 삼림이며, 페루의 은과 캘리포니아의 금은 런던으로 흘러들고 있습니다.
> 중국인은 우리들을 위하여 차를 재배하며, 프랑스는 우리의 포도밭이며, 지중해는 우리의 과수원입니다.

산업 혁명 100년 후의 유럽

영국이 산업화를 시작한 지 100년이 지난 19세기 중엽 이후, 영국의 중산층은 갈수록 넓어졌습니다. 즉, 가난하고 어려웠던 사람들이 나라 경제가 발전하게 되자 자연히 잘 살게 되었던 것입니다.

그러나 아직도 영국 인구의 거의 대부분은 선거에 참여할 수 있는 참정권을 갖지 못하고 있었습니다.

그래서 근로자들은 공장이나 회사의 문을 닫고 구호를 외쳤습니다. 자기들도 정치에 참여할 수 있게 해 달라고 말입니다. 그러나 영국 정부는 군인들을 시켜 이들을 강제 해산시키고 그 주동자들을 감옥에 집어넣었습니다.

이 무렵, 전 유럽에 또다른 위기가 닥쳐왔습니다. 유럽 일대가 가뭄 때문에 먹을 것이 없어 굶주린 사람들로 가득 채워지게 된 것입니다. 날만 새면 굶주림으로 죽은 사람들의 시체가 즐비하게 실려 나갔습니다.

겨우 살아남은 사람들은 굶주림을 피해 영국의 식민지 또는 미국으로 이민을 떠나기 시작했습니다.

미국(개척민과 인디언)

오늘날 가장 힘센 나라인 미국이 그 당시에는 어떤 모습이었을까요? 지난날 영국에서 종교의 자유를 찾아 메이플라워호를 타고 북아메리카로 건너간 사람들을 여러분은 기억하고 있을 것입니다. 그리고 그곳에서 영국 정부와 싸워 승리를 하고 독립 선언문을 선포한 것도 말입니다.

이렇게 자유를 찾아 북아메리카에 정착한 미국인들은 이번에는 그곳에 살고 있던 인디언들을 괴롭히며 자신들의 땅을 넓혀 나가기 시작했습니다.

유럽에서 개척민들이 건너오기 전, 아메리카 대륙에는 인디언족들이 평화로운 생활을 하고 있었습니다. 그러나 개척민들은 이들을 몰아내며 서부로 서부로 진출해 나아갔습니다. 인디언들의 생활에 필요한 모든 것을 제공해 주던 버팔로(아메리카 들소)마저 개척민들의 사냥으로 멸종될 위기에 놓였습니다.

개척민들이 만든 흑인 노예 제도

본격적으로 인디언들을 괴롭히기 시작한 것은 노예 제도의 탄생이었습니다. 국내의 인디언들과 서인도 제도에서 잡혀 온 흑인들을 농장에 영원히 묶어 두기 위하여 개척민들, 즉 백인들은 흑인 노예 제도를 계속 확대시켜 나갔습니다.

백인들은 흑인 노예가 도망가지 못하도록 사슬로 묶어 두었으며, 감시 또한 심하게 했습니다.

이렇게 확대된 노예 제도는 1820년, 극에 다달았습니다. 그 당시 영국

에서는 산업 혁명이 비약적인 발전을 했기 때문에 많은 면화를 필요로 했습니다. 이렇게 되자 그 전까지 담배 재배에 힘을 기울였던 남부 사람들은 면화 재배에 손을 대기 시작했습니다. 그리고 1792년, 엘리 휘트니의 조면기 발명은 면화 재배에 박차를 가하게 했습니다.

그리하여 면화 재배 농장은 캐롤라인, 조지아 등지에서부터 멕시코 만 연안의 비옥한 앨라배마와 미시시피, 루이지애나 등 서부에까지 빠른 속도로 확대되었습니다.

이리하여 남부는 그야말로 면화의 왕국이 되었습니다.

값싼 흑인 노예들의 노동력이야말로 농장주들에게는 가장 반가운 것이었습니다. 그 당시의 남부 인구 중 약 40퍼센트가 흑인 노예였다고 하니, 남부 지역이 얼마나 많은 노예를 부리고 있었나를 짐작할 수 있습니다.

그런데 노예를 다루는 데 있어서, 남부 사람들은 유난히 혹독했습니다. 마치 노예를 짐승 다루듯이 하기가 예사였고, 심지어는 가난뱅이 백인들까지 일할 생각은 않고 노예 장사로 돈을 벌려고 했습니다.

이들 흑인 노예들은 가혹한 지배를 받으면서 대부분 죽어 갔지만, 그 중에는 달아나는 노예들도 있었습니다.

그러다 1829년, 지독한 대우에 불만을 품었던 나트 터너란 흑인 노예가 반란을 일으켰습니다.

반란군은 백인들을 습격해 61명을 살해했습니다. 그러자 백인들 역시 가만히 있지 않았습니다. 죽은 백인들의 두 배가 되는 120명의 흑인을 무차별하게 죽였습니다. 그 후 노예들의 탈주와 반란은 끊임없이 계속되었고, 백인들은 그럴수록 더욱더 지독해져 갔습니다.

마침내 백인들은 노예 제도를 강화하기 위해 또다른 법을 만들었습니다. 그것은 '도망 노예에 관한 단속법'이라는 것인데, 이 법은 1850년에 만들어졌습니다. 미국 전역에 걸쳐 노예의 도망을 막으려는 것이었습니다.

　그러자 해리엇 비처 스토라는 부인이 신문에 노예 제도를 반대하는 《톰 아저씨의 오두막》이라는 소설을 1년 동안 연재했습니다.

　노예 제도를 반대하던 스토 부인의 이 글은, 그 당시 많은 사람들을 감동시켰습니다. 이 글을 읽은 사람들은 모두 흑인 노예 제도가 얼마나 나쁜 것인가를 알게 되었고, 특히 북부 사람들은 남부의 노예들을 동정하기 시작했습니다.

　필라델피아에서는 '지하 철도 운동'이 생겼습니다.

　이 운동은 도망친 흑인 노예를 도와 그들이 북부나 서부, 또는 캐나다로 가서 자유롭게 살도록 보살펴 주자는 것이었습니다.

　비밀리에 전개된 이 운동은 널리 퍼져, 노예들이 남부에서 탈출할 수 있도록 기회를 만들어 주기까지 했습니다.

　지하 철도 운동이 퍼지자 이제는 노예 제도 폐지 운동이 본격적으로 일어나기 시작했습니다. 이 운동 역시 필라델피아 같은 북부에서 생겼습니다.

　북부는 그 당시 담배나 면화 재배의 생활에서 벗어나 철 공업과 기계 공업에 정신을 쏟고 있었습니다. 그래서 남부보다는 오히려 발전이 빨랐고, 사람들의 의식 수준도 그만큼 높았습니다.

　그러나 이러한 노력에도 불구하고 남부에서는 노예 제도를 끈질기게 고집했습니다. 그들은 반대자들에게 이렇게 말했습니다.

노예 해방 선언문

"최고 수준의 능력과 지식을 가진 인간이 못난 인간들을 지배하고 이용하는 것은, 자연과 신의 명령이다."

이러한 싸움은 오래도록 계속되다가 결국은 남북 전쟁을 일으킴으로써 끝을 맺었습니다.

노예 해방에 앞장섰던 에이브러햄 링컨이 제16대 대통령에 당선됨으로써 1863년, '노예 해방 선언'이 발표되어 노예 제도가 완전히 폐지되었습니다.

그리고 남부와 북부로 나뉘져 있던 미국이 하나로 통일되었습니다.

노예 제도의 폐지로 흑인들은 백인과 동등한 위치에 서게 되었지만 갖가지 제약 때문에 흑인들은 좀처럼 시민권을 얻을 수 없었고, 대부분이 가난한 소작인이나 저임금 노동자로 고달픈 생활을 해 나갔습니다.

서구 제국주의

19세기 약 100년 동안 유럽인들은 아시아, 아프리카 등 세계로 자신들의 힘을 과시했습니다.

산업 혁명으로 기계화가 되자 많은 물건을 빠른 시간에 만들어 내게 되었고, 그렇게 되자 그 물건을 만드는 원료가 부족했습니다. 또한 남아도는 제품을 팔기에도 유럽은 너무 작았던 것입니다.

그래서 가장 강력한 힘을 가진 영국을 비롯한 유럽의 여러 나라들이 아시아, 아프리카로 몰려들었습니다.

경제적인 목적에서 이곳으로 몰려들었던 유럽 인들은 이어 정치마저도 그들의 간섭 아래 두려고 했습니다.

그리고 제품의 원료를 공급할 나라와 그 제품을 팔아야 하는 시장을 서로 차지하기 위해 세력 다툼을 벌였습니다.

이 다툼을 곧 '제국주의'라고 할 수 있는데, 이런 점에서 역사가들은 19세기를 '제국주의 시대'라고 부릅니다.

이 무렵 인도와 중국 등 아시아 국가들은 강력한 왕의 통치 아래 짜임새 있는 국가 조직을 가지고 있었습니다. 또 오랜 문화의 전통과 힌두교, 불교 등 종교적인 힘에 의해 문화적으로 잘 뭉쳐져 있었습니다.

그래서 유럽 인들이 들어와 기독교 문화를 이야기할 때 쉽사리 마음을 열지 않았습니다. 그 가운데에서도 중국과 일본인들은 유럽 인들을 매우 싫어했습니다.

그래서 영국, 프랑스, 러시아, 미국의 아시아 진출은 여러 방향에서 어려움을 겪게 되었고, 그 지역의 강한 독립성을 쉽사리 꺾을 수가 없었습니다.

그러나 인도의 경우, 힌두교와 이슬람교가 서로 나뉜 상태였고 서로 다른 언어의 사용 등 국가 내부적으로 통합이 잘 안 된 형편이어서, 이미 17세기 이후 영국, 프랑스, 포르투갈, 에스파냐 세력이 밀고 들어가 서로 세력을 키우는 전쟁터가 되었습니다.

산업 혁명을 이끈 영국이 이곳 인도에서도 먼저 세력을 쥐고 인도 사람들을 억압하기 시작했습니다. 특히 1857~1858년 세포이 투쟁에서 인도의 힌두교와 이슬람 세력을 다스려 누른 이후부터 더욱더 그 정도가 심해졌습니다.

세포이 반란

영국이 인도를 본격적으로 식민지화한 지 약 100년이 지났을 무렵, 인도 인들 사이에서는 영국의 가혹한 지배에 대항하려는 마음이 점점 커지기 시작했습니다.

인도 인들은 서로서로 붉은 연꽃과 티파티(밀가루를 납작하게 만들어

구운 빵)를 돌렸습니다. 영국인들은 이것의 의미를 몰랐으나 인도에서는 보통 반란이 일어나기 직전에 보이는 광경이었습니다.

설교자들은 각지를 돌면서,

"영국의 멸망은 멀지 않았다!"

"영국이 인도를 지배한 지 100년째인 지금이야말로 영국은 멸망하고, 영국인들은 모조리 바다로 내몰려 죽게 될 것이다!"

하는 말을 퍼뜨렸습니다.

그리고 마침내 1857년 5월, 이러한 분위기에 힘을 얻은 세포이(영국 동인도 회사의 인도 인 용병)가 반란을 일으켰습니다.

반란의 계기는 영국군이 세포이에게 소기름과 돼지기름을 바른 탄약통을 사용하게 한다는 소문이 나돌았기 때문입니다. 이 탄약통을 사용할 때에는 입으로 마개를 뽑아야 했기 때문에, 소를 성스러운 동물로 숭배하는 힌두교도들에게나 돼지고기를 몹시 꺼려하는 이슬람교도들 모두에게 이것은 대단히 치욕스러운 일이었습니다.

세포이들

이것을 계기로 영국의 지배에 대한 분노가 폭발한 것입니다. 조그만 지방에서 일어난 세포이 반란은 마침내 인도 전역의 3분의 2까지 파급되는 전 국민적인 대반란으로 발전하였습니다.

이에 당황한 영국은 중국에 파견 중이었던 군대를 급히 인도로 돌려 대대적인 탄압을 시작했습니다.

　영국 신문 〈타임즈〉는,
"기독교 교회 하나가 파괴된다면 백 개의 힌두교 사원을 파괴하라!"
"백인 한 명이 살해되면 천 명의 인도 인을 사형에 처하라!"
하고 외치며 인도 인에 대한 잔혹한 보복을 부추겼습니다.
　영국 군대의 강력한 힘에 의해 세포이의 반란은 실패했지만, 제국주의 세력에 대항하는 민족주의 정신은 높이 평가되고 있습니다.

아편 전쟁

　　중국은 아편 전쟁에서 영국에 무릎을 꿇기 전까지는 유럽의 나라들과 본격적인 무역을 하지 않고 있었습니다.

아편 전쟁

　그 무렵 영국은 인도에서 생산되는 아편이 중국인들의 체질에 잘 맞는다는 사실을 알고 중국 정부에 아편 무역을 요청하였으나 중국은 이를 거절했습니다. 거절당한 영국은 즉시 전쟁을 일으켜 무역의 문을 열게 했습니다. 이 전쟁이 바로 '아편 전쟁'입니다.
　아름다운 경치와 국제적 자유 무역항으로 유명한 홍콩이 바로 이때 영국 식민지가 된 것입니다.
　홍콩을 빼앗은 영국은 북쪽 항구 쪽에 당시 영국 여왕의 이름을 딴 빅

토리아 시를 건설하였습니다.

아편 전쟁 후 중국 내에서 '태평천국의 난'이 일어나 사회가 혼란의 소용돌이에 싸이자, 유럽의 여러 나라들은 기다렸다는 듯이 중국 대륙을 침략하여 못살게 굴기 시작했습니다.

더군다나 1894~1895년까지 벌어진 청·일 전쟁에서 청나라가 일본에 항복하게 되자 영국, 프랑스, 러시아, 독일 등은 마치 청나라의 후원자인 양 나서서 일본의 중국 진출을 가로막았으며, 그 대가로 중국에 영토, 또는 특권의 허가 등을 요구했습니다.

이처럼 유럽의 열강들이 서로 자기들의 이익을 위해 중국에서 물러나지 않고 있을 때, 일본이 세계의 강대국인 러시아를 무너뜨린 러·일 전쟁(1904~1905)이 일어났습니다.

이제까지 동양을 약하게만 보아 왔던 콧대 높은 서양인들은 그제서야 비로소 조금씩 긴장하기 시작했고, 중국도 이에 자신감을 갖고 자신들의 나아갈 길을 찾게 되었습니다.

러·일 전쟁과 일본의 민족주의

1894년, 일본은 한반도를 차지하기 위해 중국과 전쟁(청·일 전쟁)을 벌였습니다. 이때 모두들 중국이 일본을 누르고 승리할 것으로 보았습니다.

러·일 전쟁의 러시아군 모습

그러나 놀랍게도 전쟁의 결과는 일본의 승리였습니다.

전쟁에서 이긴 일본은 그 배상금으로 중국 영토의 일부를 요구하였습니다. 그러나 독일과 러시아 등 서구 강대국들은 그들대로 여기에 간섭하고 나서 일본이 요구한 주요 지역을 빼앗았습니다.

이렇게 되자 일본은 크게 분노하였습니다. 그야말로 춤은 일본이 추고 그 대가로 받는 돈은 독일과 러시아가 차지한 셈이 되었기 때문입니다.

마침내 1904년, 만주를 차지하기 위해 일본과 러시아가 전쟁을 하게 되었습니다.

그런데 이 러·일 전쟁에서 일본이 승리하게 되자 서구 강대국들은 아시아 지역에서 일본의 능력을 새롭게 인정하게 되었습니다.

이처럼 일본이 민족주의와 강력한 지도력을 가지고 서구 여러 나라의 세력을 물리치게 된 것은 서구 강대국의 짓눌림을 받고 있는 아시아 지역의 많은 식민지들에게 좋은 자극제가 되었습니다. 말하자면 큰 용기와 자신감을 불러일으켰던 것입니다.

외국 세력을 막아 내자는 바람은 중국, 인도차이나 반도, 중동, 그리고 남아프리카 지역의 인도 인들에게까지 불어닥쳤습니다.

그런데 이처럼 유럽 열강이 아시아 지역의 나라들을 차례차례 식민지로 만들어 가는 상황에서, 인도나 중국과는 달리 일본만이 독립을 유지할 수 있었던 데에는 이유가 있었습니다.

일본의 메이지 유신 전후의 여러 나라들의 상황을 살펴보면, 미국은 남북 전쟁이 한창이었고, 러시아는 크리미아 전쟁 패배와 폴란드의 반란에 골치를 썩고 있었습니다. 또 독일과 이탈리아는 통일 운동에 전념하고 있었으며, 영국은 세포이 반란과 태평천국의 난 등으로 다른 곳에 눈을 돌릴 여유가 없었습니다.

그리고 한편, 일본 무사들 중 뜻 있는 사람들은 유럽 제국의 식민지화에 촉각을 곤두세우며 민중들에게 호소하기 시작했습니다.

> 외국인들은 모든 중국인들을 종 부리듯이 하고 있습니다. 영국과 프랑스 인들이 거리를 걷고 있으면 중국인들은 모두 옆으로 비켜 서며 길을 양보합니다. 상해는 중국 땅이지만 사실 영국과 프랑스에 속해 있는 거나 다름없습니다. 우리 일본인들은 중국인들이 당하고 있는 일을 겪어서는 안 됩니다.
>
> ⋮
>
> 오키나와는 프랑스가 오래 전부터 군침을 흘리며 기회를 노리고 있습니다. 미국은 또 어떠합니까? 지난해부터 개항을 요구하며 친절하고 교묘하게 말을 꾸미고 있습니다. 이것은 슬그머니 아시아에 발을 디딘 후, 러시아의 진출을 막고 완전히 아시아를 집어삼키려는 것입니다.

이처럼 민족주의를 강조한 뜻 있는 일본인들의 호소가 일반 민중들을 자극시켜 끝까지 버틸 수 있는 힘을 갖게 된 것입니다.

사라예보에 울린 두 번의 총소리

이처럼 19세기 말 유럽은 독일, 오스트리아, 이탈리아의 3국 동맹과 러시아와 프랑스 사이의 러·불 동맹이라는 두 진영으로 나뉘어 서로 대립하면서, 아시아와 아프리카의 식민지화에 전력을 기울이고 있었습니다.

1914년 6월 오스트리아의 황태자 페르디난트 대공 부처는 사라예보(지금은 유고슬라비아에 속해 있다.)에서 치러질 오스트리아 육군 훈련의 총감독을 위하여 그곳으로 출발했습니다.

사라예보는 보스니아의 수도로, 그 당시 오스트리아의 식민지였습니다. 그래서 자유를 원하는 사라예보의 주민들은 오스트리아 인에 대한 감정이 아주 좋지 않은 상태였습니다.

황태자 부처는 이날 오전 10시쯤 사라예보 역에 도착해 시민들의 열렬한 환영을 받으며 행사장을 향해 천천히 나아갔습니다.

그리고 얼마 후 하늘을 찢는 듯한 두 번의 총소리가 울렸습니다. 황태자 부처는 그 자리에서 피를 흘리며 숨을 거두었습니다.

범인은 세르비아(옛 유고슬라비아 연방 공화국의 하나)의 민족주의 비밀 결사 단체 '검은손'에 소속된 19살 된 학생이었습니다.

오스트리아는 사건의 전모를 조사한 후, 이 사건의 배후에는 세르비아 정부가 개입되어 있다고 판단하고는 모든 책임을 세르비아 정부에 돌렸습니다.

그러나 만족할 만한 회답을 기다리다 못한 오스트리아는, 즉각 그들의 요구 열 항목이 담긴 최후 통첩을 보냈습니다.

그런데 이 요구 사항은 세르비아로 볼 때 매우 지나친 내용이었습니다. 세르비아의 수상 파시치는 각료들과 함께 밤새워 의논한 끝에, 10개 항목 중 1개만을 제외한 모든 조건을 들어준다는 회답문을 만들었습니다.

회답을 받은 오스트리아는 이에 불만을 품고 결국 세르비아 정부에 전쟁을 선포했습니다.

1914년 7월 28일의 일이었습니다.

이에 러시아는 즉시 오스트리아에 맞서 전쟁을 하겠다고 통고했습니다. 그러자 독일은 오스트리아를 도와 러시아에 선전 포고(전쟁을 하겠다고 미리 알리는 것)를 하고, 프랑스는 러시아를 지원하며 독일에 선전 포고를 하고, 영국은 독일의 벨기에 침입을 구실로 삼아 독일에 선전 포고를 하였습니다.

제1차 세계 대전

이제 오스트리아, 독일, 이탈리아가 같은 입장이 되었고, 러시아, 프랑스, 영국이 한패가 되어 유럽 전체가 오스트리아와 세르비아 간의 싸움의 불씨로 달아올랐습니다. 이것이 바로 '제1차 세계 대전'입니다.

1914년 8월 4일. 독일군은 벨기에를 공격했습니다. 이것은 전쟁이 일

어나기 이전, 독일이 세운 작전 계획에 따른 것입니다. 이 작전은 슐리펜 장군에 의해 만들어졌기 때문에 '슐리펜 작전'이라고 이름 붙여졌습니다.

그의 작전 계획은 이러했습니다.

"우리 독일은 이번 전쟁에서 한 나라만을 상대로 싸우는 게 아니다. 그렇기 때문에 이 작전은 복잡하고도 중요하다. 독일이 벨기에를 먼저 공격하여 프랑스 공격을 위한 디딤돌을 만든다. 이어 프랑스를 공격하면서 파리로 들어가 프랑스의 항복을 받아낸다. 그리고 재빨리 서부 전선의 군사력을 동부 전선으로 빼돌려 다시 러시아와 싸우는 것이다."

이 작전의 성공과 실패는 서부 전선의 공격 부대가 얼마나 빨리 동부 전선으로 옮겨 갈 수 있느냐에 달려 있었습니다. 독일은 이 작전에 따라 프랑스를 단숨에 항복시킬 수 있도록 모든 군사력을 그곳에 총동원했습니다.

한편, 프랑스도 독일이 공격을 해 올 것이란 사실을 알고 있었으므로 전쟁의 기본 계획을 세워 놓고 있었습니다.

"우리 프랑스 군대는 과거의 전통으로 되돌아간다. 지금 이후 공격 이외엔 어떤 다른 작전도 있을 수 없다. 오직 나폴레옹 작전, 그것으로 되돌아가는 것이다."

전쟁터에 나간 프랑스 군대는 독일군의 최신식 무기가 불을 뿜는 전쟁터에서도 겁을 내지 않고 눈에 잘 띄는 붉고 푸른 군복에 총칼을 들고 용감하게 싸웠습니다.

그러나 용감하게 나섰던 프랑스군 병사들은 적이 어떻게 생겼는지조차 보지도 못한 채 독일군의 현대식 기관총탄을 맞고 줄줄이 쓰러졌습니다.

독일군의 공격을 기다리는 참호 속의 러시아군

그러나 독일군의 작전도 결코 성공한 것은 아니었습니다. 러시아 군대가 독일의 예상보다 훨씬 빠르게 동원되어 전선으로 보내졌던 것입니다.

독일군의 작전은 처음 생각한 것처럼 되지 않았으며, 프랑스를 공격하려던 계획도 결국 늦춰지게 되었습니다.

늘어나는 병사들의 시체

9월 초, 독일군은 파리로부터 약 65킬로미터 떨어진 마르느 강에 도착하였습니다.

여기서 프랑스군은 영국의 지원을 받아 수도를 지키기 위해 철저하고 강력하게 군대를 배치했습니다.

한편, 파리를 점령하기 위해 너무 성급하게 공격을 폈던 독일군은 또다른 부분에서 구멍이 뚫려 영국군의 공격을 받게 되었습니다. 이 때문에 파리 공격에 나선 독일군과 독일군을 지원했던 부대 사이에 틈이 생겨, 영국과 프랑스 연합군이 자리를 잡게 되었습니다.

그리하여 독일의 공격은 무디어지

독일의 전함

게 되었고 파리 점령 계획은 일단 실패하고 말았습니다. 독일군은 후퇴하기 시작하였고 파리는 전쟁의 불길에서 무사하게 되었습니다. 그 이후부터 전쟁의 상황은 크게 달라지게 되었습니다.

독일군과 프랑스군이 서로 끝없이 버티기 작전을 벌이게 된 것입니다. 그 어느 쪽도 다른 한쪽을 공격하지 못한 채 시간을 끌면서 맞섰습니다.

군대의 지휘관들은 한꺼번에 마구 공격을 퍼부어 누가 이기고 지든 결판을 내려고 했으나, 번번이 무승부가 되고 말았습니다. 그 결과 병사들의 희생만 엄청나게 늘어갈 뿐이었습니다.

1915년 프랑스는 143만 명이나 되는 어마어마한 젊은 병사들이 목숨을 잃었는데, 그 대가로 되찾은 거리는 고작 5킬로미터도 되지 못했습니다.

독일은 1916년 2월 베르덩 공격 작전을 펼쳤으나 실패했습니다. 이 싸움에서 두 나라 병사들은 무려 1백만 명이 죽거나 다쳤습니다.

이 전투에서도 서로 얻은 것이란 아무것도 없었습니다. 1915년 4월 영국, 프랑스, 영국 연방의 오스트레일리아, 뉴질랜드 연합군은 다다넬스 해협의 유럽 쪽 영토인 갈리 폴리 반도를 공격했으나 대실패로 끝나고 말았습니다.

그 후 이탈리아가 연합군에 들어와 같이 공격을 폈으나, 1916년 오스트리아와 독일은 이들 연합군과 싸워 1917년 가을 카포레토에서 이탈리아 병사 27만여 명을 포로로 잡는 데 성공했습니다.

연합군이 완전히 패배하자 1917년 4월 지금까지 그 어느 편도 들지 않고 중립국 입장을 취해 온 미국이 독일에 선전 포고를 하고 이 전쟁에 끼어들었습니다.

연합군에 무릎을 꿇은 독일

미국의 참전으로 연합군의 승리는 확실하게 되었고, 독일군 사령관 루덴도르프 장군은 독일의 승리가 불가능하다는 것을 깨닫게 되었습니다.

마침내 1918년 11월 11일, 독일은 연합군에게 무릎을 꿇게 되었습니다. 그리고 이어 1919년 1월, 연합국의 대표들은 파리에 모여 평화 조약을 맺기 위한 절차를 밟았습니다.

1919년 6월 28일 마침내 독일은 이른바 베르사유 조약에 서명을 하게 되었습니다.

베르사유 조약 조인 장면

이 전쟁이 얼마만큼 비참한 전쟁이었는지는 제1차 세계 대전의 최대 격전지였던 서부 전선에서 일어났던 상황을 보면 알 수 있습니다.

…… 그날 영국군의 포격은 무시무시한 위력을 발휘하였습니다. 참호에 의존한 독일군 병사는 눈 깜짝할 사이에 픽픽 쓰러져, 주위는 흥건한 피와 진흙탕과 살점들로 뭉뚱그려져 차마 눈뜨고 볼 수 없었습니다.

제1차 세계 대전의 손실
- 전사자 900만 명
- 부상자 2,200만 명
- 비전투원의 사망 1,000만 명
- 전쟁 비용 3,321억 달러

독재자 히틀러

아돌프 히틀러(1889~1945)는 오스트리아 하급 관리의 넷째 아들로 태어났습니다.

히틀러는 중고등 학교 시절 별다른 특기나 특징을 갖지 못한 학생이었습니다. 그는 1907년 비엔나 예술 학교에 입학 신청을 하였으나 거절당했습니다. 그래서 그는 혼자 그림을 그리면서 비엔나에서 지냈습니다.

히틀러

어머니와 친척들이 남겨 준 재산으로 비엔나에서의 생활은 그리 어렵지 않았습니다. 재수를 한 히틀러는 1908년 비엔나 예술 학교에 다시 도전하였으나 또다시 실패하고 말았습니다.

그는 절망에 빠져 있는 동안 그림엽서를 그리며 생활을 이어 갔고 많은 책을 읽기도 했는데, 역사, 군사, 예술 분야의 책을 읽고 바그너의 오페라도 자주 감상하였습니다. 때때로 건축가의 꿈을 꾸기도 하였으나 그가 가장 관심을 가졌던 것은 인종학에 관한 것이었습니다.

히틀러는 노란 머리카락, 푸른 눈의 아리안족이 영웅적인 인종이며, 이 인종은 더럽고 못난 인종과 섞여서는 안 된다고 믿었습니다. 특히 유대 인과 피를 섞는다는 것은 아리안 민족의 비극일 뿐만 아니라 인류의 비극이라고 생각하였습니다.

이 무렵 범게르만 민족주의자인 쇠너러를 알게 되었는데, 쇠너러는 히틀러에게 유대 인이 나쁜 민족이라고 가르쳤습니다.

쉐너러는 유대 인이 나쁜 이유는 그들이 예수 그리스도를 거부한 악한 종교(유대교)를 믿고 있으며, 특히 근본적으로 좋지 않은 인종이라고 일러 주었습니다.

히틀러는 그의 가르침에 대해 깊이 감동을 했고, 히틀러 자신도 그런 생각을 갖게 되었습니다.

바로 그 무렵 제1차 세계 대전이 터졌습니다.

히틀러는 스스로 독일군에 들어가 싸웠습니다. 그리고 용감히 싸워 독일의 무공 훈장인 '철십자 훈장'을 두 번씩이나 받았습니다.

히틀러는 전쟁의 경험을 통해 규율, 조직 생활, 지도력, 투쟁 정신 등 여러 가지를 배웠습니다. 이러한 것들은 그가 통치자가 된 후 정치 생활의 기본 원칙이 되었습니다.

그는 독일이 전쟁에 실패하고 또 독일에서 혁명이 일어나자 큰 충격을 받았습니다. 히틀러는 독일이 실패한 이유는 혁명을 이끈 공산주의자들과 악한 종교를 믿는 유대 인들 때문이라고 믿었고, 그들이야말로 전쟁의 범인들이라고 외쳤습니다.

주목받는 지도자

1919년 히틀러는 '독일 노동자당'에 가입한 뒤 뛰어난 웅변과 조직력을 발휘하여 노동자당의 지도

자로 떠올랐습니다.

그는 제1차 세계 대전 이후 나라 안이 불안한 가운데 대중을 잘 조직하여 나치당의 주목받는 지도자의 자리에 올랐습니다. 히틀러는 일반 대중들에게 강한 인상을 주기 위하여 군복, 깃발 등을 사용하여 나치당원을 일반 사람들의 모습과 구별되도록 했습니다.

군중들이 히틀러를 향해 나치 경례를 하는 모습

불끈 쥔 두 주먹과 부릅뜬 두 눈, 그리고 뜨겁게 토해 내는 연설로 히틀러는 가는 곳마다 대중들을 끌어들이는 데 놀라운 솜씨와 힘을 발휘했습니다.

1933년 1월 30일 마침내 히틀러는 수상이 되었습니다.

수상이 된 히틀러는 돌격대와 친위대, 그리고 비밀 국가 경찰(게슈타포) 등을 통하여 지배권을 강화하였습니다. 노동 조합을 관제 노동 전선에 편입시키고 언론, 출판, 집회의 자유를 빼앗고 유대 인을 잔혹하게 학대하는 등 반대 세력을 철저하게 탄압하였습니다.

그 때문에 과학자 아인슈타인, 문학가 토마스 만과 헤르만 헤세 등 훌륭한 문화인들이 외국으로 망명하게 되었습니다.

통치자 히틀러의 가장 큰 관심은 오직 독일을 세계 최대의 강대국으로 만드는 것이었습니다.

그래서 그는 먼저 대자본가들로 구성된 경제 정책 위원회를 만들어 통제 경제를 실시하고, 고속도로 아우토반을 비롯한 공공사업과 군사 공업 등을 일으켜 실업자를 없애는 데 노력을 기울였습니다. 그리고 1936년에는 베를린에서 올림픽을 개최하였고, 이때 시작된 성화 릴레이는 지금까지 계속되고 있습니다.

이렇게 독일에서 히틀러가 나치당을 만들어 세계 무대를 향해 힘을 기르고 있을 무렵, 러시아에서도 큰 바람이 불기 시작했습니다.

1917년에 러시아의 케렌스키 정권을 무너뜨리고 공산당 독재 정권을 이룩한 레닌이 숨을 거둔 1924년, 당시 소련 공산당 중앙 위원회의 서기장을 지냈던 스탈린이 소련의 주도권을 잡았던 것입니다. 스탈린은 반지도 세력들을 애매한 죄목을 들어 단숨에 숙청시켜, 소련의 새 지도자로 떠올랐습니다.

아무 힘도 발휘하지 못하는 국제 연맹

1931년 일본은 아시아 지역에서 또 하나의 큰 전쟁을 일으켰습니다.

일본이 '만주 사변'을 일으켜 중국을 침략한 것이 그것입니다. 그러나 제1차 세계 대전이 끝난 직후 승전국들이 모여 세계 평화를 위하여 창설한 '국제 연맹'은 이에 대해 아무런 힘을 쓰지 못했습니다.

국제 연맹은 국제 분쟁을 전쟁이 아닌 평화적 방법으로 해결하기 위해 세계 최초로 생긴 국제 평화 기구였습니다. 연맹의 규약을 무시하고 전쟁을 일으킨 나라에 대해서는 경제적 혹은 무력으로 제재를 가하도록 규

정되어 있었으나, 중국을 침략한 일본에 대해 아무 힘도 쓰지 못했던 것입니다.

물론 국제 연맹은 일본이 전쟁을 일으킨 데 대해 비난을 하고 나섰지만 일본은 그것을 무시해 버렸습니다. 뿐만 아니라 일본은 한발 더 나아가 국제 연맹에서 나와 버렸습니다.

나치 독일도, 1933년 군사력 축소를 위한 회담이 제네바에서 열려 독일의 군사력을 제한하려 하자, 국제 연맹과의 관계를 끊고 나와 버렸습니다. 그리고 군사력을 점차 키워 나갔습니다.

이탈리아의 통치자 무솔리니도 일본과 나치 독일의 무분별한 행동을 국제 연맹이 그대로 보고만 있자, 용기를 내어 1935년 10월 에티오피아를 침략했습니다.

국제 연맹은 이번에는 이탈리아를 침략국으로 규정하고 이에 대한 특별 조치를 취했으나, 이탈리아는 여전히 에티오피아를 차지해 합병하게 되었습니다.

마침내 독일과 이탈리아는 아시아의 일본을 끌어들여 이들 세 나라는 '3국 방공 협정'을 맺었습니다. 이어 독일은 자기 나라의 군사력을 적극적으로 키우는 데 나서 탱크, 장갑차 등과 전투기를 포함한 공군의 힘을 늘려 나갔습니다.

이렇듯 철저히 준비를 끝마친 독일은 마침내 1938년, 과거에 친했던 오스트리아를 공격해 오스트리아를 차지하고 말았습니다. 뿐만 아니라 그해 9월, 체코를 차지한 이후 또다시 폴란드에 눈독을 들이기 시작했습니다.

그리고 마침내 1939년 8월 31일, 히틀러는 폴란드에 선전 포고를 하고 그해 9월 1일, 모든 군사력을 동원하여 끝내 폴란드를 정복하고 말았습니다.

이에 소련도 동부로부터 폴란드를 공격하여 독일과 소련은 폴란드를 동·서로 나눠 차지하게 되었습니다.

이렇게 되자 영국과 프랑스도 독일에 선전 포고를 했습니다. 이렇게 해서 제1차 세계 대전이 끝난 지 20년 만에 제2차 세계 대전이 시작된 것입니다.

제2차 세계 대전

독일군은 북쪽으로는 노르웨이로부터 남쪽으로는 벨기에, 네덜란드에 이르기까지 물밀듯이 공격을 해 왔습니다.

프랑스가 그토록 믿고 자랑하던 방어선도 모두 깨지고, 1940년 6월 파리가 독일군에게 점령당했습니다.

프랑스의 장군 드골(나중에 대통령이 됨.)은 영국으로 망명하였고, 유럽 대륙은 모두 나치의 손아귀에 들어가게 되었습니다. 오로지 영국 한 나라만 나치의 손에서 벗어나 있었습니다.

파리 개선문에 행진하는 독일군

　영국은 독일 공군의 맹렬한 폭격으로 위험한 상태에 놓이게 되었습니다. 그러나 영국 수상 처칠은 끝까지 독일과 싸워 이겨야 한다고 외쳤고, 영국 국민들의 자유와 민주주의를 향한 강한 정신은 히틀러의 계획을 빗나가게 만들었습니다.

　세계가 하나씩 하나씩 히틀러의 손아귀에 들어가게 되자, 미국이라고 가만히 보고만 있을 수는 없었습니다.

　1941년 3월, 미국은 마침내 독일에 선전 포고를 하였습니다.

　독일에 대한 미국의 선전 포고는 외롭게 혼자 싸워야 했던 영국에게 커다란 희망을 주었습니다. 또 나치에게 정복당한 나라들에도 계속 나치에 저항할 수 있는 용기와 꿈을 안겨 주었습니다.

　그러나 또 한 가지 놀라운 사건은 독일이 서로 동맹을 맺은 소련을 공격한 일이었습니다. 서로 전쟁을 하지 않기로 동맹을 맺은 사이인데도 독일이 소련을 공격한 것입니다.

　그 이유는 히틀러가 자기의 목적을 이루기 위해서는 어떤 수단과 방법도 가리지 않았기 때문입니다. 독일은 당시 자기 나라에서 휘발유, 폭약 등 전쟁에 필요한 물자를 생산해 내고 있었으나 전쟁을 오래 치르게 되자 물자가 크게 부족해졌던 것입니다. 따라서 독일이 유럽을 모두 차지하기 위해서 소련을 침략하게 된 것입니다.

　소련과의 전쟁에서도 독일은 계속 승리를 거두었습니다. 소련의 레닌그라드, 모스크바, 우크라이나 등지에서도 독일은 계속 승리를 거두어 소련의 항복은 눈앞에 다가선 듯했습니다.

시베리아 바람 앞에 맥을 못 추는 독일군

그러나 9월에 시작된 독일군의 공격은 추운 겨울이 다가오자 맥을 추지 못했습니다. 시베리아 바람으로 단련된 소련군은 강추위를 이용해 힘을 펴게 되었고, 독일군은 반대로 꼼짝할 수 없게 돼 버린 것입니다.

독일군은 당황한 나머지 동부 전선의 규모를 줄인 채 겨울이 지나기만을 기다릴 수밖에 없었습니다.

그러나 소련군은 독일과의 전쟁에서 2천만 명의 피해자를 냈기 때문에 겨울을 좋은 기회로 삼아 독일에 대해 복수를 시작했습니다.

미국이 뒤늦게 전쟁에 나섰고 러시아도 추위를 이용해 동부 전선에서 독일군을 무찌르게 되면서 독일은 패배하기 시작했습니다.

연합국의 최후 승리

이 무렵, 또 하나의 갑작스런 일이 일어났습니다. 중국을 침략해 승리를 거둔 일본이 미국의 진주만을 기습 공격한 것입니다.

그렇게 되자, 태평양을 사이에 두고 미국과 일본은 매우 불편한 사이가 되었습니다.

태평양 전쟁에서 일본은 처음에는 잽싼 공격을 펴 전쟁을 승리로 이끄는 듯했으나, 결과는 대패였습니다.

일본이 그 큰 태평양을 무대로 싸우는 데는 그만큼 힘이 들었으며, 각 지역에 흩어져 싸운 일본군들은 결국 외톨이가 되고 말았습니다.

전쟁 마지막판에 가서 또 소련이 일본에게 선전 포고를 하게 되자 일본은 승리를 위해 싸우는 것이 아니라, 하루라도 항복을 늦추기 위해 버티는 꼴이 되었습니다.

노르망디 상륙 작전

한편 1944년 6월, 서부 전선에서 아이젠하워 장군이 이끄는 연합군이 프랑스 노르망디에 상륙하여 8월에 파리를 되찾게 되었습니다.

또한 1945년 초에는 연합군이 라인 강을 넘어 독일 영토로 진격하고 소련군이 동부 전선을 좁혀 들어가서 1945년 4월 엘베 강에서 미군과 소련군은 승리의 악수를 나눴습니다.

그리고 5월 1일에는 소련군이 독일의 수도 베를린에 승리의 깃발을 달아 올렸습니다.

마침내 5월 7일, 독일군은 연합국에 항복하여 피비린내 나던 유럽 전쟁은 막을 내리게 되었습니다.

태평양에서 일본이 일으킨 전쟁도 실패로 끝났는데, 유럽 전쟁이 끝난 것보다 조금 뒤의 일이었습니다. 미국의 맥아더 장군은 1945년 초 필리핀과 오키나와를 점령하고, B-29 폭격기를 일본 동경으로 출동시켜 폭탄을 계속 퍼붓게 했습니다.

그리고 얼마 뒤인 1945년 7월, 연합국은 포츠담에서 회의를 열고 일본에 무조건 항복하라고 권했습니다.

그러나 일본은 포츠담 회담의 결과를 거부하고 최후의 순간까지 버티면서 전쟁을 했습니다.

일본에 떨어뜨린 원자 폭탄

미국은 할 수 없이 중요한 결심을 하지 않을 수 없었습니다.

미국은 인류의 역사를 뒤바꿀 신무기인 원자 폭탄을 1945년 8월 6일, 일본 히로시마에 떨어뜨리고 말았습니다.

단 한 개의 폭탄이 히로시마 시민을 모두 숨지게 했습니다. 원자 폭탄이 터지는 순간, 7만 8천여 명이 목숨을 잃었고, 도시의 모든 시설은 잿더미로 변해 버렸습니다.

1945년 8월 8일, 소련이 일본에 선전 포고를 하고 일본의 북쪽 섬들과 만주를 공격한 데 이어, 8월 9일 미국은 또다시 나가사키에 원자 폭탄을 떨어뜨렸습니다.

나가사키에 투하된 원자 폭탄에서 피어오르고 있는 버섯 구름

그리하여 마침내 그해 8월 15일, 일본은 연합국에 무조건 항복을 해

왔습니다. 5년 동안 계속된 제2차 세계 대전은 이로써 끝이 났습니다.

그런데 제2차 세계 대전이 끝나기까지 지구의 많은 생명들이 희생되는 엄청난 비극을 겪게 된 반면, 유럽의 식민지로서 고통을 받아 온 아시아, 아프리카의 거의 모든 나라들은 독립의 영광을 안게 되었습니다.

따라서 영국은 식민지였던 인도를 내놓았고, 프랑스는 레바논과 시리아를, 네덜란드는 인도네시아를 각각 포기하게 되었습니다.

국제 연합(UN)

제2차 세계 대전이 끝난 뒤, 세계의 강대국들은 인류의 평화가 얼마나 중요한 것인가를 뼈저리게 느끼게 되었습니다.

특히 제2차 세계 대전에 직접 참전한 나라들의 경우는 더 말할 나위가 없었습니다. 이러한 희망의 결과로 탄생한 것이 바로 '국제 연합(UN)'이었습니다.

국제 연합은 국제 연합 헌장에 의하여 1945년 10월 24일 창설되었고, 그 본부를 미국의 뉴욕에 두게 되었습니다.

뉴욕에 있는 국제 연합 본부 건물

국제 연합의 창설은 국제 평화를 통해 전쟁 없이 안전하게 나라를 유지하고, 서로 친하게 지내면서 국제 간의 협조를 실천하는 데 그 목적을 두었습니다.

국제 연합의 정신은 다음의 헌장 전문에 잘 나타나 있습니다.

우리 연합국 국민들은 우리 일생 중에 두 번이나 말할 수 없는 슬픔을 인류에 가져온 전쟁의 불행에서 다음 세대를 구하고, 기본적 인권과 인간의 존엄 및 가치, 남녀 및 대소 각국의 평등권에 대한 신념을 재확인하며……

1945년 4월, 미국 샌프란시스코에서 5개국의 연합국 대표들이 모인 가운데 회의를 열고 세계 평화를 위해 국제 연합 헌장을 마련했던 것입니다. 그리고 그 후 51개국으로부터 이 헌장에 대한 승인을 얻게 되었습니다.

그리고 1945년 10월 24일 이를 세계에 선포하고, 이날부터 국제 연합 헌장이 그 효력을 발생하게 되었습니다.

국제 연합은 이어 1947년 파리 강화 회의를 열었으며, 이 회의에서 이탈리아, 헝가리, 루마니아, 불가리아의 강화 조약이 이뤄졌습니다. 이들 나라 사이에 서로 전쟁을 하지 않고 평화를 유지하기로 조약을 맺게 된 것입니다.

이와 함께 제2차 세계 대전에서 패전한 나라에 대해서도 국제 연합은 다음과 같이 처리하였습니다.

즉, 전쟁을 일으킨 나라 가운데 하나인 일본은 미국의 점령 아래 있다가 1951년 샌프란시스코 회의에서 소련을 제외한 48개국이 모인 가운데 강화 조약을 맺게 하였습니다.

또 독일은 국토를 두 개로 나누어 동부(동독)는 소련이 점령하고, 서부(서독)는 미국, 영국, 프랑스가 각각 점령하도록 했습니다. 다만 베를린 만은 소련, 미국, 영국, 프랑스 등 4개국이 공동 관리하기로 했습니다. 그 후 1949년에 서독에는 민주주의 국가로서 연방 공화국이 만들어지고, 동독에는 공산주의 정권이 세워졌습니다.

한편, 오스트리아는 1955년 중립을 지키는 조건으로 자기 나라의 독립적인 주권을 되찾게 되었습니다.

그러나 세계의 평화를 위해 이처럼 국제 연합을 중심으로 각국이 노력

을 해 왔으나 처음의 뜻과 계획과는 달리 강대국 사이에는 점차 냉전이 시작되었습니다.

냉전이란 직접 전쟁을 통해 싸우지는 않지만, 서로 사상과 나라의 이익을 둘러싸고 세력 다툼을 벌이는 것을 말합니다. 이같은 냉전으로 인해 세계는 다시 긴장 상태가 되었습니다.

이 냉전은 소련을 중심으로 한 공산주의의 세력 확대와 그들의 잇단 침략적인 태도에서 비롯되었습니다. 이로 인해서 세계는 미국을 중심으로 한 자유 민주주의 진영과 소련을 중심으로 한 공산주의 진영으로 크게 나뉘게 되고 말았습니다.

이렇게 되자 세계 평화를 위해 창설된 국제 연합도 좀처럼 일치된 결론을 얻지 못하여 그 기능을 충분히 발휘하지 못하였습니다. 그러나 국제 연맹처럼 무용지물이 된 것은 아닙니다.

신흥 아시아, 아프리카 국가들의 가입과 비동맹 중립주의의 영향력 증대, 그리고 중국의 가입 등으로 국제 연합은 차츰 그 성격을 되찾아, 국제 위기의 방지에 아주 중요한 역할을 수행하고 있습니다.

미국과 소련의 냉전

소련이 폴란드, 헝가리, 불가리아 등을 빼앗아 공산주의 국가로 만들어 버리자, 미국을 중심으로 한 자유 민주주의 진영의 국가들은 소련의 이와 같은 태도에 큰 불만을 갖게 되었고 이에 대비하지 않을 수 없었습니다.

　국제적인 냉전은 바로 여기에서 비롯되어 점차 긴장 상태가 높고 커지게 되었습니다. 그런데 미국과 소련의 긴장, 그리고 대립 상태는 특히 유럽에서 더했습니다.

　1946년 그리스에서 공산주의자들이 반란을 일으키게 되자 소련은 터키에 압력을 넣었습니다. 이에 1947년 미국의 트루먼 대통령은 공산주의가 확대되는 것을 막기 위해 그리스를 도와 1949년 공산주의자들의 반란을 모두 진압하도록 해 주었습니다.

　미국 트루먼 대통령은 당시 '마셜 계획'을 발표했습니다. 마셜 계획이란 유럽 각 나라를 원조하여 각국을 경제적으로 잘살게 하도록 하여 그들 각 나라들이 스스로 공산주의의 위협으로부터 방어하게 하도록 하자는 계획으로, 미국의 국무 장관이었던 마셜이 이 계획을 세웠기 때문에 그의 이름이 붙여진 것입니다.

　이에 따라 유럽 각국은 이를 받아들여 1948년 7월 프랑스 파리에서 유럽 경제 협력 기구를 만들었습니다.

　그러자 이에 대하여 소련도 가만 있지 않았습니다. 소련은 '코민포름'이라는 조직을 만들었던 것입니다.

　코민포름이란 공산당끼리 서로 중요한 정보를 나누고 서로 자주 연락하게 하여 공산당의 단결을 꾀하기 위한 목적으로 만든 조직입니다. 소련은 이 조직을 통해 미국과 대결하도록 선전하였습니다.

　그리고 소련은 이어 1948년 체코슬로바키아에서 군사력을 동원하여 공산 정권을 세웠습니다.

그러자 이에 맞서기 위해 미국을 비롯한 유럽의 자유 국가들은 또 북대서양 조약 기구를 조직했습니다.

그 후 1950년 6월 25일, 한반도에서는 북한의 김일성이 소련의 원조를 받아 남한에 공산 정권을 세우기 위해 남침을 하였습니다. 한국 전쟁이 일어나자 미국은 국제 연합과 함께 남한을 원조하게 되고, 소련과 중국은 북한을 돕게 되었습니다.

한반도에서 전쟁이 터지자 미국과 소련은 완전히 갈라져 싸우게 된 것입니다. 그러나 남북한의 처절하고 비극적인 전쟁은 1953년 7월, 휴전 협정을 맺게 됨으로써 끝나게 되었습니다.

변화하는 국제 연합

국제 연합(UN)은 제2차 세계 대전을 계기로 창설된 후, 1948년 제3차 총회에서 '세계 인권 선언'을 발표하는 등 여러 가지 활동을 폈습니다. 세계 인권 선언은 인간의 기본적인 권리를 규정한 것입니다.

국제 연합은 또 세계 평화 유지를 위해 국제 연맹보다 훨씬 효과적인 기능을 발휘했습니다.

즉, 유엔군을 가지고 있어서, 한국 전쟁이 일어났을 때나 이스라엘, 이집트 등의 나라에서 분쟁이 일어났을 때 평화 유지를 위해 큰 역할을 많이 했던 것입니다.

뿐만 아니라 후진국의 개발, 보건 위생, 각종 문화 교류 등에도 많은 활동을 했습니다.

그러나 국제 연합의 성격과 역할도 시간이 흐르면서 큰 변화를 가져오게 되었습니다. 1960년대에서 1970년대로 접어들면서 국제 연합의 구조와 성격이 많이 달라지게 된 것입니다.

첫째는 아시아, 아프리카에 새로 세워진 많은 나라들이 국제 연합에 가입하게 되어 회원 국가가 150여 개국으로 크게 늘어나게 되었습니다.

둘째는 1971년 중국이 새로 가입하여 미국, 영국, 프랑스, 소련, 중

국제 연합 안전 보장 이사회

국으로 구성된 '국제 연합 안전 보장 이사회'가 생기게 되었습니다.

냉전에서 화해의 분위기로

1970년대에 들어서면서 미국과 소련 등 동·서 진영은 서로 화해를 꾀하기 위해 노력을 하기 시작했습니다.

그것은 그 무렵 냉전국들 가운데 여러 가지 변화의 바람이 불기 시작했기 때문입니다.

즉, 소련과 중국 사이에 공산주의 사상을 둘러싸고 서로 분쟁이 일어나기 시작했으며, 소련의 지도력이 점차 약해지기에 이르렀습니다. 그 한 가지 예로, 일찍이 유고슬라비아가 했던 것처럼 공산권 안에서도 여러 나라들이 자기들의 독자적인 길을 찾기 시작했던 것입니다.

한편, 미국의 외교 정책도 1969년 '닉슨 화해 정책'으로 크게 변화하기 시작했습니다.

닉슨 화해 정책의 내용은 미국을 비롯한 모든 자유주의 나라들은 자유와 평화를 유지하고 지키기 위해 다 같은 책임과 임무를 가진다는 것입니다. 또 국제적으로 어떤 분쟁이 생길 때는 가능한 한 직접 나서거나 끼어들지 않으며, 공산주의 국가에 대해서도 과거처럼 팽팽히 맞서지 않고 서로 융통성 있게 대한다는 것입니다.

이같은 정책의 변화에 따라 미국은 베트남에서 미군을 철수하고 중국의 국제 연합 가입을 승인했으며, 1971년 초에는 닉슨 미국 대통령이 중국을 방문해 세계의 큰 관심을 모으기도 했습니다.

뿐만 아니라 미국과 소련 두 나라 사이에 핵무기를 비롯한 '전략 무기 제한 협의'가 그 어느 때보다 활발하게 이뤄져 세계 평화를 위한 노력이 매우 두드러지게 나타났습니다.

유럽과 미국의 새로운 변화

제2차 세계 대전 이후 유럽은 자기 나라의 발전을 위해 서로 협력하는 자세를 굳게 다져 나가기 시작했습니다.

예를 들어 1950년 프랑스의 수상 쉬망이 석탄 및 철강을 공동으로 관리하자는 제안을 하여 프랑스, 서독, 이탈리아, 네덜란드, 벨기에, 룩셈부르크에서 토의를 거듭한 끝에 1952년부터 이를 실시하게 되었습니다.

유럽의 이러한 움직임은 쉬망의 제안에 참여한 이들 6개국을 중심으로 1957년 '유럽 경제 공동체'를 탄생케 했습니다.

영국에도 변화의 물결은 닥쳤습니다. 영국에서는 제2차 세계 대전이 끝난 뒤 처칠 수상이 물러나고 애틀리의 노동당이 정권을 잡아 사회를 새롭게 바꾸면서 경제 발전에 힘썼습니다.

프랑스는 1944년 파리 해방과 더불어 드골이 대통령이 되어 국가 발전을 위해 노력했으나, 1956년 그가 대통령에서 물러난 뒤로는 나라가 어

지럽게 되었습니다. 그 후 1958년 다시 드골이 나라를 다스리게 되면서 경제 발전, 독자적인 외교를 펴나가는 가운데 '위대한 프랑스'를 건설하는 데 최선을 다했습니다.

독일은 아데나워와 에르하르트가 통치하면서 '라인 강의 기적'으로 널리 알려진 눈부신 경제 발전을 이룩하게 되었습니다.

이탈리아도 1946년 왕이 통치하는 왕정이 없어지고 다음 해에 공화국 헌법이 제정되어 경제적으로도 성장하게 되었습니다.

한편, 제2차 세계 대전을 승리로 이끄는 데 가장 큰 역할을 했던 미국은 전쟁 후에도 계속 자유 민주주의 국가를 대표하여 공산주의를 막아 내는 데 중요한 역할을 해 나갔습니다.

그리고 트루먼, 아이젠하워, 케네디 대통령 등이 미국을 통치하는 동안 미국은 커다란 번영과 경제 발전을 이뤘으며, 미국은 이러한 경제적인 힘으로 자유 세계의 여러 나라들을 돕고 후진국들을 발전시키는 데 크게 이바지했습니다.

한편, 소련도 제2차 세계 대전 이후 세계에서 미국 다음가는 강대국으로 발전했습니다.

전쟁이 끝난 직후부터 1960년대에 이르는 계속적인 경제 정책에 의해 소련은 국제 사회에서 국력이 두드러지게 되었습니다. 뿐만 아니라 소련은 또 제2차 세계 대전 기간 중에 점령한 동부 유럽의 여러 나라에 공산주의 정부를 세우도록 하여 공산주의 세력을 이끌고 키우는 국가가 되었습니다.

그러나 공산주의 나라 사이에도 새로운 변화가 생기기 시작했습니다.

즉, 소련의 지배로부터 벗어나려는 움직임이 나타난 것입니다.

그리하여 유고슬라비아는 정치적으로 독립적인 길을 가게 되었고, 중국은 소련의 지배에 도전하여 소련과 중국 사이에는 분쟁이 일어나게 되었습니다. 그리고 루마니아, 헝가리도 역시 독립적인 태도를 취하기 시작했습니다.

아시아와 아프리카 국가들

오늘의 중국이 '중화인민공화국(중공)'과 '중화민국(대만)'으로 나뉘게 된 것은 1946년 이른바 '국공 전쟁'에서 비롯되었습니다.

장개석이 이끄는 국부군과 모택동이 이끄는 중공군이 만주에서 충돌하여 중국 내에서 국공 전쟁이 일어났습니다.

여기서 '국'은 국부군의 첫 글자를 딴 것이며, '공'은 중공군의 가운데 글자를 딴 것으로, 이를 합쳐 '국공 전쟁'이라고 부른 것입니다.

이 전쟁에서 소련의 원조를 얻은 중공군이 국부군을 눌러 중국 전체는 공산당의 지배를 받게 되었습니다. 이때가 1949년의 일이었습니다.

그런데 장개석이 이끄는 국부군 국민당이 모택동에 비해 막강한 군사력을 갖고 있으면서도 패배한 이유는 또 있습니다.

우선 장개석의 독재적인 성향을 들 수 있습니다. 장개석은 민중들의 요구사항을 모른 척했고, 정치란 엘리트의 것이라고 주장하면서 소수의

군부 인사와 당료들의 의견만을 받아들였습니다. 이에 따라 국민당은 대중의 힘을 동원하는 데 실패했고 그가 버린 민중은 모택동이 이끄는 공산당 쪽으로 갔습니다.

둘째, 중앙 정권에 대한 지방 세력의 저항을 들 수 있습니다. 1940년대 말까지 군벌 세력은 완전히 소탕되지 않았고, 중앙 정부의 행정력은 마을 단위까지 미치지 못했습니다.

거듭되는 패전과 심각한 경제난으로 위기에 직면한 장개석 정권은 1947년 통화 개혁을 단행하지만 70일 만에 실패로 돌아가고, 국민당 정부는 패배의 길로 치닫게 되었습니다.

국민당의 지도자 장개석

결국 장개석이 이끄는 국민당 정부는 1947년에 오늘날의 대만으로 밀려난 뒤 새로이 국력을 키우고 경제를 발전시키는 데 온갖 노력을 다하고 있습니다.

중국은 이같은 역사적 배경 속에서 둘로 갈라졌으나 미국을 비롯하여 아시아의 여러 국가들도 점차 중국과 외교 관계를 맺어 나가고 있고, 우리나라도 역시 중국과의 새로운 외교 활동으로 경제 발전을 위해 노력하고 있습니다.

이와 같은 새로운 변화는 전쟁보다 평화를 중요하게 여기게 된 데서 비롯된 것이며, 모든 나라들이 국제 사회에서 서로 협조와 협력 관계를 가지려고 노력한 결과입니다. 이에 따라 과거에는 서로 일체의 외교 관계를 맺지 않았던 나라들이 차츰 닫았던 문을 열고 새로운 교류를 하게 되었습니다.

뿐만 아니라 요즘에 와서는 두 개의 중국이 아닌, 하나의 중국으로 보려는 경향이 생기게 되었으며, 두 나라 국민들도 과거의 관계를 씻고 서로 통일을 위한 노력을 계속하고 있습니다.

또한 일본도 1946년 새 헌법이 제정되고 군대가 해산되었습니다. 그리고 과거 일본을 다스렸던 천황의 위치는 헌법 규정에서만 인정하게 되었습니다.

일본은 1951년 샌프란시스코에서 연합국과 강화 조약을 맺은 뒤 7년 동안 계속되었던 연합군의 지배에서 벗어나게 되었습니다. 일본이 독립을 하게 된 것입니다. 일본은 그 후 국제 연합에도 가입하게 되었고, 미국과는 안전 보장 조약을 맺게 되었습니다.

1950년 한국 전쟁이 일어나자 미국을 비롯한 자유 진영에서는 동아시아에서의 일본의 중요성을 다시 생각하게 되어 일본의 경제적인 발전과 군사력을 위한 원조를 해 주게 되었습니다.

그러자 이를 바탕으로 일본은 눈부신 경제 발전을 이룩하게 되고, '자위대'란 이름의 새로운 군사력도 갖게 되었습니다. 뿐만 아니라 1965년 한국과 국교를 정상화하는 등 세계의 정치 무대에 새로운 강대국으로 등장하게 되었습니다.

이 밖에 동남아시아의 여러 국가들에게도 새로운 변화의 바람은 불었습니다.

인도차이나에서는 1941년에 조직된 '베트남 독립 연맹'이 제2차 세계 대전이 끝난 뒤 독립 국가가 되었습니다. 베트남 독립 연맹을 이끌어 가던 호치민(호지명)이 인도차이나의 대부분을 지배하게 되자, 프랑스는 이것을 못마땅하게 생각하고 베트남의 황제인 바오다이(보대)를 내세워 이를 막게 하였습니다.

인도 독립의 아버지 간디

그러나 나중에 불리해진 프랑스는 1954년 휴전을 맺어서 북위 17도선을 경계로 하여 베트남을 남북으로 나뉘도록 만들었습니다. 그 결과 북부는 공산 정권이 차지하고, 남부에는 1955년에 베트남 공화국이 세워졌습니다.

그러나 그 후 1975년에 모두 공산화가 되고 말았습니다.

또 필리핀은 미국이 약속한 대로 1946년에 독립이 되었고, 인도네시아 역시 1949년 네덜란드의 지배에서 벗어나 독립 국가가 되었습니다.

말레이시아도 1957년 영국 연방의 한 독립국이 되었으며, 버마(미얀마), 실론(스리랑카)도 1948년 완전 독립을 하게 되었습니다. 인도는 영국의 지배를 받다가 1947년에 독립되었으나 종교적, 민족적인 대립 때문에 인도와 파키스탄으로 나눠지게 되었습니다.

인도는 1857년 세포이 반란을 시작으로 간디의 비폭력, 불복종 운동까지 끊임없이 독립 투쟁을 시도하다가 마침내 독립을 하게 되었는데, 그 후 1950년 인도는 독립하게 되었고, 파키스탄은 1956년에 다시 동서로 분리되었습니다.

따라서 인도에서는 네루가 수상이 되었고, 파키스탄에서는 지아가 대통령이 되어 각각 근대 국가로서 발전해 나가게 되었습니다.

그런가 하면 아프리카에서도 영국, 프랑스, 독일, 포르투갈, 이탈리아, 에스파냐, 벨기에 등의 식민지였던 국가들이 잇달아 독립을 하게 되었습니다.

1956년 튀니지와 모로코가 독립을 하고, 1962년에는 알제리가 독립국이 되었습니다.

새로 탄생된 아프리카의 여러 나라들은 국제 연합을 비롯한 여러 국제 기구에 가입하게 되었고, 이런 조직들을 통해 그들은 자기 나라의 이익을 위해 많은 주장을 하게 되면서 이들도 세계적인 관심을 모으게 되었습니다.

이밖에 오늘날에는 '제3세계'라 불리는 과거의 약소국가들이 서로 뭉쳐 또 하나의 세력권을 형성하게 되었습니다.

1954년 인도, 버마, 인도네시아, 파키스탄, 스리랑카 등 5개국이 콜롬보에서 회의를 열고, 미국과 소련의 대립에 끼어들지 말고 서로 평화적으로 세력을 키워 나가자고 다짐했습니다.

세계를 뒤흔든 민족 해방 운동

지도를 살펴보면 제2차 세계 대전 이전에는 아시아 여러 나라들 중 독립국은 일본과 태국 정도였습니다. 중국은 독립국이라고는 하지만 사실상 세계 강국들의 종속 아래 놓여 있었습니다. 그런데 그로부터 겨우 몇 년 후, 1950년대의 아시아

지도를 보면 거의 모든 나라가 독립국이 되어 있습니다.

이것은 제2차 세계 대전 이후 세계 강국들의 자리가 위태로운 상황에 빠진 탓도 있지만, 무엇보다도 식민지 국가 국민들이 독립을 위한 노력을 게을리하지 않았기 때문입니다.

그런데 이렇게 갑자기 그 수많은 나라들 가운데 독립을 쟁취하기 위한 민족 운동이 활발히 이루어질 수 있었던 데에는 몇 가지 원인이 있습니다.

우선 첫째는, 많은 식민지를 가졌던 자본주의 강국들이 세계 대전에서 패전하거나 그 힘이 약해져서 자국의 식민지에 대한 지배력이 약화된 사실을 들 수 있습니다. 특히 수많은 식민지를 거느렸던 독일과 프랑스의 세력 약화는 그들이 지배하고 있던 민족들의 독립에 유리한 조건으로 작용할 수밖에 없었던 것입니다.

둘째는, 자본주의 체제를 무너뜨리고 성립된 사회주의 국가들이 자본주의 강국들의 식민지 정책에 저항하는 민족 해방 독립 운동을 강력하게 밀어 준 사실입니다.

셋째는, 전후 국제 연합 헌장이나 인권 선언으로 상징되는 자유주의·민주주의 사상이 전 세계로 확산되어 국제적 여론으로 형성된 것을 들 수 있습니다.

그리고 넷째는, 이러한 주위의 여러 환경에다 오랜 세월 고난 속에서 민족 운동 경험을 쌓아 왔던 민족들의 주체적 노력이 한데 어우러져 그야말로 민족 해방 운동이 활발하게 번져 나갈 수 있었던 것입니다.

눈부신 현대 문화의 물결

제2차 세계 대전이 막을 내린 뒤 정치적인 평화뿐만 아니라, 새로운 현대 문화의 물결도 크게 일었습니다.

우선 자원 물리학의 발달을 꼽을 수 있습니다. 아인슈타인이 발표한 '상대성 원리'는 뉴턴 이래 우주에 관한 연구를 새롭게 발전시켰습니다.

원자 물리학의 발달로 핵분열에 성공하게 되었으며, 그 결과 원자 폭탄이 만들어지게 되었습니다.

제트 기관과 로켓의 발달은 항공기와 유도탄을 개발하게 만들었으며, 인공 위성과 우주 로켓 발사의 단계까지 발전시켰습니다.

아인슈타인

그리하여 마침내 미국의 아폴로 11호가 1969년 7월 20일 달에 성공적으로 착륙하는 놀라운 결과를 가져오게 했던 것입니다. 그 후 계속 눈부신 속도로 발전을 거듭하고 있습니다.

또한 화학 공업도 크게 발달하여 화학 섬유, 플라스틱 등의 제조를 하게 되어 일상생활에 혁명을 일으키게 되었습니다. 특히 생화학의 발달로 페니실린, 마이신 같은 의약품이 개발되었습니다.

이와 함께 전자 공학도 눈부시게 발전되어 트랜지스터 라디오, 텔레비전, 전파 탐지기가 개발되었고, 전자계산기까지 등장하여 오늘날 인류는 원자력 시대와 더불어 전자 기술 시대로 접어들었습니다.

사회 과학과 철학 분야에 있어서도 마찬가지입니다.

사회학 분야에서는 독일의 막스 베버가 그 대표적인 인물로 학문적으로 새 방향을 개척했습니다.

경제학에서는 영국의 케인즈가 새로운 경제 이론을, 역사학에서는 영국의 토인비, 독일의 람프레히트, 베른하임 같은 위대한 학자들이 나와 새로운 역사학을 발전시켰습니다.

철학에서도 독일의 하이데거, 야스퍼스, 프랑스의 샤르트르, 카뮈 등이 그 대표적인 인물로, 그들은 '실존주의'라는 새로운 철학을 내놓게 되었습니다.

헤밍웨이

문학과 예술에 있어서도 마찬가지였습니다.

20세기에 들어 인간성을 잃어 가는 문제가 심각해지자 영국의 버나드 쇼, 프랑스의 로맹 롤랑, 앙드레 지드, 독일의 토마스 만 같은 위대한 작가들이 나와 새로운 인간성을 찾으려는 인도주의 문학 작품을 쓰기 시작했습니다. 또한 미국의 헤밍웨이, 스타인벡 등 유명한 행동주의 문학 대표 작가들이 등장했습니다.

그런가 하면 프랑스에서는 실존주의 문학이 탄생하여 샤르트르, 카뮈 등이 대표적인 작가들로 꼽혔습니다.

차이코프스키

미술 분야에 있어서는 프랑스의 마티스, 루오, 피카소 등이 대표적인 화가로 탄생되었고, 음악에서는 러시아 출신인 미국의 스트라빈스키, 러시아의 차이코프스키, 핀란드의 시벨리우스, 독일의 스트라우스 등이 등장해 새로운 현대 음악의 선구자가 되었습니다.

무너지는 베를린 장벽

우리가 살아가고 있는 현대는 계속해서 급속한 변화를 겪어 왔습니다. 그리고 그 가운데에는 동구권의 변화와 베를린 장벽의 무너짐 같은 큰 사건도 있었습니다.

소련에서는 고르바초프가 등장하여 그의 개혁 정책(페레스트로이카)으로 닫혀 있던 철의 장막이 서서히 열리기 시작했고, 그 영향이 동구권까지 미치게 되었습니다. 그리고 그것이 더 나아가 베를린 장벽까지 허물게 되었습니다.

제2차 세계 대전을 마무리 짓는 과정에서 연합국은 독일의 힘을 갈라놓아 다시는 세계 대전을 일으키지 못하도록 하려는 의도에서 독일을 미국과 소련이 나누어서 점령하게 하였습니다. 또한 1945년까지 독일의 수도였던 베를린은 미국·영국·프랑스·소련이 나누어 점령하게 하였습니다. 그 후 미국·영국·프랑스가 점령하였던 서베를린은 서독에 속하고, 소련이 점령하였던 동베를린은 동독의 수도가 되었습니다.

그렇게 지난 28년간 베를린을 갈라놓았던 베를린 장벽은 독일 분단의 상징이자 냉전 체제의 유물로 여겨져 왔습니다.

베를린 장벽은 1961년 8월 13일 세워졌습니다. 그때까지는 시민들의

통행이 자유로웠기 때문에 이 동서 베를린 경계를 통하여 동독에서 서독으로 도망 오는 사람이 끊임없이 이어졌습니다.

이렇게 되자 동독은 갑자기 동서 베를린 사이의 45.1킬로미터에 이르는 경계선을 콘크리트 벽과 철조망으로 봉쇄해 버렸던 것입니다. 그리고 나서 동독 정부는 서방 쪽의 간첩 활동을 막기 위해서 동서 베를린 사이의 교통을 제한한다고 발표했습니다.

그러나 이것은 표면적인 이유였고, 사실은 부족한 노동력을 더 이상 서독 쪽에 빼앗기지 않으려는 경제적인 이유가 더 컸습니다.

이같이 장벽을 설치한 동독 정부는 붙잡힌 탈출자에게 최고 8년형의 징역을 처했습니다. 그러나 이같은 법의 제재에도 불구하고 자유를 갈망하는 동독 사람들의 탈출은 계속되었습니다.

그러다 1989년 11월 4일, 동베를린에서 동독 건국 후 최대 규모인 백만 명의 사람들이 시위를 벌이자, 11월 9일 동독 정부는 마침내 국경 전면 개방 조처를 발표하게 되었습니다.

그러자 베를린 시민들은 환호성을 올렸습니다.

"서베를린으로 가자!"

"베를린 장벽을 아주 무너뜨려 버리자!"

성급한 젊은이들은 끌과 망치를 들고 베를린 장벽 위에 올라앉아 콘크리트 담을 부수기 시작했습니다.

이것은 이제까지 서로 적으로 대치하

무너진 베를린 장벽

여 총부리를 맞대고 있던 한 민족이 다시 하나로 뭉침을 의미합니다. 또한 세계 냉전 체제의 무너져 내림도 뜻합니다.

그리고 지금은 모두가 세계화의 물결에 동참하며 나날이 세계의 벽을 조금씩 조금씩 허물어 가고 있습니다.

대공황과 제2차 세계 대전

제1차 세계 대전을 통해 경제적으로 큰 이익을 본 미국은 승전국으로서 세계 경제의 중심 국가로 떠오르면서 대호황을 누렸습니다. 그러자 세계 여러 나라의 자본도 최대의 공업국이자 채권국인 미국 경제에 투자하기 위해 모여들었습니다.

그러나 기계화의 발달과 생산 설비에 대한 과도한 투자로 생산 과잉이 되면서 소비가 이를 따라가지 못하자 재고가 쌓이게 되었습니다. 특히 미국 농민들은 전쟁 때에는 농산물을 유럽에 팔았으나 전쟁이 끝난 뒤에는 국내에서만 팔아야 하는 상황이 되자, 생산한 농산물을 팔지 못해 공산품을 살 수가 없었습니다.

그 결과 1929년 10월 24일, 미국 뉴욕의 월가(증권거래소)에서는 주식이 폭락하여 주식으로 돈을 잃은 사람이 많이 생겼으며, 일자리를 잃은 사람이 1,300만 명이나 되었습니다. 이를 계기로 공업 생산과 상업

주가 폭락 이후 증권거래소로 모여드는 수많은 인파

은 크게 쇠퇴하고 세계적인 불황으로 이어졌습니다.

이를 '대공황'이라 합니다. 즉, 미국의 기업과 공장, 은행이 무더기로 파산하고 실업자가 크게 늘어났습니다. 물론 과잉 생산된 농산물이 소비되지 못하면서 농민들도 함께 무너졌습니다.

그리고 미국과 경제적으로 연결되어 있던, 독일과 영국을 비롯한 유럽의 여러 상업 국가에서 수백만의 노동자들이 일자리를 잃어 미국과 유럽 국가들은 각자 자국의 산업 보호에 나섰습니다.

미국은 루스벨트 대통령이 '뉴딜 정책'을 추진하여 정부가 산업, 시장, 금융 등 경제 분야 전반에 개입하는 수정 자본주의로 전환하였습니다. '뉴딜 정책'이란 경제 활동에 대한 국가의 적극 개입, 사회 복지의 확대, 대규모 공공사업을 통한 실업자 구제 등의 정책을 말합니다.

영국과 프랑스는 본국과 식민지를 하나의 시장으로 묶어 외국 상품에 대해 높은 관세를 부과하고, 자급자족적인 경제 구조를 형성하여 대공황을 극복하고자 하였습니다.

그러나 패전국으로서 자본주의적 경제 기반이 취약하고 넓은 식민지를 갖지 못했던 독일·이탈리아·일본에서는 대공황의 위기와 사회 불안을 이용하여 강력한 독재 체제의 정부가 들어서 경제 위기를 탈출하고자 하였습니다.

곧, 이탈리아에서는 무솔리니의 파시스트당이, 독일에서는 히틀러의 나치당이 권력을 장악하였습니다. 그리고 일본에서는 군부가 정권을 잡고 군국주의를 강화하였습니다.

그 후 1937년, 독일·이탈리아·일본은 상호 방공 협정을 맺고 침략 전쟁을 본격화하여 마침내 1939년에 제2차 세계 대전이 시작되었습니다.

무솔리니(좌)와 히틀러

독일이 소련과 불가침 조약을 맺고 폴란드를 침공하자, 영국과 프랑스가 독일에 선전 포고를 하였습니다. 그리고 일본은 중국을 침략하고 프랑스령인 인도차이나를 점령하였으며, 1941년 미국 하와이의 진주만을 기습 공격하여 아시아·태평양 전쟁을 일으켰습니다.

일본의 인도차이나 침공

러시아 혁명

러시아는 1905년 러·일 전쟁에서 패한 후, 정부에 대한 국민의 불만이 커졌습니다. 그로 인해 노동자들이 빵과 개혁을 요구하며 시위에 나섰고, 정부가 이를 강경하게 진압하면서 수천 명의 사상자가 발생하였습니다. 이를 '피의 일요일 사건'이라고 합니다. 이로 인해 국민의 저항이 더욱 거세지자 정부는 군대를 동원하여 국민을 억압하는 전제정치가 계속되었습니다.

그 후 러시아는 제1차 세계 대전에 참전하여 독일군에게 거듭 패했고, 병력과 물자 소모가 커지면서 국민 생활도 열악해졌습니다. 그러자 마침내 1917년 2월, 노동자와 병사들이 소비에트(평의회)를 결성하여 혁명을 전개하였습니다. 그 결과 니콜라이 2세가 물러나 제정이 붕괴되고 임시 정부가 수립되었습니다(2월 혁명).

니콜라이 2세

그런데 임시 정부가 심각한 경제난과 전쟁의 중단을 바라는 국민들의 염원을 외면하고 전쟁을 계속하자, 레닌이 주도하는 볼셰비키가 봉기하여 임시 정부를 타도하고 소비에트 정부를 수립하였습니다(10월 혁명). '볼셰비키'는 레닌이 이끈 러시아 사회민주노동당의 한 분파로, '다수파'란 의미입니다.

블라디미르 레닌

이로써 레닌은 볼셰비키가 주도하는 토지와 주요 산업의 국유화, 여성 참정권 보장 등 사회 개혁을 추진하였습니다. 그러나 경제난이 극심해지자 자본주의 경제 체제를 부분적으로 도입한 신경제 정책을 실시하여 시장경제 일부를 도입하였습니다. 그리고 반혁명 세력을 진압한 후 안정을 회복하고, 1922년 '소비에트 사회주의 공화국 연방(소련)'을 수립하였습니다.

그런데 이보다 앞서 레닌은 사회주의 세력의 국제적인 단결이 필요하다고 여겨, 1919년에 제3인터내셔널 '코민테른'을 결성하여 대지주의 토지를 몰수하고 주요 산업 시설 등을 국유화하는 사회주의 정책을 폈습니다.

그리고 후일 레닌의 뒤를 이은 스탈린은 군수 산업과 농업을 발전시켜 소련의 경제를 회복하였으나, 독재 체제를 더욱 강화하여 국민의 자유를 크게 억압하였습니다.

결국, 1917년에 일어난 러시아 혁명은 세계 각지의 노동 운동과 농민 운동에 많은 영향을 끼쳤습니다. 독일 혁명과 헝가리 소비에트 공화국 수립에도 직접적인 영향을 끼쳤을 뿐만 아니라, 1919년 코민테른이 결성된 후 세계 여러 나라에서 사회주의 정당이 결성되었고, 우리나라에서도 1925년 '조선공산당'이 결성되었습니다.

베트남 전쟁

제2차 세계 대전 이후 베트남은 프랑스 정부로부터 1954년 독립하였으나 제네바 협정으로 남과 북

이 잠정적으로 분할되었고, 미국의 지원하에 남쪽 베트남에 새로운 정권이 수립되었습니다.

결국, 미국이 1955년 수도를 사이공(호치민 시)으로 하는 베트남, 당시 대통령이었던 디엠 정부에 대한 군사적·경제적 원조를 적극적으로 지원하는 바람에 디엠 정부의 독재 체제가 강화되었습니다.

그러자 이에 반발하는 세력인 '베트남 민족해방전선'이 결성되어 북부 월맹의 지원을 받아 독재 정권 베트남 정부와 그 배후인 미국에 대한 항전을 전개하였는데, 이것이 바로 '베트남 전쟁'입니다.

1968년 당시 베트남에 주둔하고 있던 지상군은 무려 50만 명이나 되었습니다. 우리나라도 자유와 민주주의를 수호하는 차원에서, 처음에는 비전투 부대인 '비둘기부대'를 파병하였다가 나중에는 전투 부대도 파견하였습니다.

북베트남을 폭격 중인 미국 폭격기

그러나 전쟁이 장기화되는 동안 미국 대통령에 당선된 닉슨과 국무장관인 키신저의 능란한 외교 덕분에 휴전이 성사되었고, 1973년 1월 평화 협정을 조인하여 참여하였던 연합군과 미군은 완전히 철수하였습니다.

베트남 전쟁에 참전한 오스트레일리아 병사

그 후 공산주의 세력인 북베트남이 휴전 약속을 지키지 않고, 1975년 4월 전면적인 대공세로 사이공을 점령한 후, 하노이를 수도로 하는 '베트남 사회주의 공화국'을 수립하였습니다.

중동 전쟁 – 아랍·이스라엘 분쟁

팔레스타인은 이스라엘을 중심으로 한, 지중해 동부 연안을 가리킵니다. 유대 인들은 기원전 15세기 무렵부터 이곳에 살다가 기원후 2세기 무렵에는 대부분 해외로 이주하고, 7세기 무렵부터 아랍 인이 이곳에서 거주하였습니다.

그러나 유대 인들은 제1, 2차 세계 대전을 거치면서 '시온주의'를 내세워 팔레스타인으로 이주하였고, 미국과 영국의 지원을 받아 1948년 팔레스타인 지방에 이스라엘을 건국하였습니다.

여기서 말하는 '시온'은 이스라엘의 수도인 예루살렘 지역을 뜻하는 말로, '시온주의'는 유대 인들이 팔레스타인 지역에 자신의 국가를 세우려는 운동을 말합니다.

그런데 유대 인들이 팔레스타인으로 이주하여 이스라엘이 건국되자, 그곳에 거주하던 아랍 인과 주변의 아랍국이 반발하면서 네 차례에 걸친 '중동 전쟁'이 일어났습니다(1948~1973). 이를 '팔레스타인 전쟁' 또는 '이스라엘 독립 전쟁'이라고도 부릅니다.

그런데 이 중동 전쟁은 팔레스타인 문제와 석유 자원을 둘러싼 강대국의 개입, 쿠르드족 문제, 이슬람교 내 시아파와 수니파의 갈등 등으로 인해 복잡한 양상을 띠고 있습니다.

특히 팔레스타인의 아랍 인들은 이스라엘 건국 이후, 1964년에 '팔레스타인 해방 기구(PLO)'를 창설하여 이스라엘과의 충돌을 계속하였으나

전쟁은 매번 이스라엘의 승리로 끝났고, 이스라엘은 건국 당시보다 더 많이 확장된 영토를 갖게 되었습니다.

그런데 이와 같이 팔레스타인 지역을 둘러싸고 전개된 유대 인과 아랍 인의 갈등은 현재까지도 계속되고 있습니다.

걸프 전쟁(페르시아만 전쟁)

걸프 전쟁의 배경은 1980년대 '이란-이라크' 전쟁에서부터 찾을 수 있습니다. 이란과 이라크 전쟁은 이슬람 혁명을 둘러싼 종파 문제, 이란의 반서구 노선에 대한 미국의

견제 등 복합적인 원인으로 일어났습니다. 그런데 이 전쟁이 8년 동안 지속되는 동안, 1961년 영국 보호령에서 독립한 쿠웨이트가 이라크와의 국경 분쟁 지역에 유전을 설치한 것이 걸프 전쟁의 발단이 되었습니다.

사담 후세인

1990년 8월 2일 이란과의 전쟁으로 경제가 악화된 이라크가 쿠웨이트를 침공하자, 1991년 1월 17일 미국의 주도하에 결성된 다국적군이 사담 후세인이 지배하는 이라크를 공격하면서 걸프 전쟁이 시작되었습니다.

최첨단 무기들을 앞세운 다국적군의 맹공에 이라크의 군대와 본토는 완전히 초토화되었습니다. 초현대식 무기로 무장한 다국적군에게 이라크의 군대는 상대가 되지 않았던 것입니다. 다양한 초현대 무기들이 등장한 걸프 전쟁은 이전의 전쟁과는 완전히 다른 현대전의 실상을 보여

준 전쟁이었습니다.

그리고 마침내 2월 28일, 미국의 조지 부시 대통령은 정전을 선포하였습니다.

그 후 1991년 4월 3일, 국제 연합 안전 보장 이사회는 정식 정전과 함께 군사 능력의 파괴 등 매우 엄격한 전후 조치를 이라크에 요구하는 결의안을 채택하여 걸프 전쟁을 종결지었습니다.

유럽 연합(EU)

유럽 국가들은 제1, 2차 세계 대전을 치르고 난 후 서로 싸우고 경쟁하기보다는 개별 국가 간이나 지역 공동체 간에 협력할 필요성을 느끼게 되었습니다.

처음 1951년에는, 벨기에·프랑스·독일·이탈리아·룩셈부르크·네덜란드 등 6개국이 유럽 석탄·철강 공동체를 만들어 경제 협력의 길을 열었습니다. 그러다 6개국은 한 걸음 더 나아가, 1957년 '로마 조약'을 맺어 '유럽 경제 공동체(EEC)'와 '유럽 원자력 공동체(EURATOM)'를 만들었습니다.

그 당시는 냉전으로 긴장이 높았던 시기였지만, 이들은 유럽 경제 공동체를 성공적으로 안정시켰습니다. 이것은 또한 '유럽 공동체(EC)'로 이어졌고, 마침내 1992년에 '유럽 연합(EU)'으로 발전하게 된 것입니다.

그 후, 1970년대에는 덴마크·아일랜드·영국이 가입하였고, 1980년대에는 그리스·에스파냐·포르투갈이 가입하였습니다.

유럽은 이러한 조직에 방위와 사법에 대한 조항을 추가하여 15개 회원국이 '마스트리흐트 조약'에 서명한 후, 이 조약은 1993년 11월 1일부터 효력을 갖게 되었습니다.

이처럼 6개국으로 시작한 작은 국제 기구가 오늘날 '유럽 연합'으로 발전하여 국제 질서 유지에 큰 영향을 발휘하고 있습니다. 또한 1999년부터는 단일 통화인 '유로'가 유통되면서 경제적으로도 더욱 긴밀해졌을 뿐만 아니라, 2012년에는 유럽 연합이 노벨 평화상을 수상하였습니다.

2013년 7월 1일 크로아티아가 가입함으로써 28개의 회원국으로 구성된 유럽 연합은, 유럽 의회를 중심으로 각종 사안을 공동으로 처리하고 있습니다.

유럽 연합 국기

유로 동전들과 지폐들

소련과 동유럽 공산주의의 몰락

소련을 중심으로 한 공산주의 진영은, 1970년대 유류 파동이 일어나면서 세계 정세의 변화에 적절히 대응하지 못해 사회주의 체제의 계획경제는 생산 의욕의 저하와 비효율성의 심화라는 부작용을 가져왔습니다.

특히 소련은 1980년대 들어 경제 성장률이 0%로 생필품 부족과 근로 의욕 상실 등 국가 전체가 침체 상태에 빠져 있었습니다.

그러는 가운데 브레즈네프가 사망한 이후, 1985년 권력을 잡은 고르바초프는 언론의 자유와 대중을 참여시키는 개방(글라스노스트) 정책과 혁신을 위한 대개혁(페레스트로이카)을 추진하여 소련 체제를 근본적으로 변화시키고자 하였습니다.

이로써 민주화의 단행과 함께 시장 경제 체제를 도입하여 냉전을 종식시킨 고르바초프는, 1990년 노벨 평화상을 수상하였습니다.

미하일 고르바초프

그러나 고르바초프가 주도한 급격한 변화에 공산당 강경파가 반발하여 1991년에 쿠데타를 일으켰으나, 옐친이 곧 저지하였습니다. 이후 권력을 장악한 옐친은 소련의 여러 공화국과 함께 '독립 국가 연합(CIS)'을 결성시켰습니다. 이로써 소련은 공식적으로 1991년 12월 25일 해체되었습니다.

레흐 바웬사

또한 소련에서 시작된 개혁과 개방의 바람은 동유럽 공산주의 국가들에게 큰 변화와 자유화 움직임을 폭발시켜 사회주의 국가에 격변이 일어났습니다.

폴란드에서는 자유노조 출신인 바웬사가 자유 선거를 통해 대통령이 되었고, 헝가리·체코슬로바키아도 민주주의 체제와 시장 경제를 도입하였습니다. 그리고 독재 정치를 펼치던 루마니아의 차우셰스쿠는 처형되고, 유고슬라비아 연방 또한 소련의 영향에서 벗어나 각 공화국이 독립되었습니다. 뿐만 아니라 독일에서는 60년대 냉전 체제에 쌓았던 베를린 장벽이 1989년 11월에 붕괴되어, 1990년 10월 마침내 동독과 서독이 통일을 이루었습니다.

세계사 연표

기원전

300만 년경	오스트랄로피테쿠스 출현
100만 년경	호모 에렉투스 출현
1만 년경	농경과 목축 시작
3500년경	메소포타미아 문명 시작
3000년경	이집트 문명 시작
1800년경	바빌로니아 함무라비 법전 편찬
800년경	카르타고 건설
560년경	인도 석가모니 탄생
330년경	알렉산드로스 대왕 동방 원정
264년	포에니 전쟁 시작
221년	진나라, 중국 통일
146년	카르타고 멸망
73년	로마, 스파르타쿠스 반란 일어남
27년	로마 초대 황제에 옥타비아누스 오름
4년	예수 그리스도 탄생

기원후

313년	로마 콘스탄티누스 황제, 크리스트교 인정
375년	게르만족의 대이동
392년	크리스트교, 로마의 국교로 인정
395년	로마 제국, 동서로 나뉨
476년	서로마 제국 멸망
529년	유스티니아누스 황제, 〈로마 대법전〉 편찬
537년	콘스탄티노플에 성 소피아 성당 세워짐
570년	마호메트 탄생
610년	이슬람교 창시
618년	중국 당나라 건국
622년	이슬람의 기원 원년(헤지라)
711년	이슬람 제국, 유럽 침략
907년	중국 당나라 멸망
960년	중국 송나라 건국
962년	신성 로마 제국 건국
1037년	셀주크 투르크 제국 건국
1077년	카노사의 굴욕
1096년	십자군 전쟁 시작
1206년	칭기즈 칸, 몽골 제국 건국
1243년	킵차크 한국 건국
1271년	원나라 건국
1299년	마르코 폴로, 〈동방 견문록〉 완성 오스만 투르크 제국 건국
1337년	백 년 전쟁 시작
1368년	중국 원나라 멸망, 명나라 건국
1431년	프랑스 잔 다르크 화형 당함
1450년	독일 구텐베르크, 활자 인쇄술 발명
1453년	비잔틴 제국 멸망
1479년	에스파냐 왕국 성립
1492년	콜럼버스, 신대륙 발견
1498년	바스쿠 다 가마, 인도 항로 개척
1517년	마르틴 루터 종교 개혁
1519년	마젤란, 최초로 세계 일주

1532년	에스파냐, 잉카 제국 정복
1536년	칼뱅 종교 개혁
1543년	코페르니쿠스 지동설 발표
1588년	영국, 에스파냐 무적함대 격파
1616년	중국 청나라 건국
1618년	독일, 30년 전쟁 시작
1628년	영국 의회, 권리 청원 제출
1642년	영국 청교도 혁명
1666년	뉴턴, 만유 인력 발견
1688년	영국 명예 혁명
1703년	러시아 표트르 1세, 페테르부르크 건설
1765년	와트, 증기 기관 발명
1776년	미국 독립 선언
1789년	프랑스 대혁명
1804년	나폴레옹, 프랑스 황제 즉위
1806년	신성 로마 제국 멸망
1814년	조지 스티븐슨, 증기 기관차 제작
1830년	프랑스 7월 혁명
1840년	아편 전쟁 발발
1848년	프랑스 2월 혁명
1857년	인도, 세포이 반란
1861년	미국 남북 전쟁
1863년	링컨, 노예 해방 선언
1866년	노벨, 다이너마이트 발명
1868년	일본 메이지 유신
1876년	벨, 전화기 발명
1879년	에디슨, 전구 발명
1882년	이탈리아, 독일, 오스트리아 삼국 동맹 체결
1894년	청·일 전쟁
1896년	제1회 올림픽 개최
1904년	러·일 전쟁
1905년	러시아 피의 일요일
1914년	제1차 세계 대전 발발
1917년	러시아 사회주의 혁명
1919년	베르사유 조약 체결
1920년	국제 연맹 창설
1922년	소비에트 사회주의 공화국 연방(소련) 수립
1929년	세계 경제 대공황
1931년	만주 사변
1933년	미국 루스벨트 대통령, 뉴딜 정책 선언
1937년	중·일 전쟁
1939년	제2차 세계 대전 발발
1945년	미국, 일본 히로시마와 나가사키에 원자 폭탄 투하
	포츠담 선언
	독일, 일본 항복
	국제 연합(UN) 창설
1948년	중동 전쟁 발발
1949년	중화 인민 공화국 수립
1950년	한국 전쟁 발발
1961년	베트남 전쟁 발발
1969년	미국 아폴로 11호, 달 착륙
1980년	이란·이라크 전쟁
1990년	독일 통일
1991년	걸프 전쟁 발발
	소련 해체
1993년	유럽 연합(EU) 출범